# O Livro de Obeah

## Um Romance

Sandra Carrington-Smith

# O Livro de Obeah

## Um Romance

*Tradução:*
Claudia Coelho

MADRAS®

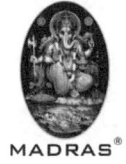

Publicado originalmente em inglês, em 2010, no Reino Unido, sob o título *The Book of Obeah*, por O Books, The Bothy, Deershot Lodge, Park Lane, Ropley, Hants, SO24 0BE, UK.
© 2008, Texto de Sandra Carrington-Smith. (sandracarringtonsmith.com)
Direitos de edição e tradução para todos os países de língua portuguesa.
Tradução autorizada do inglês.
© 2012, Madras Editora Ltda.

*Editor:*
Wagner Veneziani Costa

*Produção e Capa:*
Equipe Técnica Madras

*Tradução:*
Claudia Coelho

*Revisão da tradução:*
Giovanna Louise Libralon

*Revisão:*
Viviam Moreira
Arlete Genari
Jerônimo Feitosa

---

**Dados Internacionais de Catalogação na Publicação (CIP)**
**(Câmara Brasileira do Livro, SP, Brasil)**

Carrigton-Smith, Sandra
O livro de Obeah: um romance/Sandra Carrigton-Smith; tradução Claudia Coelho. – São Paulo: Madras, 2012.
Título original: The book of Obeah
Bibliografia
ISBN 978-85-370-0754-9

1. Ficção norte-americana I. Título.

12-02874        CDD-813

Índices para catálogo sistemático:
1. Ficção : Literatura norte-americana 813

---

É proibida a reprodução total ou parcial desta obra, de qualquer forma ou por qualquer meio eletrônico, mecânico, inclusive por meio de processos xerográficos, incluindo ainda o uso da internet, sem a permissão expressa da Madras Editora, na pessoa de seu editor (Lei nº 9.610, de 19.2.98).

Todos os direitos desta edição, em língua portuguesa, reservados pela

**MADRAS EDITORA LTDA.**
Rua Paulo Gonçalves, 88 – Santana
CEP: 02403-020 – São Paulo/SP
Caixa Postal: 12183 – CEP: 02013-970
Tel.: (11) 2281-5555 – Fax: (11) 2959-3090
www.madras.com.br

# Agradecimentos

Ainda me lembro da noite em que me sentei para escrever as primeiras palavras de *O Livro de Obeah*. Era uma noite quente e abafada de julho de 2006 e uma tempestade violenta se aproximava do sudeste. Havia acordado naquela manhã com as primeiras palavras da história ressoando em minha cabeça e, ao longo do dia, prometi a mim mesma colocá-las no papel. Aquela noite tempestuosa selou o início de uma nova jornada – na qual nunca me arrependi de haver embarcado.

Assim que terminei o primeiro esboço, comecei a procurar um agente literário. Ai de mim, não fazia a menor ideia de como seria difícil. Recebi um "não" após o outro e comecei, realmente, a me sentir desestimulada. Mas, quando estava prestes a desistir, algo impressionante aconteceu.

Um amigo me apresentou a Dena Patrick, minha editora. Ela foi a resposta às minhas preces – com sua orientação e surpreendentes habilidades, o manuscrito foi enriquecido e aprimorado; então nasceu *O Livro de Obeah*.

Muitas pessoas tiveram papel fundamental na evolução desse projeto, e espero não ter me esquecido de ninguém. Gostaria de agradecer à minha família, Diego, Cosetta e Patrizia Faiazza; à família de meu marido, em especial, Bob e Ann Carrington-Smith, por seu eterno amor e apoio, e a todos os meus amigos que leram o manuscrito e se ofereceram para me dar suas valiosas opiniões: Pam e Fred Scarboro, Leslie Long, Susan Clark, Natalie Kimber, Garreth Griffin, Cherie Lassiter, Lorie Best e Riccardo Panessa.

Agradeço, em especial, à minha amiga e revisora, Dara Lyon Warner, que foi minha salvação quando *O Livro de Obeah* precisou passar por um corte drástico e inesperado. Não poderia deixar de dizer obrigada a meus filhos Stephen, Michael e Morgan, e a meu marido

John Carrington-Smith, que nunca deixaram de acreditar em mim e me apoiaram desde o início dessa empreitada.

Gostaria de mostrar meu reconhecimento à minha agente literária, Krista Goering, por seu incentivo e visão, e a meu editor, John Hunt. Obrigada a meus amigos da agência de publicidade GOLO, em especial a Lolly, pelo constante apoio na divulgação pela internet.

Agradeço imensamente a todos, pois sem ajuda eu não estaria escrevendo esta página. Todos vocês foram peças únicas de um belo quebra-cabeça que, finalmente, está completo.

Por fim, gostaria de dedicar este livro a Dena Patrick. Sua dedicação contínua à minha mensagem nos uniu de uma forma que palavras não podem explicar; seu constante incentivo fez com que eu adquirisse confiança como escritora. Nem é preciso dizer que *O Livro de Obeah* hoje não estaria aqui não fosse a energia que ela empregou a neste projeto.

Dena, creio que juntas demos à luz essa criança e não sei se algum dia vou conseguir expressar toda a gratidão que sinto – *O Livro de Obeah* será sempre "nosso" livro, e desejo que trabalhemos juntas em vários outros projetos. O destino fez nossos caminhos se cruzarem e vejo à nossa frente uma longa e bela estrada que, de alguma forma, vamos sempre trilhar lado a lado.

# Índice

Prefácio .................................................................................. 9
Prólogo ................................................................................ 11
Capítulo I ............................................................................ 15
Capítulo II .......................................................................... 28
Capítulo III ......................................................................... 43
Capítulo IV ......................................................................... 65
Capítulo V .......................................................................... 72
Cápítulo VI ......................................................................... 81
Capítulo VII ....................................................................... 88
Capítulo VIII .................................................................... 100
Capítulo IX ....................................................................... 103
Capítulo X ........................................................................ 110
Capítulo XI ....................................................................... 118
Capítulo XII ...................................................................... 125
Capítulo XIII .................................................................... 132
Capítulo XIV .................................................................... 134
Capítulo XV ..................................................................... 139
Capítulo XVI .................................................................... 144
Capítulo XVII ................................................................... 147
Capítulo XVIII .................................................................. 152
Capítulo XIX .................................................................... 155
Capítulo XX ..................................................................... 164
Capítulo XXI .................................................................... 171
Capítulo XXII ................................................................... 182
Capítulo XXIII .................................................................. 183

Capítulo XXIV ........................................................................... 192
Capítulo XXV ............................................................................ 196
Capítulo XXVI ........................................................................... 199
Capítulo XXVII .......................................................................... 207
Capítulo XXVIII ......................................................................... 210
Capítulo XXIX ........................................................................... 214
Capítulo XXX ............................................................................ 217
Capítulo XXXI ........................................................................... 225
Capítulo XXXII .......................................................................... 227
Capítulo XXXIII ......................................................................... 233
Capítulo XXXIV ......................................................................... 236
Capítulo XXXV .......................................................................... 239
Capítulo XXXVI ......................................................................... 244
Capítulo XXXVII ........................................................................ 260
Capítulo XXXVIII ...................................................................... 263
Epílogo ...................................................................................... 266

# Prefácio

"Chegará um tempo em que poderosos sinais anunciarão que a humanidade se encontra em uma encruzilhada. Os acontecimentos que atingirem uma parte da Terra serão, de imediato, conhecidos pelo restante do mundo e identificados, por alguns poucos escolhidos, como os sinais profetizados. As consequências da ação e da inação serão evidentes, causa e efeito se manifestarão mais rapidamente à medida que esse ciclo chega ao fim. Iniquidades e desequilíbrio serão dolorosamente sentidos nos níveis individual, regional e global.

A sensação de isolamento, falta de vínculos e confusão será generalizada. Poucos expressarão esses sentimentos. A maioria escolherá cumprir suas tarefas diárias com indiferença, entorpecendo os sentidos de inúmeras formas. O sofrimento engolfará a maior parte das pessoas, criando uma onda crescente de ansiedade, que se refletirá no desequilíbrio da Mãe Terra. Eventos cataclísmicos acontecerão com mais frequência e intensidade, conforme Ela luta para alcançar o equilíbrio.

Há muito tempo, uma reunião de anciãos que reverenciava e considerava sagrada nossa ligação com a Mãe Terra previu quando essa encruzilhada se daria. Um plano inspirado pelo divino foi concebido para neutralizar esse estado de desequilíbrio e ser posto em prática nesse momento crucial. Durante um período predeterminado da história, ocorrerão quatro conflitos diferentes e devastadores entre os povos – um de cada vez – para que o sofrimento seja cortado pela raiz, trazendo um estado de bem-estar e equilíbrio.

Os profetas anciãos sabiam que tinham de proteger esse conhecimento, pois sempre haveria aqueles que buscariam manter o controle do poder. Seus descendentes tornaram-se guardiões desse antigo conhecimento – por vezes conscientes de seu papel, por vezes, não – tendo suas vidas intrinsecamente ligadas à proteção da sagrada profecia.

As dolorosas disparidades entre o passado e o presente precisam ser exumadas para que sejam reconhecidas e curadas. Responsabilidade será um imperativo uma vez que a mudança rumo à estabilidade se inicie. O destino do Todo depende do despertar universal..."

*Tradução de uma declaração do xamã da tribo Choctaw, Bayou-Lacombe, Los Angeles, c. 1878.*

# Prólogo

Giselle nunca se esqueceu do dia em que partiu da Louisiana.

Ele começara como outro qualquer, o sol da manhã insinuando-se pelas cortinas em xadrezinho amarelo que cobriam a janela acima de sua cama. Elas tinham sido um presente recente de sua mãe, que as costurara à mão como uma surpresa por seu aniversário de 13 anos.

– Giselle, vou sair, mas não demoro – Yvette disse da porta. – Tem comida na cozinha. Volto assim que puder.

Sua mãe já havia partido, quando Giselle se sentiu desperta o suficiente para responder. Ela não sabia para onde a mãe ia ou o que estava acontecendo, mas sentia que algo estava muito errado. Yvette, sempre alegre e amorosa, estava distante nos últimos tempos.

Com relutância, Giselle saiu da cama e vestiu-se depressa. Mais uma vez, teria de tomar conta de seu irmão mais novo. Esperava que François, então com 8 anos, não tivesse percebido a tensão que os cercava.

Estava preocupada com a rara presença do pai em casa, mas o que mais a alarmava era o estado físico da mãe. Yvette parecia pior a cada minuto: as olheiras profundas sob os olhos azuis misturavam-se à tez cada vez mais pálida.

Ao longo do dia, fez o possível para distrair não só François, como a si mesma. Estavam jogando cartas, quando Yvette irrompeu agitada pela porta da frente e, arfando, correu até seu quarto e trancou a porta.

François olhou para a irmã mais velha, implorando, em silêncio, por respostas. Ela não as tinha, mas sabia que era melhor não fazer perguntas. Embora mãe e filha sempre tivessem sido muito próximas, nos últimos dias, Yvette tinha-se mostrado cada vez mais temperamental e reservada.

As duas crianças ficaram sentadas, imóveis, com medo de respirar. Pouco depois, a porta do quarto se escancarou, revelando uma Yvette desgrenhada e visivelmente apavorada, olhando para todos os lados, em busca de ameaças que só ela podia ver.

– Por favor, mamãe, me diga o que está acontecendo?

Giselle correu até a mãe que, desesperada, agarrou as mãos da menina, como se esta pudesse, de alguma forma, impedir que enlouquecesse.

– Temos de ir embora agora, minha filha! Não podemos perder tempo!

Giselle olhou no fundo dos olhos assustados da mãe.

– O que você está dizendo, mamãe? Por que temos de ir embora... e papai?

– Não temos tempo, Giselle. Temos de partir já. Pegue algumas das suas coisas e eu cuido do resto.

Giselle foi até François, que tremia dos pés à cabeça, encolhido em um canto da sala. Queria segurá-lo em seus braços e confortá-lo, protegendo ambos do que estava acontecendo, mas sabia que tinha de fazer o que a mãe pedira. Yvette precisava dela agora mais do que nunca.

As crianças caminhavam logo atrás da mãe, enquanto ela as conduzia através da densa vegetação do pântano, parando apenas para que tomassem fôlego.

As sombras do entardecer apenas começavam sua dança com o sol que se punha quando Yvette parou sob um velho pé de carvalho. Giselle e François observaram curiosos quando a mãe colocou a mão dentro de uma abertura do tronco. Apesar de estar de costas para os filhos, Giselle viu quando ela pôs, com cuidado, algo grande e quadrado dentro de um saco de pano.

Yvette fez um sinal para que as crianças continuassem a segui-la pelas trilhas tortuosas em meio às árvores. Com os olhos fixos no caminho à frente, estava imersa em seu próprio mundo, alheia à ansiedade crescente dos filhos.

Giselle, por várias vezes, carregou François no colo, fazendo o possível para acalmar seu choro. Por horas, continuaram a caminhar pela interminável escuridão até chegarem a Morgan City.

Foram diretamente à estação de trem, onde as crianças desabaram sobre um banco de madeira e Yvette cuidou de comparar as passagens que os levariam para longe do único lar que já haviam conhecido.

As lembranças da fuga dos *bayou*, os braços de rio do sul da Louisiana, ainda estavam vívidas na memória de Giselle e continuavam a evocar fortes sentimentos, mesmo agora, 70 anos depois.

Sentada à mesa da cozinha, com o olhar fixo em uma mariposa que dançava de forma hipnótica em torno do lustre, Giselle sabia que seu tempo se esgotava.

Melody tinha de saber a verdade. Sua neta estava prestes a enfrentar uma série de acontecimentos avassaladores e Giselle arrependia-se de ter guardado tal segredo por toda a vida.

*"Será que há alguém que não se arrependa de nada quando a morte se aproxima?"*

Essa pergunta pairou sobre sua mente por toda a tarde. Embora Melody já estivesse acostumada à dor e à perda, Giselle temia o efeito que sua morte teria sobre sua amada neta. Mas, acima de tudo, temia o impacto das revelações que estavam por vir. O mundo tal qual Melody conhecia logo ruiria e Giselle estava aflita por não poder protegê-la.

*"Eu, pelo menos, nasci nesse mundo obscuro; mas Melody será levada a ele sem qualquer aviso, sem qualquer preparação."*

Não foi surpresa a neta ter sido escolhida para cumprir a profecia. Melody tinha força interior, integridade e bom senso, e Giselle, ao longo dos anos, observara as habilidades intuitivas de Melody, que fazia piada da ideia de ter esse dom, mas a avó sabia que ela o possuía.

O fato de Melody se reprimir tanto era preocupante, mas a avó compreendia por que ela mantinha o mundo a distância.

*"Minha filha, você não conseguirá fazer isso por muito tempo. Os muros estão caindo; o véu existe e está se tornando mais transparente a cada respiração."*

Giselle esperara anos por um sonho – uma mensagem – a qual recebera havia três noites. A profecia era clara, Melody era o próximo elo da corrente e Giselle tinha a missão de revelar tal legado à sua neta, mas não sabia como fazê-lo.

De súbito, descobriu como abrir essa porta.

*"Claro! Este é o único caminho."*

Após sua morte, Melody receberia uma carta que a instruiria a ir ao lugar onde tudo começara e lá descobriria a antiga teia de mistérios em torno de seu legado.

Giselle sabia que Annie, sua própria filha, não apoiaria Melody nos desafios que ela enfrentaria, mas a neta ficaria bem, pois estava acostumada a ter uma mãe emocionalmente ausente.

Nas semanas seguintes à sua morte, Melody estaria ocupada cuidando de todos os detalhes, sem nada questionar. Ela o faria não só por amor e respeito à avó, mas também para aplacar a dor.

Não havia alternativa.

Do bolso do roupão, Giselle tirou uma bolsinha e, dela, um lindo e colorido rosário. Enquanto o apertava junto ao coração, os dedos magros e pálidos da mão direita pegaram uma caneta. Olhou, uma vez mais, para a delicada mariposa, rogando com fervor para que Melody não tivesse de ser sacrificada pela luz.

– Meu Deus, por favor, proteja Melody e a guie em seu caminho. Ajude-a a estar aberta... ajude-a a encontrar a verdade.

Giselle, então, começou a escrever, sabendo que a vida da neta logo se transformaria para sempre.

# Capítulo I

Apesar de ter chegado ao hotel poucas horas antes, Melody Bennet acordou ao raiar do dia, caminhou até a janela ainda respingada pela chuva e contemplou o pátio vários andares abaixo. Nunca estivera em Nova Orleans, mas o que via era o que sempre imaginara: uma pequena sacada com uma balaustrada de ferro batido, dando vista para um elegante jardim vitoriano em cujo centro havia uma fonte com uma gárgula incrustada com zinabre.

Estava encantada, em especial, com as paredes de tijolo à vista de seu quarto, que davam ao ambiente um ar despretensioso e sensual, quase palpável. Melody deduziu que elas eram parte da estrutura original e deviam estar impregnadas de séculos de sons, cheiros e emoções de Nova Orleans.

Achou, então, curioso que a avó pouco tivesse falado sobre a cidade, já que seu último desejo foi lá voltar.

A carta de Giselle surpreendeu a todos. Estavam certos de que ela desejaria ser enterrada ao lado do marido, falecido há dois anos, mas para espanto geral ela deixara instruções à neta para que levasse suas cinzas até a região dos *bayou* da Louisiana, onde seriam espalhadas e abençoadas por uma misteriosa mulher chamada Marie Devereux.

Melody caminhou a passos rápidos até o elevador, os olhos ainda ardendo pela falta de sono, e entrou assim que o elevador chegou.

A exaustão era motivo suficiente para seu nervosismo, sem contar a tarefa que tinha em mãos. Também a incomodava o fato de que não haveria nenhum túmulo onde pudesse visitar a avó após as cinzas serem espalhadas.

Estava cansada demais para se preocupar com a aparência, mesmo assim tentou alisar as marcas da calça cáqui e da camiseta branca de algodão antes de chegar ao *lobby* do hotel.

Quando as portas do elevador se abriram, Melody, de repente, engoliu em seco, sufocando a forte emoção à flor da pele.

Na recepção, uma bela jovem com um crachá onde se lia "Olívia" falava ao telefone. Aparentava ter em torno de 25 anos, apenas alguns a menos que Melody, e era deslumbrante, com seus olhos cor de conhaque e o cabelo castanho sedoso e brilhante. Melody não tinha certeza do que *creole* significava, mas essa foi a palavra que lhe veio à mente para descrever a aparência um tanto exótica de Olívia.

Melody, inúmeras vezes, desejara ter uma aparência assim tão marcante. Seu cabelo castanho parecia sem vida, comparado ao de Olívia. Seus olhos eram a única característica que não considerava comum: normalmente, cor de mel, eles adquiriam um vívido tom esmeralda quando chorava.

Ao perceber que encarava Olívia, virou-se para observar o *lobby*.

Ela teve sorte de conseguir, com tão pouca antecedência, fazer uma reserva naquele hotel, localizado nos limites do histórico Bairro Francês, próximo aos pontos turísticos, mas não exatamente no centro do burburinho. Em memória à avó Giselle, esperava pelo menos sentir um gostinho de Nova Orleans, também chamada *"The City That Care Forgot"*. Apesar de totalmente reformado após a passagem do Furacão Katrina, o hotel mantinha a atmosfera de tempos passados. Divulgado como um dos poucos locais realmente assombrados em Nova Orleans, seu passado fora um tanto diversificado. Ao longo da maior parte do século XIX, foi o lar de uma misteriosa ordem de freiras afro-caribenhas. Uma construção menor, ao lado do prédio principal, hoje o restaurante do hotel, funcionara como um famoso bordel.

*"Que contraste! Se estas paredes falassem..."*

Quando percebeu que Olívia desligara o telefone, voltou à recepção.

Enquanto se aproximava, notou um estranho movimento atrás da recepcionista. Era outra pessoa... não, na verdade, não... parecia ser um holograma desbotado da jovem, com penteado e roupas diferentes.

*"Não, de novo não."*

Melody fechou os olhos e prendeu a respiração. Devia ser o cansaço pregando peças.

Ao abrir os olhos, o vulto havia desaparecido. A única pessoa que viu foi Olívia, sorrindo e esperando com paciência.

— Posso ajudá-la, senhorita?

— Sim, por favor — Melody respondeu. — Preciso agendar um passeio pelo pântano. Na realidade, preciso encontrar alguém que me leve a um lugar específico no pântano.

– A senhorita sabe o nome?
– Sim, minha avó era daquela região, o nome é Atcha... hum...
– A Bacia de Atchafalaya?
– Sim! Desculpe! Sabia que não conseguiria falar o nome direito.
– Não tem problema – Disse Olívia. – Você sabe o nome do *bayou* específico? Há milhares no sul da Louisiana, embora a maioria dos passeios seja pela Bacia de Atchafalaya.
– É a primeira vez que venho a Louisiana. Minha avó deixou um mapa, mas ele não faz o menor sentido para mim. Há um lugar chamado *Bear Bayou*, mas não encontrei nada na internet.
Melody colocou o mapa desenhado à mão sobre o balcão.
– Será que alguém que more na região sabe onde fica, se eu mostrar o mapa?
– Aqui, esse lugar é normalmente chamado *Bayou des Ourses*, o nome francês. – Respondeu Olívia. – Por isso, você não encontrou nada na internet. Vou dar alguns telefonemas e ver se consigo encontrar um guia local que queira levá-la até lá. A maioria conhece os *bayou* como a palma da mão, mas pode levar algumas horas para encontrar alguém.
– Ótimo. Obrigada pela ajuda.
– Por que você não dá um passeio por nossa encantadora cidade e volta daqui a pouco? Ficarei aqui até as 3 horas da tarde. Devo ter novidades até lá.
– Perfeito. Por falar nisso, também preciso entrar em contato com uma amiga de minha avó, uma senhora chamada Marie Devereux. Acho que ela mora em algum lugar perto dos *bayou*. Tentei encontrar seu telefone na lista, mas não consegui.
– Talvez ela nem tenha telefone – explicou Olívia. – Muitas das pessoas mais velhas, em especial as que vivem nos *bayou*, não querem ter telefone. Encontrá-la pode ser um verdadeiro desafio, mas, com sorte, o guia poderá ajudá-la.
– Certo, volto daqui a algumas horas. Obrigada pela ajuda.

Melody já viajara pelos Estados Unidos, mas nada a havia preparado para Nova Orleans. Como a maioria dos americanos, sabia quais eram as principais atrações da cidade: a Bourbon Street, o Mardi Gras, os bonecos de vodu, o jazz, a deliciosa culinária e o café. Também tinha noção da destruição que a passagem do Katrina trouxera à região.
Sair do hotel foi um choque para os sentidos. O peso e a umidade do ar, após a chuva que se estendera noite adentro, e o calor do mormaço

que subia da rua e da calçada eram palpáveis. Ficou feliz por estar com o cabelo preso.

Não era apenas a mudança de clima que mexera com ela, havia ali uma energia completamente diferente da de qualquer outro lugar onde estivera.

Sem nenhum trajeto ou destino em mente, dirigiu-se para o leste, absorvendo os aromas que vinham do Bairro Francês.

Como, por tradição, o verão é a baixa temporada, Melody surpreendeu-se com o número de pessoas que circulavam nas ruas, uma mescla de turistas e moradores, que facilmente se distinguiam uns dos outros.

Seguiu em direção ao norte, para longe do cruzamento da Bourbon Street e Orleans, longe do Bairro Francês, até chegar a outra rua movimentada, com várias lojas e cafeterias, umas ao lado das outras; algumas pareciam intocadas, mesmo após o Katrina, enquanto outras ainda curavam as feridas deixadas pelo furacão.

Ficou impressionada pois a despeito das cicatrizes e da lembrança diária dos edifícios marcados pela enchente, o espírito vibrante da cidade continuava vivo.

Havia pessoas por toda parte; algumas trabalhando para restituir o alegre charme à cidade, outras assumindo o papel de turistas.

Com o aroma de café e *beignets* permeando o ar úmido, Melody, de repente, sentiu-se faminta. Sentou-se a uma mesa ao ar livre na cafeteria mais próxima, pediu dois grandes *croissants* com geleia e café e recostou-se para observar o cenário.

Do outro lado da rua, um velho senhor negro encostou-se à parede e começou a tocar sua gaita, com o ar mais despreocupado do mundo. O cabelo grisalho contrastava com o tom café de sua pele; os dedos, longos e virtuosos, seguravam o instrumento. Melody notou que, entre os passantes da calça branca, havia uma echarpe vermelha que combinava com um único cravo vermelho, colocado com cuidado no bolso da camisa preta.

A música tinha um tom melancólico, ardente, e ele, com os olhos fechados, colocava nela seu coração. Havia uma pequena travessa a seus pés, para aqueles dispostos a mostrar seu apreço. Por vezes, ele parava de tocar para sorrir para um transeunte, que deixava um trocado, levantando seu chapéu invisível.

Após pagar a conta, Melody atravessou a rua e abaixou-se para colocar um dólar na pequena travessa.

– Obrigada, senhorita – seu belo sorriso vinha do coração e ela o retribuiu, mas seus olhos estavam fixos na abertura da camisa do músico, que revelava um estranho pingente, que resplandecia iluminado pela difusa luz do sol.

Melody voltou a caminhar, deixando a atmosfera da cidade envolver cada um de seus passos.

Uma pequena banda de jazz passava pelo local, seguida por um grupo de turistas ruidosos que celebravam a vida. Havia algo mágico naquele lugar, algo que incitava os turistas a descobrir o prazer a cada momento.

Pela primeira vez, Melody se perguntou por que a bisavó fugira da Louisiana com os filhos. Apesar de ainda não ter ido até o pântano – que, com certeza, era bem diferente de Nova Orleans – não conseguia entender por que alguém que crescera tão próximo àquele lugar fantástico o abandonara tão de repente?

Lamentava não saber mais sobre a história da família e sentia que alguma coisa realmente importante seria enterrada com a avó, protegida, para sempre, pelo pântano.

Melody olhou de relance para o relógio. Eram quase 2h30 e ela tinha de voltar depressa para o hotel antes que Olívia fosse embora.

– Boas notícias, senhorita Bennet! Consegui transporte para levá-la à margem da Bacia de Atchafalaya amanhã, às 5 horas da manhã. Um homem chamado Jean Pierre vai levá-la até onde precisa ir. Se não o vir quando chegar, vá até o mercado local. Um senhor chamado Paul cuida da loja. Ele saberá onde encontrar esse tal de Jean Pierre, talvez até saiba onde encontrar a amiga de sua avó.

Melody não sabia o que fazer pelo resto da tarde, mas estava certa de uma coisa, precisava se ocupar. Deu uma olhada nos folhetos sobre atrações locais, dispostos de forma impecável no *lobby,* e saiu de novo.

Durante seu passeio a pé, passou por ruas com nomes fantásticos, tão típicos de Nova Orleans como Bienville, Toulouse, Dauphine e Santo isto, aquilo e aquilo outro. Melody não tinha se dado conta de que a influência católica era tão forte na cidade.

Com o cair da tarde as ruas ficaram mais cheias e barulhentas: artistas e vendedores ambulantes tomavam as calçadas, e os garçons dos cafés formavam uma orquestra de sons tilintantes ao arrumar as mesinhas ao ar livre para o jantar.

O cheiro do ar também havia mudado. O aroma do café agora se misturava ao dos fortes condimentos e frutos do mar. A tarde passara e

Melody era cada vez mais bombardeada por uma crescente variedade de estímulos aos sentidos.

Melody encontrou a esquina onde vira o homem tocando gaita, mas, para sua frustração, ele não estava lá.

Continuou a caminhar, absorvendo a cidade ao redor, pensando se, quando jovem, sua avó Giselle também passeara por ali durante as tardes.

Depois de um tempo, caminhar pelo Bairro Francês fez Melody sentir-se cansada. Não estava acostumada a um ambiente sempre tão festivo e precisava assimilá-lo aos poucos.

Ao se aproximar de Rampart Street, a multidão pareceu diminuir. A diferença de atmosfera era notável: tranquila, silenciosa, apenas com algumas poucas pessoas reunidas olhando as vitrines. As construções da área mostravam o verdadeiro impacto do Katrina. Algumas estavam bastante danificadas, com as marcas da inundação acima da cabeça de Melody. Conforme continuava sua caminhada por essa remota região, viu mais lojas abandonadas. Lembrou-se de ter lido que a inundação atingiu diferentes níveis pela cidade. O centro do Bairro Francês, polo da economia do turismo, foi a região menos afetada. Ela estava, agora, em uma das áreas que não tivera a mesma sorte.

Muitos moradores foram transferidos, de forma permanente, para outras partes do país; alguns voluntariamente, outros por necessidade.

A "Diáspora do Katrina" foi o nome dado por alguns ao êxodo após o furacão. Parte dos que tiveram de se mudar após a catástrofe optaram, de modo compreensível, por reconstruir sua vida em regiões mais elevadas. As histórias dos que ainda ansiavam por voltar ao lar, e não tinham condições para tanto, partiram o coração de Melody.

Ela continuou sua expedição por Rampart, encantada com as sombras e a brisa agradável da rua. O interior de algumas lojas que estavam abertas parecia escuro, pois as pequenas vitrines não permitiam a entrada de muita luz. Viu duas mulheres, com coloridos turbantes, saindo de uma das lojas. Suas roupas lembravam os trajes típicos dos africanos, com cores vibrantes contrastando com o tom escuro da pele. Melody reconheceu o nome da loja; ela o vira na lista telefônica do hotel. Era uma das lojas de vodu localizadas perto do Templo Espiritual de Vodu.

Ao entrar, reparou de imediato em uma placa na parede que atraiu sua curiosidade: "Magia para todos que aqui entrarem".

Foi atraída por uma pequena mesa enfeitada com uma estatueta preta, conchas e uma xícara com o que parecia ser café *expresso* sobre um pires, com vários pacotinhos de açúcar ao lado.

Uma jovem, com pele tom de café e olhos brilhantes, escuros como breu, caminhou em sua direção. Usava um vestido amarelo, que deixava à mostra um dos ombros e tinha a cabeça envolta por uma echarpe de seda amarela da qual escapavam tufos do cabelo crespo e negro. Seu colar de ouro chamou a atenção de Melody: um coração perfurado, incrustado em uma estrela de cinco pontas.

– Olá, meu nome é Stephanie e esta é Anastásia – disse a jovem, apontando para a estatueta. – Ela ajuda nas adivinhações.

Curvando-se para sentir o cheiro do que havia na xícara, Melody ficou com água na boca ao confirmar que era, de fato, café.

– Para que servem o café e o açúcar?

– Reza a lenda que Anastásia era uma escrava que adorava café com açúcar. Ela não suportava o gosto amargo de café preto e tinha o dom de prever o futuro das pessoas, mas, em vida, o prazer de saborear o açúcar lhe foi negado. Hoje em dia, as cartomantes invocam seu espírito para ajudá-las nas leituras e agradecem trazendo como oferenda café e açúcar.

– Que tipo de conchas são estas?

– Búzios. São usadas para trazer prosperidade e fazer amarrações de amor, o que se pode chamar de feitiços.

– É mesmo? – Melody se encolheu ao pensar em "feitiços"; também não entendera o que Stephanie quis dizer com "amarrações", mas preferiu não perguntar nada.

– Sim. Vê o formato do búzio? Lembra o órgão sexual da mulher, por isso ele é ligado à criação. A mulher dá à luz e gera uma nova vida. Nos feitiços de amor, ele é usado para atrair o homem que você quer.

– As pessoas ainda fazem feitiços? – perguntou Melody, acrescentando logo em seguida: – Desculpe, não quis ofendê-la, mas não estou acostumada com tudo isso.

– Sim, muita gente ainda faz amarrações, ou encantamentos, como alguns preferem chamar – respondeu Stephanie, com um sorriso gentil e perspicaz. – E costumam dar bons resultados, a menos que sua crença rejeite isso por completo e neutralize o efeito do feitiço.

– Bem, eu não tenho um namorado e ninguém em vista – replicou Melody.

– Quem sabe, logo não encontra alguém. Gostaria de fazer uma leitura?

– Uma leitura? Você quer dizer, com cartas?

A jovem fez que sim e sorriu.

– Sim, as cartas do Tarô. Também podemos jogar os búzios.

– Jogar os búzios?

– Essa é uma antiga arte divinatória, chamada Oráculo de Ifá. Dizem que veio da África, de Benim, na África Ocidental, para ser mais exata. No começo as pessoas usavam cascas de coco, mas, hoje, muitas jogam os búzios. A resposta está no modo como caem, abertos ou fechados.

Percebendo que tinha a atenção de Melody, continuou.

– Conta uma lenda Vodu que um homem admirável vivia em harmonia com a energia do Criador e, quando morreu, foi elevado a Orixá e...

– Desculpe, um o quê?

– Um Orixá. Um deus ou uma deusa. Se você está mais acostumada à fé católica, talvez possa comparar os Orixás aos santos.

– Ah, isso eu consigo entender. Estudei em uma escola católica.

Melody estava apreciando escutar aquela mulher e sentia uma estranha curiosidade que normalmente não buscaria saciar além dos limites de seu computador.

– Com a nova posição de Orixá, ele foi, aos poucos, perdendo exatamente as qualidades que o elevaram. O ego assumiu o controle e ele tornou-se arrogante e mesquinho. Seu objetivo era tornar-se o mais elevado Orixá. Para ele, nada era mais importante do que sua posição. Certa noite, Olodumaré, o Criador, apareceu a ele como um mendigo e o Orixá bateu a porta em sua cara. Na mesma hora, foi preso dentro de um coco e condenado a responder a perguntas por toda a eternidade. Ele passara a ser... como vocês diriam?... o porta-voz dos outros Orixás.

Melody assentiu, mostrando que havia entendido a essência da história.

– A casca do coco tem que ser quebrada em tamanhos específicos e isso requer muita habilidade. Além disso, aqui não há tantos coqueiros como na África, por isso a maioria de nós usa os búzios. Não gostaria de fazer uma leitura?

Achando que, com certeza, isso a distrairia do momento que vivia e a ajudaria a passar o tempo, Melody concordou.

– Por que não?

Seguiu Stephanie até uma sala menor, separada da que estavam por uma cortina de contas multicoloridas. Dezenas de velas eram a única fonte de luz do ambiente e, ao entrar, foi saudada pelo forte aroma de incenso. Uma senhora negra, atarracada, vestida em tons de laranja e dourado estava junto à parede do fundo e trazia ao pescoço uma corrente de ouro, da qual pendiam um amuleto, com uma serpente mordendo a própria cauda, e um saquinho de camurça.

Melody nunca vira joias tão intrigantes: primeiro a do músico com a gaita, depois a de Stephanie e agora a da cartomante.

– Sente-se, minha filha – disse a senhora, com um inconfundível sotaque caribenho.

Melody sentou-se a uma pequena mesa, coberta com um tecido roxo, sobre a qual havia um grande baralho de cartas. Espalhadas pela sala havia várias imagens religiosas, que Melody reconheceu dos anos na escola católica. Próxima à porta, havia uma grande estátua de São Miguel, cercada de frutas, charutos e brinquedos, aos pés da qual se encontravam uma grande vela vermelha e quatro bananas, além de um pires com uma espécie de óleo alaranjado.

– O que gostaria de saber?

– Eu... Para falar a verdade, não sei. Você pode só fazer uma leitura geral?

Quando se entreolharam, Melody viu no fundo dos olhos da mulher algo perturbador.

– Como quiser, minha filha. Tem certeza de que não tem nenhuma pergunta específica? Seu coração está muito pesado.

Melody ficou surpresa, pois não achava que sua dor era visível.

– Estou aqui para espalhar as cinzas de minha avó... éramos muito próximas.

A velha senhora nada disse. Embaralhou as cartas e entregou-as a Melody. Após pedir à garota que as embaralhasse sete vezes, fechou os olhos e colocou as mãos na beirada do tecido roxo, com as palmas para cima. Em silêncio, Melody embaralhou as cartas.

Pouco depois, a mulher abriu os olhos, pegou as cartas das mãos de Melody e colocou-as no centro do tecido.

– Corte o baralho – disse, tocando, de leve, a mão de Melody. – E tire 11 cartas, uma de cada vez.

Melody observava atenta, enquanto a velha deitava as três primeiras cartas, da esquerda para a direita. Em seguida, separou as outras oito, em grupos de duas, colocando-as ao redor das três primeiras, de acordo com os pontos cardeais: norte, sul, leste e oeste. Então parou, observou as três cartas centrais, por fim, levantou a cabeça e encontrou o olhar fixo de Melody.

– Você disse que sua avó morreu e posso ver isso. Aqui está a carta da Morte no seu passado recente – ela apontou uma carta que mostrava um esqueleto vestido de preto, segurando uma foice. – Mas veja estas duas cartas. O três de ouros representa uma dádiva e está ao lado da carta da Morte – parou por um instante e continuou: – Sua avó deixou para você uma dádiva, um legado.

– Uma dádiva? Acho que não. Seu testamento não mencionava nada de diferente, a não ser as instruções para o enterro.

– Alguém da família ficou por aqui?

Melody não sabia como responder à pergunta.

– Não sei muito sobre isso. Não tenho ideia de onde ela veio ou de onde sua família está.

– Você precisa encontrá-los, minha filha. Eles têm alguma coisa ou sabem de alguma coisa. Mas tem de ter cuidado. A próxima carta, que representa o futuro, é a Torre. Ela avisa que algo está para ser destruído, em geral crenças ou valores. Não importa quais as crenças que fundamentem sua vida, elas cairão por terra assim que receber esse legado.

Melody deu um riso nervoso.

– Estar aqui e fazer uma leitura, por si só, já representa destruir minhas crenças. E as outras cartas?

– Elas representam as circunstâncias que darão condições de as outras cartas se manifestarem, as escolhas que permitirão que elas venham a ocorrer. As duas ao norte representam sua vida agora, em relação ao seu legado. Vejamos, temos o sete de espadas e o oito de paus. Estas cartas mostram decepção e traição, coisas ocultas e perigosas de tempos atrás, e sobre uma viagem para fugir das forças da escuridão.

– Minha bisavó fugiu da Louisiana, muitos anos atrás, com os dois filhos, mas ninguém sabe por quê. Minha avó nunca falou sobre isso.

A velha senhora mostrava que estava escutando, mas não tirava os olhos das cartas.

– Vamos ver as cartas do sul. Elas representam as motivações ocultas, as paixões escondidas sob o véu da moral. Temos o nove e o rei de espadas. Sua bisavó estava fugindo de um homem... alguém próximo a ela. Estava apavorada. Sabia que tinha de tomar uma decisão, mas independentemente do que escolhesse haveria sofrimento. O nove de espadas significa uma decisão de vida ou morte.

– Esse homem pode ter sido meu bisavô. Até onde sei, minha avó nunca mais viu o pai, e o irmão voltou para cá ainda jovem e não sei se ela chegou a ter notícias dele. Sempre que eu perguntava sobre a família, ela mudava de assunto.

Mais uma vez, a mulher assentiu, mas seus olhos continuavam fixos nas cartas.

– Herdar esse legado causará um conflito, pois trará à luz o que sempre esteve oculto. Você tem de ser forte. Você *é* forte, Melody, caso contrário sua avó não teria deixado essa dádiva para você.

Melody ficou tensa, ela não havia dito seu nome.

– Como sabe meu nome?
– Minha filha, você disse seu nome quando entrou aqui.

Melody rememorou o momento em que entrou na sala e lembrou-se de que achara estranho que nenhuma das duas tivesse dito o nome quando se viram pela primeira vez.

A mulher continuou.

– O três de espadas a oeste fala de algo que tem de ser libertado. Algo que está trancado há tanto tempo que se tornou maligno, como um abscesso. Isso precisa vir à tona, para que a ferida possa cicatrizar. A leste, vemos as coisas que estão por vir, você tem o nove e o dez de copas. O nove representa um encontro, uma espécie de comunhão de iguais; a verdadeira união após o véu ser retirado. O dez representa a alegria do coração, o amor e a prosperidade, uma conexão verdadeira. Por favor, tire outra carta e coloque-a sobre o monte de três.

Com as mãos trêmulas, Melody tirou outra carta. Ela viu uma carta com uma serpente mordendo a própria cauda – *"igual ao colar!"*, em formato de ovo. Um homem e uma mulher estavam no centro do ovo, nus, de mãos dadas.

A mulher olhou para ela e sorriu: seu olhar, aos poucos, se suavizava.

– Minha filha, você tem o mundo nas mãos. Esta é a carta que resume toda a leitura e fala sobre o resultado final. Sua avó deixou para você uma dádiva, de fato, muito poderosa: tão poderosa que pode abalar a crença de outras pessoas. Sua descoberta vai gerar conflito e luta, mas lhe trará algo muito forte: uma chave para uma porta oculta, com potencial para mudar o mundo tal qual você conhece, bem como seu papel nele.

– Que tipo de dádiva é essa?

– Provavelmente algo bem diferente do que você espera. As verdadeiras dádivas não podem ser tocadas e não têm preço, mas são reais. É impossível segurar o ar, mas morreríamos sem ele. Lembre-se, você já possui um dom: o dom da visão. Você sabe disso, sua avó sabia disso... você não tem nada a temer.

A velha senhora recostou-se, com as mãos entrelaçadas no colo, mostrando que a leitura terminara.

Melody pegou a bolsa, procurando não olhar diretamente para a cartomante nem admitir o que ela acabara de dizer. Quando se levantou, a mulher estendeu a mão e disse:

– Espere, pegue este *gris-gris*, é um patuá – ela entregou a Melody um pequeno amuleto em forma de chave e um saquinho com ervas secas. – A chave é o símbolo de Exu, ou São Miguel. Ele a conduzirá às portas dentro de você que precisam ser abertas para que encontre a sua verdade.

Melody sempre gostou de São Miguel, o Líder dos Exércitos Celestiais.

– O que faço com isso? – perguntou Melody, segurando o saquinho com ervas.

– Quando se sentir confusa ou com medo, coloque um punhado em uma banheira com água morna, deite-se nela e reze o Salmo 23. Você conhece?

Melody fez que sim.

– Ótimo. Recite-o quatro vezes, ou em múltiplos de quatro. Use um terço para ajudá-la a não perder a conta, pois a vibração da repetição é primordial. Isso lhe trará clareza e força.

– Muito... muito obrigada – de modo desajeitado, Melody despediu-se da senhora, curvando a cabeça, e atravessou a cortina de contas de volta à entrada da loja.

– Posso ajudá-la em mais alguma coisa? – Stephanie perguntou de trás do balcão.

– Sim. Tenho uma pergunta: há algum motivo especial para usar a palavra magia, em vez de mágica?

– Ah, claro. Consideramos mágica o ilusionismo realizado no palco, enquanto magia é uma manifestação espiritual baseada no poder da intenção e da prece, combinada, normalmente, com rituais sagrados.

Um pouco sem graça, Melody continuou:

– Que tipo de oferendas São Miguel prefere? Sabe, como você explicou sobre a escrava Anastásia.

– Ele gosta de velas vermelhas e pretas, bebidas fortes, charutos, frutas e brinquedos. Uma das formas de ele se manifestar é como criança, por isso é costume oferecer brinquedos pequenos. Ele também adora coco. As oferendas são, em geral, deixadas em uma encruzilhada às segundas-feiras.

Melody sorriu, sem entender o que a jovem quis dizer com "uma das formas de ele se manifestar". Ela tinha tantas perguntas a fazer, mas em vez disso apenas agradeceu, pagou pela leitura e voltou para a rua.

Melody ficou feliz ao sentir os raios do sol poente por entre as nuvens tocando sua pele. Estava desconcertada pelos últimos acontecimentos. Por um lado achava que devia esquecer tudo que a velha senhora dissera; por outro, tinha a estranha sensação de que sua avó queria que prestasse atenção àquilo tudo. Que poderoso legado poderia a avó ter deixado?

Ao voltar para o Bairro Francês, ansiava sentir o mesmo desprendimento das pessoas ao redor, parar de pensar em legados e segredos, culpa e morte; desejava apenas escutar um pouco de música e tomar uma taça de vinho e ter a certeza de que ninguém saberia seu nome, a não ser que o dissesse.

Após caminhar por alguns quarteirões, escolheu uma pequena cafeteria com mesinhas ao ar livre, sentou-se na esquina, sob um toldo, e tentou sentir o ritmo da cidade. Após fazer o pedido, começou a ler os folhetos que trouxera. Um deles era bem interessante, pois explicava alguns conceitos normalmente confusos: a diferença entre *creole* e *cajun*; entre um pântano e um *bayou* e entre a versão do Vodu criada pela indústria de turismo e o Vodu como religião sagrada.

Ela estava fascinada pela história da região.

Depois de ter comido sua *quesadilla* de lagostim e tomar uma taça de vinho, pegou o caminho de volta ao hotel. Quando chegou ao seu quarto, estava exausta física e mentalmente.

Naquela noite, seus sonhos foram confusos e assustadores. Em um deles vovó Giselle sorria para ela, embora Melody pudesse sentir sua tristeza.

– Sinto muito, Melody, mas agora é por sua conta. Nunca se esqueça de que mesmo quando duvidar de si mesma, eu estarei acreditando em você. Que isso lhe dê forças.

No sonho, o rosto da avó desaparecia aos poucos, transformando-se em cinzas que se dissipavam, levadas por um vento impetuoso.

# Capítulo II

Eram 4h45 de quinta-feira quando Melody saiu do *lobby* do hotel para pegar a *van* que a conduziria à Bacia de Atchafalaya. Em vez de levar a bolsa, colocou seus pertences em uma mochila, junto às cinzas da avó.

Ela queria estar preparada, mas não sabia o que vestir ou o que levar para o pântano. Colocou uma calça capri, tênis, camiseta regata e camisa; o cabelo ficaria preso em um rabo de cavalo durante toda a viagem.

Não se achava pronta para encontrar essa tal senhora Devereux. Sentia-se muito estranha desde sua chegada a Louisiana, como se tudo estivesse acontecendo em câmera lenta: a aterrissagem no meio da madrugada, a visão no *lobby* do hotel, a leitura das cartas. Tinha a impressão de estar caminhando em meio a um nevoeiro.

Parte dessa estranheza devia-se à sensação de liberdade que experimentava, a qual não conseguia explicar bem, dado o motivo de estar ali.

Como não havia nenhum sinal da *van*, Melody resolveu esperar em um pequeno banco em frente ao hotel. Tudo que desejava era uma xícara de café, mas não queria correr o risco de perder a *van*.

Era confortador perceber que a cidade ainda estava acordada e que ela não se encontrava sozinha àquela hora. *"Esse lugar nunca dorme?"* Assim que sentiu o aroma de *beignets*, bolinhos doces recheados e café torrado, ficou com água na boca. Ali se podia saber as horas pelos diferentes cheiros que permeavam o ar ao longo do dia.

Uma *van* estacionou em frente ao hotel. Dela saiu um jovem negro que olhou em sua direção. Ele parecia estar com sono, mas abriu um sorriso contagiante ao ver Melody sentada no banco.

Colocando sua camisa para dentro da calça preta, perguntou:
— Você é a senhorita Bennet?

– Sim, sou eu.

– Alguma bagagem?

– Não, só a mochila.

– Se importa se eu pegar um café, enquanto você se ajeita na *van*?

– De jeito nenhum. Você faria a gentileza de me trazer um café também?

– Com todo prazer, senhorita. Simples?

– Sim, por favor – ela não queria incomodá-lo ainda mais pedindo creme e açúcar. Virou-se para pegar dinheiro na mochila, mas ele já havia saído em disparada, atravessando a rua.

Em poucos minutos ele estava de volta e Melody não via a hora de tomar o primeiro gole do café, mesmo que fosse puro. Para sua alegria, era café com creme e açúcar, e na medida certa! Lembrou-se, então, de ter lido que "simples" ali se referia a café com creme e açúcar e não preto, como estava acostumada.

Melody recordou-se da estatueta de Anastásia da loja de Vodu e sorriu, sentindo que tinham em comum a mútua aversão a café puro.

Os dois partiram imediatamente e, após alguns minutos de silêncio, o motorista perguntou:

– Já esteve nos *bayou* antes? É bem impressionante ver cobras e crocodilos, mas, para mim, os mosquitos tiram toda a graça.

– Infelizmente esta não é uma viagem de passeio. Vou espalhar as cinzas de minha avó.

O motorista levantou a aba do boné e olhou para ela pelo espelho retrovisor.

– Como?

– Minha avó era dos *bayou* – Melody não se lembrava se a palavra certa era *bayou* ou "pântano". – Mas ela viveu a maior parte da vida na Carolina do Norte.

– É de onde você é?

– De lá. Vivi lá minha vida inteira – respondeu Melody. – Estou aqui apenas para cumprir seu último desejo.

– Nossa! É muito legal o que você está fazendo. A maioria, hoje, não tem mais respeito pelos parentes mais velhos. Meu avô me criou e me ensinou como isso é importante.

– Eu também! Minha avó praticamente me criou e me ensinou a mesma coisa. Respeite os mais velhos, tanto os vivos como aqueles que já partiram...

Melody quebrou o longo silêncio que se seguiu.

– Qual é seu nome?

— James. Cresci nos *bayou*, mas mudei para a cidade quando tinha 20 anos, estava cansado de pescar.

Melody riu.

— Também tenho de encontrar uma senhora que minha avó mencionou na carta. Acho que eram amigas. Ela pediu para achar essa mulher antes de espalhar as cinzas.

James, mais uma vez, olhou para ela pelo retrovisor.

— Qual é o nome dessa senhora?

— Marie Devereux. Tenho o endereço, mas não sei se ainda é o mesmo.

— Provavelmente é. O povo daqui nunca se muda. Mas não conheço essa mulher. Ela deve ter no mínimo 30 anos mais do que eu. Tenho quase certeza de que o Velho Paul sabe quem ela é.

— É o dono do mercado?

— É sim. Não tem ninguém que o Velho Paul não conheça.

— Vou falar com ele, James. Obrigada.

Melody recostou-se no banco. Do lado de fora, a cidade desaparecia à medida que o sol nascia, projetando um brilho dourado através do vidro traseiro. Quanto mais se afastavam da cidade, menos carros e caminhões cruzavam seu caminho. Ela fechou os olhos por um instante, concentrando-se no ronco do motor; e após alguns minutos, estava dormindo.

Para sua surpresa, acordou quando James estacionava em frente a uma velha loja.

— Esta é a cabana do Velho Paul. Espero aqui enquanto você encontra quem está procurando.

Melody saiu da *van* e olhou à volta. A loja era uma velha cabana de madeira sustentada por estacas. O lado esquerdo estava em péssimas condições e um pedaço de grossa lona azul ainda cobria parte do telhado. Ela acompanhara os noticiários sobre o Katrina que cobriram, em especial, Nova Orleans e as regiões às margens do rio Mississípi, mas, agora, se perguntava qual o efeito que o furacão tivera sobre as pessoas daquela região, distante dos repórteres e das equipes de resgate.

Melody viu três pequenos barcos na água e ficou pensando se um deles seria o do homem com quem Olívia entrara em contato.

Dois homens saíram da pequena loja, conversando. Um deles era jovem; usava um boné de beisebol sobre o cabelo louro, despenteado, e tinha uma goma de tabaco, que se via na bochecha esquerda. O outro era mais velho e sua barriga pronunciada testava a força dos botões de sua camisa e da calça jeans.

Eles viram Melody parada ao lado da *van*, parecendo um tanto perdida, e se aproximaram.

– Se está esperando para fazer um passeio, eles só começam depois das 8h30 – disse o mais velho.

– Estou procurando Jean Pierre. Acho que é aqui que eu deveria encontrá-lo.

– Ele deve chegar logo para trazer a pescaria da noite passada. Espere lá dentro e tome uma bebida gelada.

– Obrigada, vou fazer isso.

Tirou a mochila da *van* e deu uma boa gorjeta para James.

– Obrigada por tudo, James. Boa viagem de volta.

– Obrigado *você*, senhorita Bennet. Espero que encontre a amiga da sua avó. Quando quiser que eu venha buscar a senhorita, é só ligar pro hotel.

Ao entrar na loja, uma sineta presa à maçaneta da porta anunciou sua entrada. Um homem grande e corpulento a observava detrás do balcão. A maior parte de seu rosto rosado estava coberto por uma barba branca cerrada, entremeada por alguns fios ruivos; o restante estava escondido pela sombra da aba de seu boné de pescador.

Melody tirou os óculos escuros e olhou ao redor. A loja tinha um pouco de tudo, desde gêneros alimentícios até ferragens e medicamentos vendidos sem receita médica.

– Posso ajudá-la? – a voz do homem era grave, quase gutural.

– Ah, sim. É o senhor Paul?

Ele não respondeu, apenas olhou para ela com ar desconfiado.

– Estou procurando um homem chamado Jean Pierre. Disseram-me que poderia encontrá-lo aqui.

– O que quer com ele? Você é policial ou coisa do tipo? – cruzou os braços sobre seu peito, em sinal de desafio, esperando por uma resposta.

– Não! Meu Deus, não! A recepcionista do hotel onde estou hospedada em Nova Orleans ligou ontem procurando alguém que pudesse me levar a um lugar que fica nos *bayou*. Ficou combinado que eu o encontraria aqui para mostrar um mapa.

O velho descruzou os braços, mas ainda mantinha o olhar cauteloso.

– Ele deve voltar logo. Você pode sentar ali e esperar – disse, apontando para uma velha cadeira em um dos cantos da loja, perto de um enorme vidro de ovos em conserva.

– Obrigada. Também estou procurando uma senhora que deve viver por aqui, Marie Devereux. Tenho o endereço, mas não sei se ela ainda mora lá. O senhor conhece alguém com esse nome que more por aqui?

— Mãe Marie? Hoje em dia, ela não vem mais muito por aqui, mas não mora longe.

— Sabe como posso entrar em contato com ela? Preciso muito falar com ela antes...

— Ela não faz mais magias. Pelo menos não para desconhecidos.

— O quê? — Melody estava confusa, mas, então, lembrou-se de que "trabalhos" e "magia" eram como feitiços.

— Não é para isso que você está a procurando?

— Não, minha avó faleceu há pouco tempo e ela queria que suas cinzas fossem trazidas para cá, para onde nasceu, mas queria que, primeiro, eu encontrasse Mãe Marie.

O velho, por fim, relaxou.

— Quem é sua avó?

— Giselle Baton.

— Giselle Baton? Não é ela a menina que foi embora, de repente, com a mãe e com o irmão, muito tempo atrás?

— Não sei bem da história, mas acho que é isso que aconteceu.

— Naquela época, eu era um garoto. O pai dela colocou um monte de homens atrás deles, mas sumiram sem deixar rastro. Diziam que a mãe dela tinha um amante, um homem rico de Nova Orleans, e que fugiu com ele.

— Não, não é verdade. Bem, acho que não. Acho que alguma coisa a fez fugir de medo. Pelo que sei, não ficaram em Nova Orleans. Eles se mudaram.

— Ele a fez fugir de medo? O que a fez fugir de medo?

— Não sei, mas acho que uma mãe com dois filhos não ia simplesmente fugir, não sem um bom motivo.

— Nisso tem razão, senhorita. Quer saber? Esquece o tal Jean Pierre. Vou fechar a loja na hora do almoço e levo você até Mãe Marie. Estou com vontade de ver aquela velha diaba. Já faz um tempo que não encontro com ela.

A voz do homem ficou mais suave, quase melancólica.

— Eu mesmo vou levar você para jogar as cinzas de Giselle. Ela era linda. Todos os garotos daqui tinham uma queda por ela, mas ela nunca deu chance para ninguém.

Talvez ele não fosse tão durão quanto tentava aparentar. Como ele, muitas pessoas não gostavam de estranhos e temiam qualquer coisa que pudesse estragar seu pequeno pedaço do paraíso. Até Charlie, que trabalhava na fazenda de seus avós, era assim.

— Muito obrigada, mesmo. É muita gentileza sua.

– Aposto que algum daqueles caras lá fora não se incomodaria de levar você para um pequeno passeio de barco enquanto espera.

Melody seguiu seu olhar e viu os dois homens com quem falara ao chegar. Ambos estavam debruçados sobre um dos barcos, arrumando uma rede de pesca.

Paul saiu de trás do balcão e Melody viu, então, como ele era, de fato, enorme. Apesar de ela ter quase 1,70 de altura, sentiu-se uma criança perto dele.

Melody seguiu atrás de Paul, enquanto ele saía para falar com os dois; não queria ser invasiva. O mais velho dos pescadores disse:

– Então sua avó era daqui, é?

– Era, sim. Não sei exatamente de que lugar, mas sei que ela viveu por aqui até mais ou menos os 13 anos.

– É, meu pai me contou a história. Estranho, né?

– Estranho? Que quer dizer? – perguntou, Melody.

– Sempre ouvi falar ...

O Velho Paul o interrompeu.

– Não escute o que ele diz, minha filha. Ele não sabe o que tá falando... deve ter bebido umas e outras.

O homem começou a protestar, mas o Velho Paul disparou outro olhar em sua direção e ele engoliu as palavras.

Paul, então, sorriu e disse:

– Joe vai levar você para um passeio no nosso pântano até eu fechar a loja.

O mais jovem aproximou-se, hesitante.

– O barco está pronto para zarpar, senhorita. Pronta?

– Tanto quanto possível, eu acho.

Voltou a sentir a mesma estranha e singular sensação de desprendimento que experimentara em Nova Orleans. Ela não queria pensar ou sentir; apenas deixar que um instante se seguisse ao outro sem se preocupar.

Joe ajudou Melody a entrar no barco e abriu uma cadeira de armar. Limpou-a com um pano velho, guardado em uma pequena caixa de ferramentas e fez um sinal para que ela se sentasse. Conforme o barco se afastava da doca, Melody ficou observando os dois homens na margem. Pareciam discutir, mas estavam muito distantes para que ela pudesse ouvir o que diziam.

Melody se perguntou o que o velho pescador quis dizer quando falou que havia alguma coisa estranha. Lembrou-se da leitura das cartas na loja de Vodu, quando a cartomante lhe disse que ela estava prestes a descobrir um segredo.

À medida que o barco deslizava para o interior do pântano, Melody notou que a vegetação se tornara mais densa... assim como a nuvem de insetos. Seus braços coçavam por causa das mordidas dos mosquitos, e ela quase deu um beijo em Joe quando ele lhe entregou um frasco de repelente.

Depois de um tempo, ele desligou o motor e foram levados, com suavidade, pela correnteza. A sinfonia da natureza os cercava. À sua direita, Melody viu uma garça azul alçar voo do pântano e ficou observando até ela pousar no galho seco de uma árvore morta. Enquanto acompanhava os movimentos da ave, viu uma serpente enrolando-se em outro galho. Não sabia se a cobra era venenosa, mas estava feliz por não estar perto o suficiente para descobrir.

– Vários animais selvagens por aqui, não? – Melody brincou, numa tentativa infeliz de esconder sua apreensão.

– É, você devia ver isso de noite. Aí é que as cobras aparecem. Mas a maioria não é perigosa. Tem que tomar cuidado com as cobras-d'água e as serpentes brancas, essas são malditas. Mas o pior são os pernilongos. Esses pequenos vampiros bebem seu sangue do mesmo jeito que rãs comem moscas.

Embora seus braços estivessem ardendo por causa das inúmeras picadas, Melody estava menos preocupada com os mosquitos do que com as cobras. Ela gostava de ficar ao ar livre, caminhar de vez em quando às margens de um lago ou de um rio. Bem... mas cobras e pântanos eram outra história. Desde que se conhecia por gente sempre tivera medo delas. Talvez sua aversão fosse resultado de ter estudado em uma escola católica, onde aprendeu que as serpentes representam o Demônio.

Joe ligou o motor de novo, navegando devagar o suficiente para Melody apreciar a surpreendente beleza da região. Era magnífica! Chegaram a um ponto em que o canal se dividia em três.

Ele tomou o caminho da extrema direita, entrando em uma passagem menor, coberta pela copa de altas árvores e por trepadeiras. Era um túnel natural. Melody fechou os olhos e rezou em silêncio. *"Deus, por favor, não deixe nenhuma cobra cair em cima de mim!"* Quando o canal novamente se alargou, a cobertura natural tornou-se menos densa e o barco saiu do túnel, encontrando outra bifurcação. Viraram à esquerda e chegaram a um local onde a água era mais rasa, com bancos de areia em ambos os lados. Ela ficou fascinada ao ver um crocodilo regozijando-se ao sol, que ficava mais forte a cada minuto.

Joe conduzia o barco por entre bancos de areia sem dificuldade. Melody tinha a impressão de que o menor erro poderia ser fatal; sentiu o coração bater mais rápido ao pensar no que poderia acontecer se o barco atolasse ou se chocasse com algo. O medo instintivo, combinado ao caráter agreste da região, tinha um efeito intoxicante. Apesar de apavorada, nunca se sentira tão viva.

O passeio continuou por mais algum tempo; cada curva do caminho revelava um novo tipo de beleza aterradora. Melody ficou surpresa quando a curva seguinte os levou de volta ao empório. Tinha perdido, completamente, o senso de direção e tempo.

Pensou se haviam passado pelo local onde as cinzas da avó tinham de ser espalhadas. *"Haveria algo de especial naquela região do pântano?"* Sua avó, com certeza, a conhecia bem, afinal, tinha 13 anos quando se mudou e vivera toda sua vida ali antes de ser levada embora.

Com a ajuda de Joe, Melody saiu do barco.

– Quanto devo pelo passeio, Joe?

– Não se preocupe com isso. Foi um favor pro Velho Paul. Foi um prazer mostrar nosso lugar para você.

Melody agradeceu e voltou ao armazém. O relógio marcava meio-dia; o passeio de barco durara mais do que ela tinha imaginado.

A essa altura, o calor estava insuportável e, embora o armazém não tivesse ar condicionado, foi um alívio entrar em um lugar coberto. Suas roupas, encharcadas de suor, estavam grudadas ao corpo, fazendo com que se sentisse bem desconfortável. Ralhou consigo mesma por não ter se preparado e levado uma muda de roupa.

O Velho Paul ainda estava atrás do balcão surrado quando Melody entrou.

– O que achou de nosso pântano, senhorita? – perguntou com um largo sorriso.

– Impressionante, mas também um pouco assustador. Vimos cobras, crocodilos e milhares de outras criaturas. E os sons, há tantos sons diferentes. É incrível!

O Velho Paul conversava enquanto deixava tudo em ordem para fechar a loja.

– Concordo. Quando era jovem, vivi na cidade por um tempo. Arrumei um trabalho como cozinheiro em um restaurante chique de Nova Orleans, mas depois de pouco tempo não aguentei e voltei para cá. Todo aquele barulho da cidade e das pessoas estava me matando. Aqui me sinto mais em paz, a vida faz mais sentido. Aquela gente da cidade acha que sabe de tudo. Mas, na verdade, estão muito enganados.

Paul pediu licença para arrumar as coisas do lado de fora.

Suas palavras fizeram Melody pensar em sua infância na fazenda. Lembrou-se dos momentos que passara com a avó. Quando o tempo estava bom, as duas passeavam pela fazenda; quando chovia, sentavam nas cadeiras de balanço da varanda, enquanto tortas assavam no forno.

Foi a época mais feliz de sua vida – seu pai, vovô Henry e a avó estavam todos lá com ela.

Após a morte do pai, ela e a mãe passaram a viver em bairros de classe alta, onde havia clubes com piscinas e quadras de tênis. No entanto, ela não se divertia, não como na fazenda. Arrependia-se de não ter passado mais tempo lá agora que estava adulta, aprendera tanto... a avó lhe ensinara tanto.

Uma barata que passou correndo pelo sujo chão de madeira reavivou outra lembrança.

Quando criança, morria de medo de besouros e baratas. Seu avô não a ajudava a aplacar seus medos; ao contrário, assim como os ensinamentos da escola católica, ele os alimentava.

Certo dia, Melody estava sozinha no andar de baixo da casa, quando viu uma barata na cozinha da avó. Deu um grito, mas, em seguida, percebeu que o inseto estava tentando desesperadamente fugir dela. Achando que a barata estava mais assustada do que ela mesma, Melody, cheia de coragem, ajoelhou-se no chão para olhá-la mais de perto. A pequena criatura deve ter percebido que Melody não tinha intenção alguma de machucá-la, pois também ficou imóvel.

Era como se estivessem analisando uma à outra. Melody recordou que naquele exato momento sentiu que ela e a barata não eram, na verdade, tão diferentes. Ambas sentiam medo, tinham sede de viver e necessidade de explorar. A partir desse dia, nunca mais teve medo de baratas. Aquele incidente fez com que se sentisse mais forte, mais conectada com o mundo.

Ou seja, até seu pai morrer.

Quando o Velho Paul voltou, ela acordou de seus devaneios. Faminta, pegou uma lata de salsichas tipo viena, que estava perto dos apetrechos para pesca, e foi até o balcão para pagar.

Paul fez que não.

– Não é nada, mas não vá estragar seu apetite. Quando sairmos desse buraco, você vai provar o famoso *gumbo* do Velho Paul.

– O que é *gumbo*? Nunca comi isso.

– Nunca comeu *gumbo*?! Esse povo de fora não sabe o que é comer bem. Gumbo é uma sopa que tem um monte de coisas boas: camarão de água doce, Boudin...

– Boudin, que é isso?

– Linguiça. Um bom gumbo tem que ter linguiça e também legumes, pés de galinha e qualquer outra coisa boa que tiver por perto.

– Pés de galinha?!
– Bem, eles são mais para decorar o parato, mas dão um toque a mais. As pequenas coisas são as que realmente importam, aquelas que você acha que tanto faz são as que fazem a diferença. São as que separam o que é comum do que é especial. Como as pessoas, sabe? – ele deu uma piscadela, enquanto limpava o balcão. – Cada um de nós tem uma pitada disso, uma pitada daquilo na nossa receita de vida. Tem gente que tem mais sal, mais pimenta, e tem aqueles que têm pimenta-malagueta ou açúcar. As pessoas acham que, se sua receita não é igual a dos outros, então não é tão boa. Todo mundo sempre quer ter o que o outro tem no gumbo dele. Nunca acham que seu gumbo é bom o suficiente – o Velho Paul suspirou com tristeza. – Caso se preocupassem menos com os outros e tentassem melhorar sua própria receita com aquilo que gostam, fariam um baita gumbo. O ser humano é um bicho bem engraçado...

Melody achou que a lição de vida do Velho Paul dava o que pensar. Estava feliz por saber ouvir, em especial, aos mais velhos; essa foi uma das muitas coisas que a avó lhe ensinara quando criança.

Ela comeu alguns pedacinhos de salsicha, tímida demais para devorá-las como gostaria. Foi até a geladeira e pegou uma lata de refrigerante. Uma taça de champanhe Dom Perignon, em uma cobertura de luxo, não lhe daria o mesmo parazer de beber um refrigerante gelado, em um calor de quase 38 graus, com a umidade do ar tão alta quanto a temperatura.

Paul estava pronto para partir, e Melody seguiu-o até o barco. Joe explicara que, naquela região, eles chamavam seus barcos de "pirougas" ou "pirojas", mas como ela conhecia um pouco de línguas supôs que o correto fosse "piroga". O Velho Paul confirmou que ela estava certa e pareceu impressionado.

Melody achou interessante que as pessoas daquela região usassem barcos como meio de transporte e, em sua opinião, os *bayou* eram uma versão agreste de Veneza. Lá não havia os exuberantes palácios e catedrais, mas a região era em seu próprio modo despretensioso encantadora e surpreendente.

O ronco do motor era suave e ela logo se viu de novo em meio ao pântano, mas, dessa vez, com a temperatura beirando os 40 graus, o suor pingando por sua face e pescoço.

Paul não parecia incomodado pela temperatura. Talvez sua pele grossa, acostumada às intempéries, o protegesse do calor.

Pouco depois, pararam em frente a outra cabana, que mais parecia uma choupana de madeira sustentada por grossas toras que a mantinham acima da água. Tinha uma grande varanda, com uma mesinha entre duas velhas cadeiras de balanço.

Paul remou até a margem e amarrou a embarcação a uma estaca fixa no solo. Saíram do barco e subiram uma pequena escada que levava à varanda.

No teto, havia um ventilador que girava na velocidade máxima.

— Deixo o ventilador ligado para espantar os pernilongos e as moscas. Eles não gostam de ventiladores, ficam totalmente desorientados.

A porta de tela rangeu, abrindo-se para uma pequena sala. Os móveis eram simples e poucos, mas no conjunto transmitiam uma sensação de ordem. A cozinha, apesar de pequena, tinha espaço suficiente no fundo para uma mesa e duas cadeiras.

Paul acendeu em fogo baixo uma das bocas do fogão sobre a qual havia uma grande panela de barro.

— Hora de provar um pouco de gumbo.

Melody ainda estava faminta: a lata de salsichas mal servira de aperitivo. Mas, primeiro, queria se lavar. Havia apenas dois outros cômodos na casa: o quarto de Paul e um pequeno banheiro onde mal havia espaço para uma banheira minúscula.

Para alegria de Melody, Paul, imediatamente, lhe ofereceu um grande copo de chá gelado.

Todas as janelas estavam abertas, protegidas por telas grossas, mas não havia a menor brisa. A cozinha estava insuportavelmente quente por causa do calor vindo do fogão. Melody sentiu os joelhos tremerem, sem saber se devido à temperatura ou à fome. Com medo de desmaiar, agarrou o copo de chá e tomou dois grandes goles. O chá doce e gelado tinha um sabor delicioso, e depois de mais alguns goles sentiu-se melhor.

— Por que não sentamos um pouco na varanda? Demora um tempo para se acostumar com esse clima. É quente e úmido, mas, mesmo assim, eu não moraria em nenhum outro lugar — Paul tomou um grande gole de chá e estalou os lábios, satisfeito. — Esse chá aqui é como remédio. Sabe, dizem por aqui que para cada coisa que lhe faz mal, tem alguma coisa que lhe cura.

Melody sorriu, lembrando que a avó Giselle já dissera algo parecido.

— Você conhece as plantas e ervas daqui? — perguntou a garota.

— Quem, eu? Não, minha filha, minha mulher conhecia algumas, mas o Senhor a levou dez anos atrás. Agora, Mãe Marie... *ela* conhece todas as plantas daqui. Ela pode fazer remédio para qualquer coisa. É uma *curandeira*.

•

– Você está falando da Mãe Marie?

– É, dela mesma. Viveu sua vida toda no pântano e sempre disse que a vida fora daqui não é real, só ilusão. Ninguém a vê muito, é uma eremita. O povo dizia que ela fazia magia negra, mas ia atrás dela mesmo assim.

– Por que vocês a chamam de Mãe Marie?

– Marie e sua irmã, Louise, aprenderam o Vodu com uma preta velha que chamava a si mesma de Mãe Corinne – Paul recostou-se na cadeira de balanço e tomou o último gole de chá de seu copo. – Marie ficou maravilhada com a velha e seu jeito de curar. Queria ser tão poderosa quanto ela.

Ele levantou-se e pegou o copo vazio das mãos de Melody.

– Vou pegar mais chá para gente e lhe conto a história.

Paul voltou com dois copos cheios de chá, recostou-se na cadeira e explicou que naquela época poucas pessoas praticavam abertamente o Vodu. A religião chegara àquela região trazida por escravos da África ocidental que foram levados às ilhas caribenhas, em especial ao Haiti. Também se infiltrou na vida dos brancos, proprietários de escravos, que abandonaram o Haiti para fugir da revolução no final do século XIX, e eles também começaram a praticar os mesmos rituais do Vodu.

Por séculos, a maior parte dos brancos temeu o Vodu ou qualquer coisa que parecesse "primitiva", mas o Vodu da Louisiana é uma combinação do Vodu africano e do caribenho, misturado ao Cristianismo, mais especificamente ao Catolicismo.

– Agora é um estilo de vida comum nesta região já há muitas e muitas décadas, não só dos brancos e negros, mas também dos latinos, com suas *lojas de ervas* e artigos religiosos brotando por toda parte.

Paul tomou um grande gole de chá antes de continuar a contar a história.

– No começo, Marie usava os nomes originais africanos e não sei mais o quê, provavelmente em respeito a Mãe Corinne. Agora *ela* é uma respeitada mãe de santo, uma descendente espiritual do puro Vodu Africano – disse Paul claramente emocionado. – Não demorou muito para que o povo por aqui começasse a chamá-la de Mãe Marie. Ela é muito parecida com Mãe Corinne: acolhedora, ainda que dura como aço. Era chamada para ajudar em tudo, desde bênçãos até curas. O povo sempre dizia que não havia ninguém melhor do que ela para ajudar a levar os Couchemal.

– Levar o quê?

– Os Couchemal. Os espíritos dos bebês que morreram antes de ser batizados. Mãe Marie colocava uma gota de água benta em toda água estagnada em volta da casa. – A voz de Paul suavizou-se. – Ela fez isso aqui, na noite em que minha filha morreu. Disseram que foi complicação de parto. O doutor salvou minha mulher, mas não conseguiu fazer nada pelo bebê.

Melody sentiu uma grande emoção ao olhar para o rosto marcado do velho homem.

– Sinto muito, Paul. Você tem outros filhos?

– Está tudo bem, minha filha. Isso aconteceu muito tempo atrás. Não, não tenho outros filhos. Edith nunca mais pôde ter filhos depois daquilo. Seu corpo melhorou, mas ela nunca mais foi a mesma... – Paul levantou-se e bateu palmas.

– Bem, chega de falar de mim. Vamos comer gumbo!

Paul preparou duas grandes tigelas de gumbo, com broas de milho como acompanhamento. Além disso, encheu, novamente, os copos e tirou duas colheres de uma gaveta mais barulhenta do que a porta de tela da entrada.

Sentaram-se à pequena mesa da cozinha, degustando o gumbo em silêncio. O intenso calor do dia e o picante gosto do gumbo fizeram gotas de suor surgir na testa e nos lábios de Melody, mas nada a deteve, aquele era um dos pratos mais deliciosos que já experimentara.

Após ter limpado o prato, Melody deu leves palmadinhas em seu estômago com um sorriso de satisfação.

– Nossa! Parabéns ao *chef*. Estava simplesmente ma-ra-vi-lho-so.

– Obrigado, minha filha. Por que você não senta na varanda e relaxa um pouco? Vou arrumar a cozinha e então vou para lá.

– Por favor, deixe-me pelo menos lavar a louça. Eu me sentiria melhor se ajudasse em alguma coisa.

– De jeito nenhum. Sei onde colocar tudo e faço as coisas do meu jeito. Vá descansar. Já vou para lá.

O calor do lado de fora era terrível, apesar de o ventilador trazer algum alívio.

A vista da varanda era hipnotizante; a água parecia imóvel; mesmo assim, o barco balançava suavemente de um lado para outro. Melody sentou-se e fechou os olhos, permitindo-se relaxar por completo, balançando ao ritmo do barco.

Arregalou os olhos quando ouviu passos pesados subindo a escada. Um velho negro, com uma bermuda jeans e camiseta, já no topo da escada, caminhava em sua direção. Ele era alto e forte e a cabeça raspada deixava à mostra uma tatuagem singular sobre sua orelha direita.

— Bem, então você é a neta de Giselle Baton.

Melody se surpreendeu de que as notícias se espalhassem tão rápido.

— Sim, sou – disse, um tanto tímida. – Você é amigo do Paul?

— Para falar a verdade, sou amigo de seu bisavô. Vamos dizer que Giselle e eu éramos chegados. Parentes, de certa forma.

Embora estivesse sorrindo, ele não tinha nada de amigável. Melody ficou toda arrepiada. Seus sentidos, de repente, ficaram mais aguçados; o instinto de sobrevivência, em alerta.

Ambos encararam um ao outro, imóveis como o *bayou*.

Melody foi a primeira a ceder.

— Isso é algum tipo de piada?

O calor e o sorriso insolente do homem a deixaram ainda mais irritada.

— Isso não é nenhuma piada, senhorita. Eu nunca brinco – seu tom de voz agora era firme, ameaçador. Mesmo assim, por vezes, parecia abalado, contorcendo a cabeça como se ouvisse vozes. Mas seus olhos estavam fixos em Melody.

— O que você quer? – perguntou Melody, levantando-se depressa.

O homem também começou a endireitar o corpo. Ela caminhava em direção à porta, prestes a chamar Paul, quando o homem, de súbito, agarrou seu braço.

— Você tem uma coisa que me pertence, que pertence à *minha* família, e você vai devolver! – disse entre dentes.

Melody puxou o braço com força, batendo o cotovelo no batente da porta de tela.

— Não sei do que você está falando. Não tenho nada que lhe pertença. Deixe-me em paz!

O homem a encarou, com os olhos brilhando de ódio.

— Sua bisavó roubou uma coisa muito tempo atrás. Uma coisa que me pertencia. Tenho certeza de que sua avó está com ela e eu *vou* pegar isso de volta. Não se esqueça de mim, senhorita. Vamos nos ver de novo, muito em breve.

Em questão de segundos, ele sumiu pela lateral da casa. O coração dela batia desenfreado, e Melody, coberta de suor, desabou na cadeira de balanço, onde Paul a encontrou pouco depois.

— O que aconteceu, Melody? Você está branca como cera, parece que viu um fantasma!

— Pode-se dizer que sim. Um homem apareceu aqui, ameaçando-me. Disse que eu tenho uma coisa que é dele, e que vai pegá-la de volta.

– Um homem? Aqui? – O Velho Paul ajoelhou-se, segurou as mãos da jovem – fiquei de olho aqui fora enquanto estava arrumando lá dentro e não vi ninguém. Tem certeza?

– Claro que tenho certeza. Dei uma cochilada e acordei quando o vi subindo as escadas.

Paul sorriu como se ela fosse uma criança.

– Bem, isso explica tudo. Você cochilou. É normal que as coisas pareçam reais quando você sonha.

Melody começou a protestar, mas se calou. *Será* que tudo não passara de um sonho? Afinal, isso faria mais sentido do que aquilo que ela achava que tinha acontecido. Naquele momento só tinha certeza de uma coisa, estava cansada, confusa e com calor.

– Talvez o calor tenha pregado uma peça em mim.

– Tome, trouxe mais chá para você. Quem sabe você não está um pouco desidratada.

Melody aceitou o chá, com prazer.

– Fique sentada e beba isso. Vamos visitar Mãe Marie quando você estiver bem.

– Ela mora longe?

– Não, a gente pode ir de caminhonete, mas é mais fresco pela água agora que o sol está mais baixo. Quer ir agora?

– Tudo bem se a gente aparecer sem avisar? Talvez ela tire um cochilo à tarde?

– Não tem a menor importância para Marie. Ela fica acordada durante a noite fazendo seus rituais e dorme de manhã. Sabe, os velhos não dormem muito – disse, dando uma piscadela.

– Podemos ir, estou bem. Estou morrendo de vontade de conhecê-la.

– A Morte é uma das especialidades de Mãe Marie. O povo por aqui diz que o Anjo da Morte espreita a casa dela, principalmente durante os rituais.

– Quê?!

– Estou só brincando com você... só brincando. – Paul riu a valer, divertindo-se com a expressão assustada da garota.

# Capítulo III

— Fico imaginando se vovó chegou a escrever para Mãe Marie. Nunca tinha ouvido o nome dela — Melody foi a primeira a quebrar o silêncio enquanto o barco deslizava pela água.

— Provavelmente eram conhecidas de longa data e Giselle queria que Marie abençoasse suas cinzas antes de serem espalhadas. Marie é um pouco mais velha que Giselle e já fazia trabalhos antes de sua avó ir embora. Tem muitos anos que foi elevada a mãe de santo.

— Que quer dizer fazer trabalhos?

— É fazer magia usando ervas e conjuros. Uma pessoa assim seria chamada de bruxa.

— Uma bruxa! Ora, vamos... você não espera que agora eu comece a acreditar em bruxas, não é?

— Acredite no que quiser. O Vodu e o Hodu são comuns por aqui — disse Paul, rindo. — Por que você não me conta o que acha que sabe sobre o Vodu antes de a gente chegar lá?

Melody pensou por um instante.

— Bem, imagino bonecos de Vodu. E, para dizer a verdade, apenas negros, homens e mulheres, mas principalmente mulheres, fazendo feitiços. Para mim, todos parecem vir do Haiti ou de outra ilha do Caribe. Odeio admitir, mas só sei o que vi em filmes. Nunca pensei que fosse precisar saber. Mas que diabos é Hodu?

— Muito bem, senhorita Melody. Lição número um: Vodu é uma crença, uma religião que nasceu *muito, muito* tempo atrás. Algumas pessoas dizem que é a religião mais antiga do mundo e que começou na África ocidental.

— O Hodu é o lado primitivo do Vodu; o lado prático, mão na massa, que lida com feitiços e coisas do gênero. Mas a influência do Vodu é muito maior do que as pessoas imaginam. As igrejas *gospel,* frequentadas pelos negros e conhecidas por eles como "igrejas sagradas", seguem os mesmos princípios do Vodu. Nelas eles dançam, cantam em voz alta e tocam tambores até que o Espírito Santo se manifeste por intermédio do ministro ou de algum outro fiel.

É bem parecido com as cerimônias do Vodu, onde os tambores e as danças chamam os Orixás.

– Na comunidade latina tem muito Vodu. As famílias de origem latina... bem, a maioria tem altares em casa. Claro, elas invocam espíritos usando os nomes de santos católicos com velas de sete dias.

Cada vez que acendem uma vela para um santo católico, estão também honrando o Orixá correspondente. Pode conferir, minha filha. Tenho certeza que vocês já têm essas lojas latinas de ervas e artigos religiosos na Carolina do Norte. Lá você vai encontrar até velas para os Sete Poderes Africanos.

Melody estava intrigada.

– Então, os latinos que dizem ser católicos, na realidade, são seguidores do Vodu?!

– Se você perguntar para eles, claro que vão negar. E alguns dos mais jovens nem sabem mais qual é a diferença. Mas, sim, seguem.

Ele contou a ela que o Vodu, assim como grande parte da sabedoria tribal, era transmitido oralmente, de geração para geração. Por não haver registros escritos, o Ocidente considerava esses povos e suas crenças primitivos.

– Os brancos tinham medo dos estranhos costumes dos nativos de outras partes do mundo. É parte da natureza humana ter medo do desconhecido – disse ele.

Melody não tinha certeza se ele estava se referindo a ela, por causa de sua reação à palavra "bruxa", ou às pessoas em geral.

Percebeu que, além de absorta pelo que ele contava, estava impressionada com sua eloquência. Seu discurso passara do registro de "velho camarada" para o de um estudioso de história. Estava claro que Paul, além de apaixonado, era profundo conhecedor do assunto.

Ele explicou que, como o comércio escravagista e a colonização estavam intrinsecamente ligados à questão do poder, os nativos africanos foram, pouco a pouco, destituídos de tudo que conheciam: a família, o lar, até mesmo suas crenças religiosas e tradições. Os indígenas norte-americanos sofreram as mesmas atrocidades que os colonizadores espanhóis infligiram aos maias. Medo do desconhecido, combinado à ganância e ao poder levaram os povos nativos a ser vítimas de escárnio e desdém de crueldade e desprezo.

Melody percebeu a dor e o ressentimento de Paul ao descrever a ridicularização e demonização desses costumes. Ele disse que os *cajuns,* descendentes de franceses que moravam na Louisiana, e os próprios louisianos também eram ridicularizados e que a maior parte dos "forasteiros" criara tantos preconceitos, ideias equivocadas e estereótipos que era impossível enumerar.

– As pessoas tendem a acreditar naquilo que está escrito, mesmo que o original tenha sido traduzido centenas de vezes e interpretado de milhares de formas diferentes. A sabedoria transmitida de geração para geração por meio da tradição oral, de histórias contadas de pai para filho, é considerada inculta, retrógrada – disse Paul, visivelmente chateado.

Quando ele terminou, Melody nada mais podia fazer a não ser dizer "obrigada". Ela sempre se irritava quando as pessoas eram críticas, em especial em relação a assuntos que pouco ou nada conheciam... e a hipocrisia que acompanha esse comportamento sempre a deixava frustrada.

Mas tinha de admitir que, antes dessa conversa, ela própria cultivara algumas das mesmas ideias equivocadas dos "forasteiros". Ficou em silêncio durante o restante da viagem até a casa de Mãe Marie, envergonhada de si mesma.

O Velho Paul parou sua piroga sobre o banco de areia atrás da casa de Mãe Marie. Melody estava prestes a sair do barco quando viu uma cobra perto de um arbusto.

– Cuidado, Paul! – Gritou, tentando controlar o pânico em sua voz. – Tem uma cobra ali!

– Sempre se veem cobras perto da casa de Marie. Aposto que ela as alimenta para não saírem daqui e, assim, assustarem os intrusos. Ela não gosta de gente que se intromete em sua vida.

– Mas não é isso mesmo que estamos fazendo agora? Ela não vai mandar as cobras nos atacarem?

Ele caiu na gargalhada.

– Não, cobras não são como animais de estimação que você treina. Além do mais, ela vai ficar feliz em vê-la, quando souber quem você é. Já disse, ela e Giselle foram amigas, muito tempo atrás.

– Paul, sei que não é educado, mas tenho que perguntar: Mãe Marie é negra, branca, latina ou o quê?

– Ela é branca, Melody! Por isso às vezes é chamada de *curandeira*: uma benzedeira *cajun* que paratica Vodu. Alguns brancos paraticam Vodu por aqui há bastante tempo. Mas, como já disse, o Vodu daqui, assim como tudo mais no sul da Louisiana, sofreu muitas influências: escravos africanos, o povo das ilhas, o Catolicismo espanhol... temos nosso próprio gumbo de Vodu!

– Minha avó estava envolvida com o Vodu? – mais uma vez Melody vacilou, com medo de sair do barco.

– Não sei se Giselle fazia trabalhos. Acho que não. Mas aposto que sua crença era, em grande parte, baseada no Vodu, mesmo que ela não paraticasse o Hodu. Mas a mãe dela... bem, ela paraticava.

Melody perguntou, intrigada:

– Minha bisavó fazia trabalhos?

– Sim, Yvette também aprendeu o Vodu com Mãe Corinne. Mas vamos lá, não queremos deixar Mãe Marie esperando. Tenho certeza que ela está observando a gente desde que paramos o barco. Ela pode ensinar e falar sobre qualquer coisa que quiser saber sobre isso.

Melody olhou ao redor para se certificar de que a cobra não estava mais ali. Tudo parecia sob controle; então, desajeitada, saiu do barco e foi atrás de Paul, fazendo questão de caminhar batendo o pé firme no chão, temerosa de que houvesse "animais de estimação" esperando para dar boas-vindas. Sempre ouviu dizer que as cobras reagem à vibração e fogem.

Paul bateu à porta de entrada com força.

– Ela não escuta bem – explicou.

Melody pôs-se a pensar qual seria a aparência de Mãe Marie. Não conseguia imaginar uma mãe de santo branca, mesmo depois de toda a conversa com Paul.

Surpreendeu-se ao ver à porta uma encantadora senhora branca que a encarava com curiosidade. Ela era mais alta do que Melody imaginara e seus penetrantes olhos azuis a observavam atentamente. Seu cabelo grisalho, encorpado e bem penteado, fez com que se lembrasse da avó.

Ela olhou para Paul e, então, para Melody. Após se deter por um momento disse em um tom inesperadamente educado e aveludado.

– Vejo que Paul a trouxe até aqui, mas ele sabe que não faço mais trabalhos para os outros. Desculpe, senhorita.

Como Paul ficou em silêncio, Melody disse:

– Eu não preciso de nenhum feitiço, senhora. Minha avó morreu faz pouco tempo. Giselle Baton. Lembra-se dela?

Mãe Marie permaneceu à porta, com a expressão inalterada.

– Ela pediu que eu espalhasse suas cinzas aqui nos *bayou,* mas queria que, antes disso, eu encontrasse a senhora. Achei que soubesse por quê.

Por uma fração de segundo, Melody viu um estranho lampejo nos olhos da mulher, que assim como veio se foi. Sua expressão aos poucos se suavizou, como se rememorasse agradáveis momentos passados, e, então, abriu um sorriso radiante.

– Entre, querida. Como é mesmo seu nome?
– Melody, Melody Bennet. É um prazer conhecê-la.
– O prazer é meu, Melody. Nunca soube que Giselle tinha uma neta.
– Sim, e sou a única neta.
– Verdade? Entre e sente-se... vamos nos conhecer um pouquinho. É bom ter um pouco de companhia.

Paul parecia surpreso com a calorosa acolhida de Mãe Marie.
– Eu adoraria, mas não quero incomodar.
– De jeito nenhum. Eu adoraria saber o que Giselle andou fazendo durante todos esses anos – ela e Paul se entreolharam. – Tudo bem para você, Paul? Suponho que a senhorita seja sua convidada.

Paul colocou as mãos nos bolsos, inquieto.
– A gente acabou de se conhecer na loja e me ofereci para levá-la até o pântano para jogar as cinzas de Giselle.
– Giselle queria voltar para cá... – disse Mãe Marie, o que era mais uma afirmação do que uma pergunta. – Todos esses anos longe dos pântanos e ela continuou a mesma. As cinzas estão com você?
– Sim, na minha mochila.
– Muito bem. Vamos benzê-las esta noite, ao pôr do sol. Pode já estar tarde quando terminarmos. Gostaria de passar a noite aqui?

Mãe Marie virou-se para Paul.
– Vai ficar, Paul? Você também é bem-vindo.
– Não. Não quero saber de nada disso, Mãe Marie. Respeito o que você faz, mas deixa ver, como posso dizer? Não quero me meter nessas coisas.

Aquilo surpreendeu Melody. Paul parecia saber tanto sobre o Vodu, mas dava a impressão de, na realidade, ter medo de Mãe Marie. Achou estranho que alguém que se mostrasse tão cético permitira que uma curandeira realizasse um ritual para sua filha. Talvez tivesse sido ideia de sua mulher e ele apenas concordara; ou talvez suas opiniões e crenças tivessem mudado ao longo dos anos. Mesmo assim, ele com certeza tinha um imenso respeito por Mãe Marie.

Melody estava um pouco assustada. Tudo estava acontecendo tão rápido, e havia tanto a entender. Estar nos pântanos era como estar em um país estrangeiro; e, além disso, descobrir agora que o Vodu era parte do pedido de sua avó.

"*Por que vovó escondeu tanta coisa de mim? Em que ela, realmente, acreditava?*"

– Desculpe. Não estou entendendo... e é óbvio que não vim preparada para isso. Eu não sabia o que vovó queria que você fizesse, eu só... só sabia que tinha de trazer as cinzas até aqui. Achei que mais tarde já estaria de volta ao hotel.

Mãe Marie sorriu com paciência.

– Tudo bem, minha filha. Fique tranquila. Há um processo a ser seguido, um ritual específico. Vou explicar o máximo possível, mas você tem que ficar aqui durante o resto da tarde e parte da noite.

Melody estava inquieta, mas sabia que não tinha escolha. Por isso estava ali, para honrar o desejo de sua avó.

– Tudo bem, Paul. Obrigada por me trazer até aqui. Você ainda pode me levar até o pântano amanhã?

Paul assentiu.

– Volto, então, depois do almoço. Vejo vocês amanhã – virou-se e disse, com um sorriso maroto: – Boa noite, Melody, e não deixe Mãe Marie e suas cobras assustarem você.

A simples menção a cobras fez Melody sentir um arrepio na espinha. Esperava não ter que sair da casa. Como poderia vê-las no escuro?

– Vou ficar bem. Caso contrário, vovó não teria pedido para que eu viesse aqui.

– Isso mesmo, minha querida. Isso mesmo – Mãe Marie envolveu Melody com um dos braços e levou-a até a sala, enquanto Paul ia embora.

Pesadas cortinas pretas bloqueavam a entrada do sol, e apenas a luz fraca de um abajur em um dos cantos da sala iluminava o ambiente. Duas grandes velas, uma preta e outra branca, destacavam-se sobre a mesa no centro da sala, separadas por uma vasilha com água cristalina.

Mesmo sem ar condicionado a sala era agradável, graças às cortinas. As paredes estavam paraticamente nuas, à exceção de uma ou outra peça de arte africana. Na parede do fundo havia um pergaminho com um estranho símbolo desenhado, ladeado por duas arandelas com velas vermelhas.

Mãe Marie caminhou à frente de Melody e sentou-se em um sofá de veludo vermelho, de frente à mesa no centro onde estavam as grandes velas. Acendeu ambas e, então, virou-se para Melody, que se sentou do outro lado da mesa em uma cadeira de veludo vermelho que combinava com o sofá.

– Então, Melody, conte-me tudo sobre sua avó.

– Bem, ela foi embora com a mãe e o irmão, mais de 60 anos atrás, e foram parar na Carolina do Norte.

– Carolina do Norte?

– Sim, e lá conheceu meu avô, Henry, quando ela tinha mais ou menos 20 anos. Logo tiveram minha mãe, Annie. Nunca tiveram outros filhos, embora eu não saiba se por opção ou não.

– Eles eram felizes?

– Acho que sim. Vovô Henry era um pouco rabugento, nem de longe tão desprendido quanto minha avó, mas a amava de verdade. Era lindo vê-los juntos. Melody resumidamente descreveu a fazenda e coisas que achava que fossem de interesse para uma velha amiga de sua avó.

– Aquela fazenda ainda é meu lugar favorito. Adorava o tempo que passava lá com minha avó... éramos tão próximas... – Contou Melody, com a voz um pouco embargada.

– E quanto ao parentes de Giselle que ficaram aqui? – perguntou, Mãe Marie.

– Ela quase nunca falava sobre a família ou a infância. Pelo que ouvi ao longo dos anos, o irmão dela voltou para cá para morar com o pai quando era adolescente, mas não sei mais nada sobre ele, nem mesmo se ele ainda está aqui. Acho que o nome dele é François.

Mãe Marie assentiu.

– Sim, acho que era. Não sabia que ele tinha voltado.

– Pelo que sei, pode ser que ele acabou se mudando para outro lugar. Pode até já ter morrido. Vovó nunca falava dele.

– Sua avó chegou a lhe contar por que foram embora?

– Não em detalhes. Apenas que fugiram no meio da noite.

– Bem, ao longo dos anos, muito se falou sobre por que teriam fugido. O povo daqui sempre foi muito próximo, ainda mais naquela época. Seu bisavô, Bertrand Baton, não era flor que se cheirasse. Yvette foi avisada para não se casar com ele. Você já sabe que ela fazia trabalhos, não?

Melody assentiu.

– Mas ela não deu ouvidos aos conselhos; achava que podia mudá-lo usando magia. Infelizmente, ela era ingênua e seus esforços foram em vão. Alguns disseram que ela fugiu com um rico homem de negócios de Nova Orleans; outros, que o marido tinha matado a ela e às crianças. Ninguém sabia direito o que tinha acontecido.

– Então, você nunca mais teve contato com ela ou com minha avó?
– Não. É uma pena. Por muitos anos me perguntei várias vezes o que teria acontecido com Giselle, mas não sabia onde encontrá-la. Ela costumava vir aqui com a mãe, para ver minha irmã mais velha, e acabamos ficando amigas. Minha irmã também fazia trabalhos, mas ela já voltou pro astral – as duas ficaram em silêncio por um instante e, então, Mãe Marie continuou: – Estou surpresa de que Giselle ainda se lembrasse de mim.

– Ela, sem dúvida, a considerava muito. Encontrá-la era uma parte muito importante de seu último desejo.

Marie sorriu com ternura. A fé que Giselle depositava nela, após todos esses anos, tocou seu coração.

– Sua família ainda tem a fazenda na Carolina do Norte?
– Sim. Vovó nunca concordaria em vendê-la. Agora eu e minha mãe vamos ter de decidir o que fazer com ela.
– Fale-me sobre seus pais, querida.

Ao pensar em Annie, sua mãe, seu humor mudou e a dor no coração fez com que se lembrasse, imediatamente, do pai. Contou para Mãe Marie sobre a morte do pai e o segundo casamento da mãe.

– Pelo jeito você e sua mãe não se dão bem.
– Não, na verdade, não. E tenho medo de que nosso relacionamento só piore, agora que minha avó se foi.

Após a morte do pai, Melody fez o possível para cuidar de sua mãe no lugar dele. Mas não era fácil. Não importa o que fizesse, Annie nunca estava satisfeita. A avó tentara, de todas as formas, compensar as agressões de Annie à autoestima de Melody, mas, ao longo dos anos, as dúvidas da neta quanto ao seu valor pessoal e profissional criaram raízes e cresceram em silêncio, a ponto de ela não mais estar certa de quem era, do que queria e do que tinha a oferecer.

Melody estava surpresa por se sentir tão bem ao compartilhar essas coisas, em especial com alguém que conhecera sua avó.

– Logo após a morte de vovó Giselle, a raiva e a ansiedade de minha mãe imediatamente vieram à tona. Ela estava triste com a morte da mãe, mas acho que também incomodada com seus últimos pedidos e com o que os outros iriam pensar. As aparências são muito importantes para minha mãe. Acho que ainda não se recuperou do fato de eu ter largado a faculdade de direito. Ser assistente jurídica não é uma profissão de prestígio e isso a incomoda.

Melody explicou que agora estava praticamente sozinha: sua mãe vivia com o atual marido em um mundo de fantasia, seu pai e vovô Henry haviam partido e sua avó Giselle partira também.

– Não sei por quê, mas acredito, de verdade, que atender ao pedido de minha avó e vir para cá vai, de alguma forma, mudar minha vida.

Mãe Marie concordou.

– O que aconteceu com meu bisavô depois que Yvette foi embora?

– Depois disso quase não o vimos mais. Transformou-se em uma espécie de ermitão e... bem, ninguém sabe para onde foi. Dizem que se casou com a empregada, uma mulher do Haiti que já tinha um filho quando foi trabalhar para ele. Dizem que ela era uma *Obeah*, uma pessoa que faz trabalhos de alta magia, e também que ele adotou o garoto.

Melody ficou sem cor; Mãe Marie aproximou-se dela e segurou suas mãos.

– Você está bem, querida? Está se sentindo mal?

Melody sentia-se indisposta, fraca, e demorou um pouco para responder.

– Estava sentada na varanda de Paul quando um velho negro apareceu do nada e disse que ele e minha avó eram, "de certa forma, parentes". Falou também que minha avó tinha alguma coisa que era dele e que ele a queria de volta. O tom dele não era nada agradável. Quando contei a Paul o que tinha acontecido, ele respondeu que eu, com certeza, tinha cochilado e que tudo não passara de um sonho.

Mãe Marie estava pensativa, prestando atenção a tudo.

– Você acha que era o filho da mulher do Haiti? – perguntou.

Melody deu de ombros.

– Será?

– Alguns diziam que essa mulher conhecia magias secretas, passadas de geração para geração. Minha irmã afirmava que a haitiana lançou as garras sobre seu bisavô quando ele ainda estava casado com Yvette e fez um trabalho para tirar Yvette de seu caminho. Ela queria um marido e um pai para seu filho, e tinha escolhido Bertrand.

– Que tipo de coisa minha avó poderia ter que pertencesse a eles?

Mãe Marie ficou em silêncio por um instante e Melody teve a nítida impressão de que ela sabia mais do que estava disposta a compartilhar.

– Não sei bem, querida.

– Senhora Marie...

– Por favor, me chame de Mãe Marie.

– Certo, Mãe Marie – Melody hesitou. – Bertrand Baton ainda está vivo?

– Realmente, não sei. Não o vejo há muitos anos. Mas, com certeza, se ainda estiver vivo, está muito, muito velho.

– É, acredito que sim – inquieta, Melody puxou para trás os vários fios de cabelo que caíam sobre seu rosto.

– Você pode me explicar como vai abençoar as cinzas de minha avó?

Melody queria entender o que estava acontecendo. Tinha a sensação de que Giselle a estava impelindo a aprender alguma coisa, a se abrir a uma nova forma de ver o mundo e de estar nele.

Mãe Marie recostou-se e fechou os olhos, antevendo a cerimônia.

– Vamos começar o ritual quando o sol se pôr. O nascer e o pôr do sol são portais entre os mundos; são as melhores horas para fazer magia. As pessoas têm fixação por relógios e calendários, esquecendo que o tempo foi criado pelo homem. Os espíritos não têm a mesma noção de tempo que nós. Para eles, passado, presente e futuro são uma coisa só. O nascer e o pôr do sol geram mudanças naturais de estado de consciência e permitem mudanças de percepção. Diferentes espíritos habitam essas dimensões, e cada um pede rituais e oferendas diferentes – Mãe Marie parou por um instante, deixando Melody absorver o que ela estava falando. – Primeiro, vamos invocar os antepassados. Alguns podem já estar, de novo, no plano astral, esperando para reencarnar, mas outros escolhem, ou são obrigados, a permanecer aqui para soltarem as amarras que os prendem a esta dimensão.

– Que tipo de amarras?

– Sentimentos de culpa, raiva, assuntos mal resolvidos. Ajudar aos outros lhes dá condições de evoluir e dissolver os laços do ego que não conseguiram durante a vida terrena.

– Ah! Como anjos criando asas – Melody sorriu, feliz por entender algo.

– Sim, querida, algo parecido. Após invocarmos os antepassados, vamos oferecer libações para criar um espaço sagrado e ouvir os tambores.

– Você toca tambor? – Melody lembrou-se de ter assistido na faculdade a uma cerimônia dos nativos norte-americanos tocando tambores, da qual gostara muito.

– Sim, antigamente, mas hoje ouço gravações. É mais fácil para eu entrar em transe. Antigamente, minha irmã e eu revezávamos nos atabaques; assim, quem não estivesse tocando entrava em transe e era possuída pelo Loa.

– O que você quer dizer com "possuída pelo Loa"? Sou fruto do Catolicismo, em que possessão é coisa do demônio – Melody riu, sem jeito.

– Quando estamos em semitranse, invocamos Exu para abrir as portas que nos levam à dimensão onde a magia se manifesta. Ele vai nos colocar em contato com o Loa certo para abençoar sua avó, ou ele mesmo vai fazer isso. Uma de suas tarefas é ajudar as almas a atravessar o Rio da Morte.

Mãe Marie falava, mas Melody não compreendia mais o que ouvia. Era como entrar em uma palestra dada por alguém que fala uma língua completamente diferente, sobre um assunto totalmente desconhecido.

– Sua avó tinha um Loa de frente?

Melody estava perdida e, de repente, sentiu-se tomada pelo medo, pela dor e pela confusão.

– Não tenho a mínima ideia! Eu nunca sequer *ouvi* falar de um Loa. Não entendi nada do que você acabou de dizer!

– Por que está tão perturbada, querida?

– Estou tão confusa e não estou entendendo nada! – gritou, sem conseguir mais controlar as emoções. – Perdi a pessoa que mais amava no mundo. Não tive tempo de processar isso e já fiquei sabendo que ela tinha esse último pedido misterioso e tantas coisas sobre ela que não conhecia. Não entendo esse lado dela, de jeito nenhum!

Respirando fundo, Melody tentou se recompor, envergonhada de seu acesso de raiva. Ela não estava chateada com Mãe Marie.

– Para falar a verdade, toda essa conversa sobre espíritos, magia, Vodu e pessoas que fazem trabalhos me assusta! Não quero ofendê-la, Mãe Marie, mas...

– Querida, você não é daqui. Você não foi criada ouvindo esse tipo de coisa. Giselle, com certeza, manteve tudo isso em segredo e temos de acreditar que ela tinha um motivo. Há poucas pessoas nesse país que *realmente* conhecem o Vodu. Apenas escute o que estou dizendo e tente deixar de lado tudo que já ouviu. Não permita que as palavras a confundam. Algumas vezes elas tornam as coisas muito complicadas. É tão comum usarmos palavras diferentes e, sem perceber, estamos falando sobre a mesma coisa. Preciso que você mantenha uma mente aberta, certo?

Melody prestava atenção enquanto Mãe Marie falava com calma. Apesar de Paul ter-lhe explicado algumas coisas sobre o Vodu, Melody queria saber o que Mãe Marie tinha a dizer. Sua voz era tranquilizadora; sua presença, reconfortante.

– Lembre-se de que todas as religiões evoluíram com o passar do tempo; nenhuma delas está mais em sua forma original. Tomaram coisas emprestadas umas das outras e, muitas vezes, fundiram-se umas nas outras. O Catolicismo, misturado a antigas tradições africanas, criou o Vodu como o conhecemos hoje e, conforme ele evoluiu, foram criadas inúmeras vertentes. Parecido com o que aconteceu com a fé cristã, que se expandiu em diferentes vertentes e formas de interpretação de seus princípios básicos. Você está me entendendo?

Melody assentiu.

– O Vodu é uma religião seguida por milhões de pessoas e sua crença básica é parecida com a de outras religiões, em especial com as práticas indígenas ou com aquelas baseadas na Mãe Terra, que veem a natureza e nossa conexão com ela como sagradas. O Vodu da Louisiana sofreu várias influências. Acreditamos em um Criador único, no Espírito que se manisfesta em matéria, na Energia Divina. Você também acredita nisso, não?

Melody concordou.

– Essa Energia Divina existe em uma miríade de manifestações chamadas Orixás, que são como os santos que você conhece. Apesar de todos nós termos a Energia Divina, eles estão em um nível superior ao nosso. O Vodu prega que a Energia Divina está presente em tudo, não importa que seja um ser que respire ou não. Mesmo em uma pedra. Ela é formada pelas mesmas moléculas de carbono que são a base de tudo o mais no universo. A estrutura molecular de um homem não é nem um pouco diferente da de uma árvore, de uma formiga, de uma pedra. O Loa que vive em nós está em conexão direta com a energia do Criador.

– Loa?

– Sim, a energia de um Loa é semelhante à de um Orixá. A palavra "Orixá" vem da África ocidental e no Haiti eles usam o termo Loa ou Lwa, em vez de Orixá. Você me ouvirá usando ambos – de súbito, a expressão de Mãe Marie mudou. – Minha nossa, que falta de educação a minha! Quer beber alguma coisa? Um chá gelado?

– Sim. Seria ótimo. Precisa de ajuda?

– Não, não, de jeito nenhum. Preciso colocar esses velhos ossos para trabalhar. Mas preciso mesmo beber algo. Faz tempo que não falo tanto e ainda temos muito que conversar. Volto num minuto.

Melody estava extasiada. A ideia da Energia Divina presente em tudo e em todos fazia sentido e ela precisava, desesperadamente, que algo fizesse sentido. Por isso a religião sempre frustrou Melody; tantas contradições e coisas impalpáveis exigindo uma fé cega.

O que Mãe Marie contara lembrou-lhe a espiritualidade dos nativos americanos, assunto que estudara de forma superficial na faculdade. Todas as religiões tendem a usar uma terminologia diferente, mas, em nível científico, lidam, em essência, com energia. Ela começou a perceber que, infelizmente, qualquer linguagem ou nomenclatura diferente da habitual pode assustar as pessoas.

– Bem, onde parei? – perguntou Mãe Marie, enquanto oferecia a Melody um grande copo de chá gelado, cor de âmbar. – Ah, sim! Loa. A energia de um Loa é tão grandiosa e intensa que a mente e o corpo humanos só conseguem absorver uma pequena parte dela. Quando você decide unir-se a ela, e Exu abre as portas, seu ego é subjugado e você consegue conectar-se com Loa e recebê-lo.

– Exu? – a garota lembrou-se de já ter ouvido esse nome na loja de Vodu.

– Sim, um dos mais importantes Orixás, conhecido também como Elegbará, Legba, e até mesmo como São Miguel e Santo Antônio. Todos os rituais começam com uma oferenda a Exu, comparado algumas vezes a São Pedro, guardião dos portões do céu. Exu é o Orixá das encruzilhadas, a conexão espiritual entre o homem e o divino, nosso espelho. Ele personifica todas as forças, tanto as do bem quanto as do mal, e testa nossa humanidade e divindade.

Mãe Marie parou para tomar um gole de chá e continuou, em tom solene.

– Há vários aspectos muito importantes do Vodu, que é necessário que você, como iniciada, compreenda.

Melody não tinha certeza se gostava da ideia de ser uma iniciada e, menos ainda, do que isso implicava.

– Primeiro, precisa entender que o Espírito é neutro. As forças do bem e do mal estão em todos os lugares e dentro de todos. Não há energia boa ou ruim, por si só; o que conta é a intenção por trás do uso dessa energia. É responsabilidade de cada um de nós *a maneira como entramos em contato com essa Energia e a manifestamos* – Mãe Marie realçou essas últimas palavras, dando a cada uma a mesma ênfase. Em silêncio, olhou fixamente nos olhos de Melody por vários, longos e incômodos segundos.

Após ter deixado claro o que queria dizer, continuou.

– Exu também é conhecido como o deus arteiro. Dizem que, certo dia, Exu foi até um vilarejo onde caminhou pela rua principal usando um chapéu, vermelho de um lado e preto do outro. Pouco depois de ele partir, aqueles que o viram começaram a debater se o chapéu do desconhecido era vermelho ou preto. Os moradores de um dos lados da rua viram apenas a parte preta do chapéu, enquanto os que estavam do outro lado viram apenas a vermelha. Discutiram, discutiram, até que

Exu voltou e esclareceu o mistério. A moral dessa história é o segundo aspecto do Vodu que quero que compreenda: *Sua perspectiva pode alterar em muito sua percepção da realidade.*

Outra pausa para outro gole de chá.

– Cada pessoa, via de regra, tem um Loa de frente que a orienta e o qual pode incorporar. Essa pessoa é chamada filho ou filha desse Loa, ou entidade. Por exemplo, eu sou filha de Xangô, minha irmã era filha de Oxum. Por isso trabalhávamos tão bem juntas. Diz a lenda que Xangô e a bela Oxum eram amantes. Xangô é o Loa do fogo e da justiça e sua arma, os relâmpagos. Forte e encantador, é o guerreiro que invocamos em assuntos relacionados à justiça. Oxum é o Loa das águas doces dos rios, irmã de Iemanjá, a rainha dos mares. Oxum é muito bonita e atraente, invocada principalmente nas questões do coração.

Melody ouvia a tudo com atenção, mas não sabia o que pensar dessa história encantadora. Mesmo que fascinante, para ela era apenas outro conto de fadas.

Era sua *avó* quem *deveria* estar lhe contando tudo isso. Ela saberia como explicar as coisas de forma que fizessem sentido. Será que vovó Giselle realmente acreditava nessas coisas e fazia o mesmo que Mãe Marie?

Ao mesmo tempo em que sentia a dor da perda, ela também lutava contra a decepção pelo fato de a avó nunca ter compartilhado isso com ela; por ter guardado em segredo algo tão importante.

Apesar da incerteza e da confusão, estava cada vez mais curiosa, mas Mãe Marie, inesperadamente, disse que iria se deitar e depois tomar um banho de purificação, e aconselhou Melody a fazer o mesmo.

Para Melody, tomar uma ducha seria como estar no paraíso, mas um banho frio de banheira também serviria. O dia fora tão quente e abafado; suas roupas pareciam já fazer parte da pele.

– Não trouxe nenhuma outra roupa. Não sabia que ia precisar – disse para Mãe Marie.

– A bem da verdade, não vai precisar delas, pelo menos esta noite. É melhor não estar vestida quando encontrar com o Loa. Isso simboliza sua unidade com a natureza e o desprendimento da vida mundana; é sinal de humildade e pureza.

Melody arregalou os olhos, perplexa.

– Você faz essas cerimônias totalmente nua?!

– Sim, faço. Hoje em dia algumas pessoas se despem apenas da cintura para cima; outras ficam vestidas, mas acredito que, diante do

Loa, não devemos ter nada que nos lembre da ilusão da vida terrena. Permaneço, tanto quanto possível, fiel às antigas tradições. Entendo seu receio, mas acho que você pode fazer um pequeno sacrifício por sua avó, não?

– Bem... é, acho que sim. Seremos só nós duas?

– Não tenho certeza, ainda. Um velho e querido amigo algumas vezes trabalha comigo, para trazer equilíbrio.

Melody rezou com fervor para que esse amigo desconhecido não estivesse presente naquela noite. A última coisa que queria era desfilar nua diante de *dois* estranhos, ainda que fossem idosos cuja visão, ela esperava, já estivesse fraca.

– Vá em frente e se apronte enquanto eu descanso, assim podemos aproveitar o tempo antes do pôr do sol.

Melody sentiu um grande alívio ao tirar as roupas grudadas a seu corpo. Mãe Marie lhe dera uma garrafa com um líquido esverdeado e disse que colocasse na banheira quando esta estivesse cheia. Também lhe disse para, primeiro, tomar uma ducha. Melody vibrou por poder tomar uma chuveirada; achava que a casa de Mãe Marie, assim como muitas residências antigas, só tivesse uma banheira. Mas não entendeu por que tinha de tomar uma ducha e *depois* um banho de banheira. Mãe Marie dissera ser preciso tomar o banho de banheira para remover as impurezas astrais, não a sujeira terrena.

Mãe Marie pediu a Melody que rezasse o Salmo 23, em voz alta, três vezes, e depois se deitasse tranquilamente na banheira e buscasse limpar a mente. Rezar esse salmo era a única coisa com a qual estava acostumada, em meio a esse mundo desconhecido.

"O Senhor é meu pastor, nada me faltará..." Ela ficou na banheira por uns bons 30 minutos. Ao sair, não sabia se devia vestir a mesma roupa ou se Mãe Marie lhe emprestaria alguma coisa para usar até a cerimônia. Tinha quase certeza de que usavam paraticamente o mesmo tamanho, apesar de estar aborrecida por não ter trazido suas próprias roupas. Enrolou-se na toalha, penteou os longos cabelos castanhos com a escova de Mãe Marie. Ainda no banheiro, escutou um barulho vindo de outro cômodo.

– Mãe Marie, já está de pé?

Ouviu a voz de Mãe Marie emergir entre o barulho de panelas e tachos.

– Sim, querida, estou na cozinha.

Melody caminhou até a cozinha, enrolada apenas na toalha. Mãe Marie estava ocupada, de olho em um tacho no fogão, o qual exalava um aroma divino. Fazia tempo que provara o gumbo de Paul e estava faminta.

– Você pode me emprestar alguma coisa para vestir até a cerimônia? Assim posso lavar minhas roupas e amanhã de manhã já estarão secas.

– Claro, vou arrumar alguma coisa para você. Venha.

O quarto de Mãe Marie era limpo e arrumado, com poucos móveis. As paredes eram bem brancas e todos os móveis e acessórios, incluindo a colcha de cama, vermelhos. Mãe Marie explicou o porquê da decoração.

– Vermelho e branco são as cores de Xangô. Busco cercar-me delas sempre que possível, mas é muito importante que estejam presentes principalmente no quarto. Durante o sono, o ego é subjugado e o subconsciente se abre. Dessa forma, entro em contato com o Loa quando estou mais aberta.

Naquele momento, Melody compreendeu algo de extrema importância. O Vodu não era apenas uma religião; para pessoas como Mãe Marie, era um modo de vida que permeava cada célula de seu ser e de sua existência.

Ela vestiu um roupão de seda vermelha de Mãe Marie, lavou suas roupas na pia, pendurou-as para secar do lado de fora da casa e voltou à cozinha.

– Melody, você não deve comer nada antes da cerimônia. Pode beber um pouco de água, mas nada de comida.

A esperança de Melody de fazer uma boa refeição foi logo por água abaixo.

– É importante abster-se de alimentar o corpo para que o Loa não seja oprimido por forças físicas.

Melody tentou não demonstrar sua decepção.

– Tudo bem. Tem alguma coisa que eu possa fazer?

– Você pode pegar madeira para a fogueira. Fica em uma pilha lá fora, nos fundos. O poço para a fogueira fica ao lado da casa.

*"Ai, meu Deus, é claro que ela ia me pedir para fazer, exatamente, aquilo que me deixa apavorada!"*

Melody sempre ouvira dizer que cobras se esconde em pilhas de madeira.

– Vi uma cobra no banco de areia, hoje, quando chegamos aqui.

– Sim, é comum elas virem aqui tomar sol.

Mãe Marie percebeu que Melody estava inquieta.

— Melody, isto é um pântano, você vai ver cobras, mas elas não querem machucar ninguém. Elas são bastante tímidas e vão embora quando sentem que alguém está se aproximando. Não fique apavorada, elas não vão chegar perto da fogueira.
— E a pilha de madeira?
Mãe Marie não conseguiu se conter e riu à beça ao ver a expressão de pânico no rosto de Melody.
— Minha querida, prometo que nada vai machucá-la.
Melody sentiu-se um tanto quanto tola, mas não conseguiu evitar. O medo de toda uma vida não se esvai com facilidade, mesmo com promessas tranquilizadoras. Mudou de assunto, tentando adiar a tarefa.
— Mãe Marie, o que tinha dentro da garrafa que você me deu para colocar na banheira?
— Apenas ervas para limpeza: hissopo, sálvia e alecrim. Você leu o salmo que pedi?
— Sim, senhora!
— Muito bem. Esse salmo é muito poderoso para afastar energias negativas. Tudo está relacionado com as vibrações, Melody. Agora, por favor, vá pegar a lenha para a fogueira. Tenho de terminar de preparar algumas coisas e não temos muito tempo.
Morrendo de medo, mas determinada a não demonstrar o que sentia, Melody saiu da cozinha caminhando confiante em direção à pilha de madeira. Seus olhos pareciam dois pires de tão arregalados, alertas a qualquer sinal de uma cobra. Um leve barulho nas proximidades fez com que desse um pulo para trás e tropeçasse. Começara a ajeitar a madeira no local onde seria feita a fogueira, quando escutou o suave ronco do motor de um carro atrás dela.
*"Droga! Aquele velho senhor deve ter resolvido aparecer."*
Ela observou uma pequena caminhonete estacionar diante da casa e não acreditou ao ver quem a dirigia: o mesmo velho que vira tocando gaita em Nova Orleans no dia anterior, com o mesmo sorriso que aquecera seu coração.
— Boa tarde, senhorita. Como vai? — pelo cumprimento casual, Melody teve certeza de que ele não a reconhecera. — Marie está aí?
Melody sorriu, maravilhada com a coincidência.
— Sim, está na cozinha.
O homem, arrastando os pés, caminhou até a porta da cozinha e entrou sem bater. Pouco depois, ele e Mãe Marie saíram juntos.
— Melody, gostaria de apresentá-la ao meu querido amigo, Samuel Marlowe. Nos conhecemos há muito tempo — virando para Samuel, Mãe

Marie disse: – Samuel, esta é Melody Bennet, neta de Giselle Baton. Você se lembra de Giselle? A mãe dela...

A voz de Mãe Marie foi sumindo aos poucos. Samuel arregalou os olhos, surpreso, e indagou:

– Bem, bem... E posso perguntar o que você está fazendo aqui?

Mãe Marie explicou:

– Giselle foi parar na Carolina do Norte e morreu há pouco tempo, pedindo a Melody que trouxesse suas cinzas até aqui e me encontrasse para benzê-las.

Ele voltou-se para Mãe Marie.

– É isso que vamos fazer hoje à noite?

– Sim. Vamos fazer a outra cerimônia em outra noite.

Samuel sorriu para Melody.

– Está tudo bem, Marie. Essa garota veio de muito longe para isso.

Mãe Marie olhou em direção ao horizonte.

– Está quase na hora do pôr do sol, é melhor começarmos.

Samuel saiu da casa, primeiro com um gravador e, depois, com várias tigelas do que quer que Mãe Marie preparara. Para Melody os preparativos pareciam uma dança coreografada que os dois, com certeza, haviam realizado várias vezes. Após colocar as tigelas menores ao lado do local da fogueira, Mãe Marie colocou fogo nas toras de madeira. As chamas crepitavam, lançando fagulhas em direção ao céu.

Após reunir os últimos e poucos objetos para o ritual que estavam na casa, Samuel uniu-se às duas mulheres, próximas à fogueira. Mãe Marie pegou um pacote de farinha, abriu-o e, despejando seu conteúdo, desenhou um grande círculo que abrangia a maior parte do quintal. Pegou uma espécie de vara, dentre os objetos que Samuel trouxera, e entrou no círculo, próximo à fogueira. Desenhou o que parecia ser um machado de duas lâminas, atravessado por um relâmpago, e traçou um círculo menor ao redor dele.

Na borda interna do círculo maior, Mãe Marie desenhou outro pictograma. Melody recordou-se de ter visto algo a respeito pouco tempo antes e tentou se lembrar... Havia um livro sobre símbolos voduísticos na loja em que fez a leitura do Tarô: *Ponto*. É isso mesmo! Os diagramas eram chamados pontos e a contracapa do livro dizia que cada Orixá tem seu próprio ponto.

O símbolo que Mãe Marie estava fazendo parecia uma cruz atravessada, à direita, por uma chave, uma chave antiga, em forma de esqueleto. Outros símbolos menores circundavam a cruz, incluindo cruzes menores. Esses desenhos também estavam dentro de um círculo.

Mãe Marie colocou o saco de farinha no chão e pediu a Samuel e Melody que se unissem a ela dentro do círculo.

– Tirem suas roupas fora do círculo. Vocês devem entrar no espaço sagrado despidos de qualquer coisa com que não nasceram – disse ela dirigindo-se, claramente, a Melody.

A garota estava paralisada. Sua mente era a única coisa que funcionava naquele instante. Desde que chegara a Nova Orleans, Melody fez o melhor que pôde para deixar-se levar pelos acontecimentos, em respeito à sua avó. Estar naquele cenário bizarro, com dois desconhecidos fazendo coisas tão inusitadas, fez com que sentisse, de repente, que não tinha mais controle sobre sua vida. *"O que estou fazendo aqui?!"*

A jovem estava mortificada; olhava, nervosamente, em todas as direções, os joelhos tremiam sem parar. Mãe Marie e Samuel se despiram, em silêncio, sem olhar para Melody, esperando pacientemente. Ainda sem olhar para Melody, Mãe Marie começou a explicar que começaria a cerimônia com uma oferenda a Exu.

– Exu é a ligação espiritual entre o homem e o divino... é nosso espelho. Personifica todas as forças positivas e negativas dentro de nós. Coloca à prova nossa humanidade e divindade. Temos de atravessar o fogo para conhecer nosso poder. Qual força nos colocará à prova ao atravessarmos o fogo?

Melody ouvia apenas uma palavra a cada três que Mãe Marie dizia; a mente estava em parafuso, lutando para compreender o que estava acontecendo. Ao ouvir "colocar à prova ao atravessarmos o fogo", teve um estalo. Eram as mesmas palavras que escutara sua avó dizer tantas e tantas vezes. Ela encarou isso como um sinal de que a avó a estava incentivando a ser corajosa... de que tinha de participar do ritual para cumprir o desejo dela.

*"Terei coragem, por você, vovó."*

Hesitante, tirou o roupão de Mãe Marie e entrou no círculo. Ficou acabrunhada, mas eles não pareceriam notar sua presença.

Mãe Marie entrou no círculo e começou a fazer as libações, enquanto Samuel, ainda do lado de fora, colocou um disco no aparelho de som. Melody não conseguia entender nada do que Mãe Marie dizia enquanto derramava o líquido cerimonial no solo. As palavras pareciam ser africanas, e fluíam em ritmo com a brisa.

Após um momento de silêncio, Mãe Marie explicou que estava fazendo oferendas. Melody a observava jogar diferentes coisas na fogueira: um pequeno prato de inhame, pedaços de coco e uma garrafa de rum; após, acendeu um charuto e deu quatro baforadas, soltando a fumaça em direção ao céu.

Ela passou o charuto para Samuel, que deu três baforadas, também em direção ao céu. Ele deu o charuto para Melody, que deu uma tímida baforada e tentou imitar Mãe Marie, soltando a fumaça em direção ao céu.

Mãe Marie e Samuel colocaram-se diante do ponto com a chave e fizeram um sinal para Melody se unir a eles com as cinzas de Giselle. Mãe Marie fechou os olhos e abriu seus braços como se para abraçar o ar à sua frente.

– Iba'ra'go Mojuba.
– Iba'ra'go Ago Mojuba.
– Omode Oni'ko S'iba'go Ago Mojuba.
– Elegba Esu Lona.

Melody sentiu um forte cheiro de charuto e risadas vindas das árvores atrás deles. Seu corpo ficou todo arrepiado. Mãe Marie e Samuel se entreolharam e Samuel assentiu. Ambos, então, foram até o símbolo seguinte, em frente à fogueira. Mãe Marie, novamente, abriu seus braços, abraçando o invisível.

– Mo Fori bo rere O Shango to'kan O Ya de.
– A Wa'nile Onile O Ku O.
– A Wa'nile Onile O Ya.

As chamas tornaram-se mais intensas; uma fagulha explodiu, atemorizando Melody, fazendo-a recuar.

Ela ouviu ao longe o ruído suave, mas inconfundível de uma tempestade que se aproximava, ao mesmo tempo que o vento ficava cada vez mais forte. O som dos tambores também ficava cada vez mais forte, pulsando em um contínuo *crescendo*, e tanto Mãe Marie quanto Samuel se deixaram levar pelo ritmo. O cenário era desconcertante, mas Melody conseguia perceber a grande beleza da eterna e harmoniosa ligação entre Samuel e Mãe Marie com a natureza ao redor.

Melody fechou os olhos e deixou-se levar pela música, sentindo-se em paz e, ao mesmo tempo, eletrizada. Estava tonta, tudo girava ao seu redor. Viu Samuel trazer um galo vermelho, mas não tinha a mínima ideia de onde o animal surgira. A pobre ave batia suas asas, em desespero, enquanto era levado para Mãe Marie, que esperava, em pé, próxima ao ponto do machado.

Antes de pegar o galo, Mãe Marie ergueu a tigela para o alto, oferecendo-a aos Céus. Tomou, então, um pequeno gole e passou-a para Samuel. Sustentou-a enquanto ele sorvia seu conteúdo, uma vez que ele segurava o galo. Foi, então, até Melody e, colocando-se diante dela, lhe ofereceu a bebida.

– Tome, querida – a voz de Mãe Marie agora tinha um tom diferente, mais forte e imperativo.

Melody bebeu um gole do líquido sem protestar. Era viscoso e doce; sentiu que ele grudava ao céu da boca, como pasta de amendoim.

Sentou-se no chão, ao lado de Samuel, sem pensar em cobras e roupas. O rosto dele chamou sua atenção: seus traços não estavam tão definidos e Melody tinha certeza (se pudesse estar certa de alguma coisa àquela altura) de que outro rosto misturava-se ao dele, mais forte, mas igualmente amoroso e paternal, quase divino. Sentia-se em um carrossel, tudo era indistinto, mas podia ouvir os relâmpagos que se aproximavam. Curiosamente, não sentia medo; tudo parecia um sonho.

O galo estava, de novo, em seu campo de visão. *"Mãe Marie acabou de morder seu pescoço?"* As asas da ave agitavam-se com violência, o corpo estremecia, em espasmos. Sangue jorrava da ferida em seu pescoço; Mãe Marie o deixou gotejar sobre o ponto do machado.

Melody observava, hipnotizada. Começou a perder a consciência, quando, de repente, viu a avó Giselle à sua frente, sorrindo com amor.

– Agora, a missão é sua, Melody. Abra seu coração e sua mente e encontrará o que precisa saber. E ao encontrar, proteja-o com sua vida, Minha Querida.

Ela olhava fixamente enquanto a avó se afastava em direção ao círculo maior, próximo ao ponto da chave. Uma sombra materializou-se dentro do ponto, oferecendo-lhe a mão. Em um instante, a sombra e a avó tinham partido, como se um portal tivesse sido aberto, deixando-as entrar, deixando todos os outros de fora. E, então, tudo escureceu.

Melody acordou cerca de uma hora depois, no sofá de Mãe Marie. Samuel e Mãe Marie estavam sentados nas cadeiras do outro lado da sala. Ao verem Melody acordar, ambos abriram um largo sorriso. Samuel foi até a cozinha e trouxe um copo de água para Melody.

Estava aliviada por seu corpo nu estar, agora, coberto por uma manta. As lembranças do ritual eram como rápidas imagens de um sonho; não importa quanto se esforçasse por lembrar, nada era claro.

– Tudo deu certo, querida. Giselle partiu – Mãe Marie disse, tranquilizando-a.

Melody sentou-se, enrolando-se na manta de forma a se sentir mais confortável.

– Acho que vi minha avó. Ela estava sorrindo para mim... e... então flutuou e desapareceu no ponto que tinha a chave.

Mãe Marie assentiu.

– Exu a ajudou a fazer a travessia.

– Ela disse alguma coisa sobre minha missão, sobre encontrar o que preciso saber... e protegê-lo com minha vida. Não faço ideia do que falava.

Samuel e Mãe Marie se entreolharam.

– Talvez Samuel possa ajudá-la a compreender o que aconteceu.

Samuel respirou fundo e sentou-se ao lado de Melody.

Melody parecia em transe.

– Senhorita Melody, conheci uma mulher, muitos anos atrás. Primeiro, ela parecia ser bondosa, mas não demorou muito para mostrar quem era realmente. Ela estava envolvida com o Vodu, mas trabalhava com o espírito do mal. Ela faria qualquer coisa para conseguir o que queria. Uma coisa é abarcar a escuridão, mas ela tirava forças apenas da negatividade. Ela se casou com seu bisavô, Bertrand, depois que Yvette partiu. A última vez que a vi foi há muitos, muitos anos. Ela dizia ter um livro muito especial. Nunca disse onde o conseguira, apenas que estava com sua família desde que saíram do Haiti. Ela se gabava, dizendo que o livro dava a ela poderes incríveis: um poder tão grande que poderia mudar a realidade.

Melody contou a Samuel sobre o estranho homem que a ameaçara na varanda da casa do Velho Paul.

– Paul, provavelmente, estava tentando protegê-la ao dizer que tudo não passara de um sonho. Ele sabe que você vai embora logo e, talvez, achou que não tivesse necessidade de deixá-la preocupada. Além disso, se houver alguma coisa um pouco estranha, a gente gostaria que... você sabe... guardasse os segredos dos *bayou*, nos *bayou*.

Mãe Marie interrompeu.

– Você não deve se preocupar com isso agora, querida. Precisa descansar um pouco. Conversaremos mais de manhã.

Ela aproximou-se de Melody e estendeu-lhe a mão. A garota, cambaleante, ficou grata pela ajuda. Assim que se deitou, Melody dormiu profundamente.

Naquela noite sonhou com a avó correndo pela floresta, segurando contra o peito um livro com capa de couro. Era perseguida por sombras, mas estas não podiam vê-la, como se o livro tivesse lhe dado o dom da invisibilidade.

No sonho, Giselle parou por um instante, olhou no fundo dos olhos de Melody e disse:

– O velho celeiro, Melody. Vá até o velho celeiro...

# Capítulo IV

O sol já estava alto quando Melody acordou. Ficou deitada, tentando organizar seus pensamentos, mas foi distraída pelo barulho de seu estômago. Sentou-se na beira da cama e olhou ao redor, procurando algo para vestir. Suas roupas ainda estavam no varal e o roupão que Mãe Marie lhe emprestara não estava à vista.

A sujeira e o sangue seco da noite anterior ainda estavam em seu corpo. Melody, então, enrolou-se no lençol e foi correndo tomar um banho. Após uma rápida chuveirada, cobriu-se com uma toalha antes de sair para pegar suas roupas; elas estavam secas, mas um leve cheiro de fumaça estava impregnado no tecido.

Melody podia jurar que ouvira uma tempestade aproximando-se durante a cerimônia da noite anterior, mas as imagens eram confusas demais para ter certeza. Antes de entrar outra vez na casa para se trocar, notou que a caminhonete de Samuel não estava mais lá. Melody ficou fora apenas alguns minutos, no entanto, sua pele nua já brilhava de suor.

Pensou sobre a noite anterior, sobre ter dançado nua diante de Samuel e Mãe Marie e como tinha se sentido livre. Teve a sensação de estar conectada... não tinha certeza a quem ou a o quê... mas sabia que algo extraordinário tinha acontecido.

Melody vestiu-se depressa, revigorada pelo aroma divino que vinha da cozinha, onde encontrou Mãe Marie de novo ao fogão.

– Bom dia, Mãe Marie.

Ela virou-se e sorriu.

– Bom dia! Você dormiu bem?

– Melhor impossível. Foi uma noite e tanto. Mas o que aconteceu exatamente? Está tudo tão confuso.

Mãe Marie sorriu.

– Giselle voltou, você mesma viu.

A garota pensou por um instante e teve um lampejo, a imagem da avó flutuando e desaparecendo dentro do ponto de farinha perto da fogueira.

– Aquilo tudo foi real? Eu a vi, de verdade?

– Foi tudo real, minha filha. Fiquei observando você ontem à noite. Iemanjá estava com você.

– Iemanjá?

– O Orixá dos mares. Sua energia é boa, é como uma mãe. Ela tocou sua cabeça e seu cabelo ficou molhado – Mãe Marie sorriu, admirada. – Ela ficou atrás de você o tempo todo.

Melody nunca ouvira falar tanto sobre o mundo espiritual, nem mesmo na igreja. Não havia como negar que algo inexplicável acontecera na noite anterior. Lembrava-se de ter se sentido um pouco tonta, mesmo antes de beber o líquido que Mãe Marie lhe dera.

De repente, uma imagem do galo agonizante veio à mente de Melody.

– Mãe Marie, você matou um galo ontem à noite?

– Não, minha filha. Xangô matou. Foi uma oferenda para ele por ter me dado a sabedoria para abençoar Giselle. As outras oferendas foram para Exu. Lembre-se, em toda cerimônia Exu é sempre saudado em primeiro lugar, pois é ele quem abre a porta. Na noite passada, ele também levou sua avó embora.

– Mas de onde mesmo apareceu o galo?

– Samuel o trouxe na caminhonete.

– Eu nem vi quando ele o tirou da caminhonete.

– Melody, você tem mais Espírito em você do que imagina. Sua percepção estava alterada pela energia.

– O que você fez com o galo?

– A cabeça foi jogada nas chamas como um símbolo de sacrifício; o que sobrou está lá na caçarola, apreciando a companhia de cebolas e batatas.

Melody olhou para o fogão e viu a caçarola com a tampa, ao lado de uma frigideira com bolinhos de salsicha. Esfomeada, deixou as outras perguntas de lado.

– Posso comer um bolinho? Estou faminta.

– Preparei isso especialmente para você. Temos também biscoitos e ovos – Melody não esperou Mãe Marie oferecer uma segunda vez e encheu o parato com bolinhos, ovos mexidos e dois biscoitos.

– Melody, desculpe por não ter café, mas posso preparar um chá, se quiser.

De boca cheia, Melody assentiu e esperou engolir antes de responder:
– Chá está ótimo. Obrigada.

Ela comeu devagar, mas sem interrupção, flertando com a ideia de contar o sonho em que a avó lhe pedira para proteger o livro. Era apenas um sonho, mas Melody tinha a sensação de que não devia falar sobre ele, embora não entendesse por quê.

Será que podia confiar em Mãe Marie? Sua avó pediu que encontrasse a velha senhora, portanto, ela não via motivo para não confiar nela, além do mais, sentia-se segura ali.

– Sonhei com vovó esta noite. Ela segurava um livro antigo e corria pela floresta e sombras a perseguiam, mas era como se não conseguissem vê-la. Aí, ela pediu para eu ir até o velho celeiro.

– Interessante, Melody. Talvez por isso o pessoal de Bertrand Baton não conseguiu encontrá-la. Um trabalho deve ter sido feito para proteger o livro... alta magia – disse, absorta em seus pensamentos. – Tente não se preocupar com isso, querida. Paul vai chegar daqui a pouco e você tem de se aprontar.

Melody achou interessante Mãe Marie agir como se o tal livro, de fato, existisse. Olhou para a pequena urna com as cinzas e em seguida para o antigo relógio na parede: era quase uma da tarde! Ela dormira durante toda a manhã. *"Não é de admirar que eu esteja tão faminta!"*

– Falando no diabo – Mãe Marie viu Paul amarrar seu barco à velha árvore no banco de areia. Pouco depois, ele entrou na cozinha.

Deu um sorriso largo e apontou para as cinzas sobre a mesa.

– E, então, as cinzas foram benzidas? – perguntou, com sarcasmo.

Mãe Marie repreendeu-o com o olhar.

– Desculpa, não quis ofender. Bem, está pronta, Melody?

– Sim, só vou pegar minha mochila – ela levou seu prato até a pia e aproximou-se de Mãe Marie. – Obrigada por tudo, Mãe Marie. Nunca vou me esquecer desta visita.

Mãe Marie deu-lhe um abraço apertado.

– Volte para me ver, querida. Aí vou lhe contar sobre Iemanjá.

– Eu volto. Cuide-se, e, mais uma vez, obrigada por tudo. Ah! Por favor, mande um abraço pro Samuel – com carinho, ela pegou a urna, colocou-a na mochila e seguiu Paul até o barco.

Assim que partiram, Mãe Marie entrou na casa e foi direto ao banheiro. Examinou a toalha que Melody usara e pegou dois pelos pubianos, olhou para a escova de cabelo e, com cuidado, retirou alguns fios castanhos que se destacavam dentre seus fios grisalhos. Levou o que recolhera até a cozinha e colocou dentro de um pote.

– Podem vir a ser úteis algum dia – disse para si mesma. Fechou o pote e o guardou dentro de um dos armários da cozinha, ao lado de uma boneca de pano.

Assim que chegaram ao meio dos *bayou,* Paul desligou o motor e começou a analisar o mapa de Giselle; o suor escorria por sua face e chegava a pingar sobre o mapa. O sol abrasador estava quase a pino e a esparsa vegetação da região não oferecia abrigo.

– Meu Deus!!! Nossa velha amiga queria ter certeza de que ninguém iria incomodar seu descanso! Mesmo os nativos da região quase nunca vão lá. O lugar é cheio de crocodilos e cobras e a vegetação é tão fechada que não se vê um palmo à frente do nariz. Fique com as mãos para dentro do barco e relaxe até a gente chegar lá.

Melody nunca se atreveria a colocar as mãos para fora do barco, estava apavorada só de estar *dentro* dele. Fizeram inúmeras curvas pelos canais sinuosos, passando sob coberturas naturais de barba-de-velho e trepadeiras. Assistiram a crocodilos fazendo uma antiga dança do acasalamento, contorcendo-se e fazendo volteios logo abaixo da superfície da água.

Paul, rindo, contou a Melody que o fim da temporada de acasalamento se aproximava.

– Não se preocupe tanto com os crocodilos daqui... estão cansados.

Ele estava certo quanto à vegetação. Quando se aproximaram do local indicado no mapa, ela se tornara tão densa que Melody não conseguia distinguir onde uma planta terminava e a outra começava. Elas pareciam dedos esqueléticos entrelaçados em oração, mal deixando a luz do sol penetrar, criando uma atmosfera lúgubre e tenebrosa.

Não via nada que se parecesse com a margem de um rio em nenhum dos lados e as plantas agora estavam bem próximas ao barco. O pânico de Melody aumentava conforme as plantas aquáticas se moviam: ela sabia que algum animal estava por perto. Podia ser um peixe inofensivo ou uma cobra venenosa... a essa altura pouco importava, estava petrificada.

– Chegamos – disse Paul, sem muitas palavras, desligando o motor. Parou o barco em uma pequena faixa de areia e procurou onde amarrá-lo. Melody voltou-se para Paul, com olhar de súplica, perguntando em silêncio se teria de sair do barco.

– Acho que o lugar é ali, Melody – disse, apontando para um matagal perto de onde estavam.

A garota não conseguia se mexer. Pensou ter ouvido serpentes sibilando, mas então percebeu que era apenas o pulsar do próprio sangue nos ouvidos.

Paul, ao perceber que ela estava aterrorizada, disse:

– Fique no barco, minha filha, eu cuido das cinzas.

Melody ficou tão aliviada que queria abraçá-lo, mas tinha medo de se mexer. Paul pegou a urna e saiu do barco com cuidado. Ela o viu pisar firme no chão, assim como ela própria tinha feito quando chegou à casa de Mãe Marie.

– Sou muito maior do que elas – Paul disse, com uma piscadela; desaparecendo, em seguida, no matagal.

Após vários minutos, Paul retornou e entregou a urna vazia a uma Melody muito circunspecta. Antes de ligar o motor, remou com cautela até o braço de rio se tornar mais largo.

Com uma única lágrima rolando de cada lado do rosto, Melody fechou os olhos e rezou em silêncio: *"Descanse em paz, vovó"*. Quando abriu os olhos, viu que Paul a observava com atenção.

– Obrigada, Paul. Eu estava apavorada... Não pensei que fosse sentir tanto medo. Acho que meu medo de cobras foi maior que minha dor – ela tentou parecer tranquila, mas ambos sabiam que não era o caso.

– Não culpo você, Melody. Mesmo o pessoal daqui tem medo desses lugares distantes e estou feliz em poder ajudar.

– Você me ajudou muito mais do que pode imaginar. Quem sabe eu consiga retribuir tudo o que fez, um dia, quando voltar para fazer uma visita.

– Espero que sim, minha filha. Você é uma jovem muito especial. Tenho certeza de que Giselle está orgulhosa de você.

Os olhos de Melody ficaram marejados. Ela partilhara um momento muito difícil de sua vida com estranhos e estava surpresa por ter-se sentido tão próxima a eles. Preferia não ter de ir embora; começava a gostar da parte de si que viera à tona nos últimos dias.

Eles atracaram às margens da loja do Velho Paul.

– Paul, posso usar seu telefone? Meu celular está sem sinal e preciso ligar pro hotel para virem me buscar.

– Não se preocupe com isso. Eles, provavelmente, não conseguiriam chegar aqui até amanhã de manhã. Pedi pro Joe cuidar da loja hoje, assim posso levar você de volta.

– Não quero incomodar tanto. Você já foi tão maravilhoso... nem tenho como agradecer.

– Não se preocupe. O prazer é todo meu.

Após avisar Joe de que ficaria fora durante o resto do dia, Paul pegou as chaves da caminhonete e esperou por Melody. Depois de lavar o rosto e se despedir de Joe, ela foi ao encontro de Paul e juntos partiram rumo a Nova Orleans.

Partiram em silêncio. Paul parecia absorto em seus próprios pensamentos e Melody estava exausta, feliz por poder se recostar e relaxar. Como dormira durante toda a viagem de ida, estava feliz por poder apreciar a paisagem no caminho de volta. Era fim de tarde e o mormaço gerado pelo calor subia do asfalto da estrada. Ela notou as placas indicando a estrada Highway 190, depois a Interstate 10, e sorriu ao ver a que indicava a saída para *"Whiskey Bay"*.

Melody vislumbrou os pântanos com ciprestes e os *bayous* repletos de musgos, mas não viu nenhum rastro das árvores destroçadas pelo furacão, que pontilhavam os charcos próximos a Nova Orleans.

A voz grave de Paul quebrou o silêncio.

– Eu não sei como você está, mas eu estou acabado – disse, um tanto envergonhado. – Estou cansado até para conversar, mas talvez queira ler um pouco sobre Atchafalaya – disse, apontando para uma pasta, embaixo do banco de passageiros, em meio a um monte de notas de uma oficina mecânica, mapas e outros papéis.

Melody abriu a pasta, onde encontrou uma espécie de informativo sobre a Bacia de Atchafalaya.

– Os turistas gostam de ler sobre a história e o que está acontecendo... sabe, com o meio ambiente e coisas do tipo, principalmente depois do Rita e do Katrina.

– Acabei de pensar nisso, Paul. Você deve ser um vidente – Melody piscou para ele e começou a correr os olhos pelo informativo.

*"A Bacia de Atchafalaya, localizada em St. Martin Parrish, é a maior área pantanosa do país e tem cerca de 2.500 quilômetros quadrados, com grandes extensões de árvores de madeira de lei, charcos, bayous e lagoas... A área central é o lar de ciprestes desfolhados que representam a "imagem de pântano" normalmente associada à Bacia de Atchalaya. A bacia atrai caçadores, amantes da pesca e de passeios de barco, bem como fotógrafos naturalistas."*

Leu a respeito das espécies selvagens nativas da região e surpreendeu-se ao saber que o urso-pardo e a águia de cabeça branca estavam incluídos nelas.

Melody ficou sabendo dos problemas que ameaçavam os pântanos: a extração de petróleo, as dragas e os aterramentos. Tudo parecia muito complicado, e cada caso tinha sempre dois lados.

Os *bayous* também estavam sendo muito afetados pela Mãe Natureza. Em suma, parecia que vários fatores causaram e ainda causavam danos a essa região tão importante para o mundo. Melody esperava que os *bayou* começassem a receber a atenção que mereciam. De repente, uma frase saltou aos seus olhos:

"*O* Bear Bayou *ou* Bayou des Ourses *continua intocado, não tendo sido profanado pelas empresas de petróleo ou pelos graves danos causados pelo furacão como outras partes da bacia*".

Ela sorriu ao pensar que um Poder Superior, com certeza, protegera aquele *bayou* em particular, sabendo que sua avó para lá retornaria.

Colocou o informativo na bolsa, para continuar a lê-lo mais tarde. Enquanto viajavam, seus olhos foram ficando cada vez mais cansados impedindo-a de prestar atenção a qualquer coisa no caminho.

Ao chegarem ao hotel, Melody deu um forte abraço em Paul, que retribuiu da mesma forma.

– Mais uma vez, obrigada por tudo. Espero que nos vejamos logo.

– Cuide-se, minha filha, e esqueça toda aquela baboseira que Marie falou. Ela é uma pessoa encantadora, mas acho que os anos estão começando a pesar.

– Não, correu tudo muito bem. Foi... diferente – ela respondeu com um sorriso.

Melody saiu da caminhonete e acenou, enquanto Paul desaparecia, dobrando a esquina.

O elegante *lobby* do hotel, com sua temperatura agradável, foi mais do que bem-vindo. Enquanto esperava pelo elevador, pensou sobre o comentário que Paul fizera sobre Marie. Em sua opinião, ela parecia estar em seu juízo perfeito, até mesmo normal. "*Quando não estava correndo nua do lado de fora da casa, cortando a cabeça de galos.*"

Riu muito ao pensar nisso. Agora que voltara ao hotel, sentia como se o tempo que passara no pântano tivesse sido uma experiência fora do corpo.

Quando entrou em seu quarto, teve a impressão de que pesava uma tonelada. Não tinha energia, nem mental nem física, para fazer nada além de tirar a roupa e cair na cama. A primeira coisa que teria de fazer ao acordar seria ligar para a companhia aérea e reservar seu voo de volta.

Quando virou de lado na cama, aconchegando-se em sua posição predileta, viu a bolsinha com ervas que a cartomante da loja de Vodu lhe dera. Quase dormindo, lembrou-se de que ela previra que Melody estava prestes a desvendar um segredo oculto há muito tempo.

"*Duvido muito, mas vou descobrir se isso é verdade quando voltar à fazenda e der uma olhada no velho celeiro.*"

# Capítulo V

Quando Melody acordou, o sol surgia no horizonte. Do lado de fora, o mundo estava envolto em névoa, e as luzes do pátio pareciam vagalumes em meio a uma densa floresta. Provavelmente, seria mais um dia abrasador.

Após reservar um lugar no voo das 3 horas da tarde, Melody tomou um demorado banho e colocou roupas confortáveis, sem se preocupar com o cabelo ou a maquiagem; o calor e a alta umidade do lado de fora, de qualquer forma, arruinariam sua aparência.

Aventurando-se a sair mais uma vez, esperava fazer, pelo menos, uma refeição no histórico restaurante do hotel, mas este, infelizmente, ainda não estava aberto. Resolveu, então, ir mais uma vez ao Bairro Francês. Queria deixar-se envolver pela atmosfera do lugar e esquecer-se de tudo, pelo menos por um pouco.

Ao se aproximavar do bistrô mais perto, foi envolvida pelo aroma de mel presente no ar. Ao entrar, o cheiro cálido e adoçicado dos bolinhos sortidos lutavam entre si, ao mesmo tempo que uniam forças para subjugar o aroma característico do café.

De posse de um grande café "simples" e duas *beignets* (não foi fácil escolher entre elas e os crepes), Melody saiu, procurando um lugar perfeito onde pudesse absorver as últimas impressões de Nova Orleans.

Encontrou um banco vazio, colocado em frente a uma loja, e ficou observando o tráfego, tanto de veículos quanto de pedestres, que aumentava a cada minuto.

Pensou se Samuel estaria com sua gaita na esquina da Bourbon com Orleans. O sorriso daquele homem tinha algo de especial.

Melody ainda estava surpresa de ele ter participado do ritual na casa de Mãe Marie. Ambos foram, para Melody, uma fonte de inspiração, tão seguros e autoconfiantes. Talvez isso viesse com a idade. É uma bênção poder viver sem se preocupar com o que os outros pensem; se alguma coisa é verdadeira e correta para eles, nada mais importa.

Depois de comer as *beignets* e pegar outro café no bistrô, caminhou pela multidão que aumentava a cada minuto.

Embora não conseguisse admitir isso a qualquer pessoa (pois ainda não atingira o estágio de não se preocupar com a opinião alheia), ela, na realidade, depois de ter transcendido a vergonha que sentira, a princípio, quanto à sua nudez, gostara do ritual na casa de Mãe Marie. Por mais incrível que parecesse, mesmo o sacrifício do galo não foi apavorante.

Mãe Marie havia explicado tudo com clareza, de uma forma que Melody pudesse compreender. Disse que a troca de energia era necessária, assim como os povos indígenas que agradecem antes de tirar uma vida para se alimentar. Ainda, semelhante às tradições dos povos nativos, todas as partes do animal foram usadas e prezadas; nada se perdera. Mãe Marie, em seguida, explicou que a troca de energia fora necessária para "criar uma reação catalisadora".

Embora Melody não tivesse certeza do quê, estava certa de que *algo* havia acontecido. Nunca, antes, se sentira tão fascinada e cheia de energia.

Achou que, talvez, conseguisse encontrar Samuel, mas não o viu em parte alguma.

Ao voltar para o hotel, Olívia a cumprimentou com a voz alegre e um sorriso resplandecente.

– Senhorita Bennet, como vai?

– Oi, Olívia. Vou embora esta manhã e queria agradecê-la de novo por sua ajuda.

– Não há de quê. O prazer foi todo meu. Acredito que tenha conseguido cuidar de tudo relacionado à sua avó, não?

– Sim, obrigada por perguntar. Está tudo certo.

– Bem, espero que volte logo. A senhorita não teve muito tempo para passear.

–Também, espero. Fiquei apaixonada pelo que consegui ver, mas você está certa... ainda há muito mais. Mais uma vez, obrigada.

Melody mal chegara ao quarto para preparar as malas quando o celular tocou. Ficou surpresa, pois ele não dava sinal de vida há dias. Ela nem ao menos verificou as mensagens desde que fora para os *bayou* e não tinha a mínima vontade de saber quem estava ligando para importuná-la.

– Melody, é a mamãe.

– Oi, mãe. Como vai?

– Bem, queria saber como *você* está. Você não retornou minhas ligações. Estávamos preocupados.

– Estou bem; só foi cansativo. O lugar onde a vovó queria ser levada fica em uma parte distante do pântano. E encontrei a tal senhora, aquela que vovó queria que abençoasse suas cinzas.

– É isso que sua avó realmente queria que ela fizesse?

– Sim. Parece que se conheceram quando a vovó era jovem. Ela, com certeza, ainda tinha uma ligação muito forte com essa região e acreditava... nesse tipo de coisa.

– Não consigo imaginar que minha mãe ainda acreditasse nessa maluquice, mesmo depois de tantos anos longe daí.

– Não me pareceu uma coisa assim tão absurda – o tom da mãe estava começando a irritá-la, mas, mesmo assim, Melody perguntou: – Ela alguma vez falou qualquer coisa sobre sua vida aqui? Sobre Vodu ou alguma coisa parecida?

– Nunca. Graças a Deus! – respondeu a mãe, mudando de assunto. – Quando você volta?

– Hoje à noite. Por quê?

– Queria que você desse uma olhada em uns papéis. Entramos em contato com uma imobiliária, há dois dias, para a venda da fazenda, e já temos um interessado. Não é ótimo?

Melody não podia acreditar. Sabia que a mãe era impaciente, impulsiva, mas aquilo já era demais.

– Você fez O QUÊ? Por que não me esperou voltar? – podia imaginar a mãe do outro lado da linha, erguendo os olhos, incomodada, sem querer dar satisfação para ninguém, principalmente para a filha.

– A gente só queria adiantar as coisas. Eric disse...

– Mãe! Eric não tem que se meter nisso! – Melody tentou se recompor. – Olha. Desculpe por ter gritado, mas, por favor, ligue para a imobiliária e peça para esperar.

– Mas, já assinamos um contrato com a imobiliária. Além disso, Eric disse que talvez uma proposta seja feita ainda hoje.

– Mãe, por favor, ligue para eles e diga que mudou de ideia e não está mais interessada na venda. Eu resolvo a quebra de contrato quando voltar.

– Mas, Melody...

– De uma vez por todas, estou pedindo para respeitar minha vontade.

Annie percebeu o tom de acusação na voz de Melody e ficou irritada, elevando ela também o tom de voz.

– Melody, eu *sempre*...

Ao perceber que tinha dado início a uma discussão que não queria levar a cabo naquele momento, Melody recuou.

– Desculpe, não foi isso que quis dizer. Estou muito cansada. Volto hoje à noite e conversamos pela manhã. Apenas por hoje, deixe o negócio em aberto, por favor, e não aceite nenhuma oferta, certo?

Também queria pedir que Eric, o novo marido de sua mãe, ficasse fora disso, mas se conteve.

– Preciso desligar. Estava fazendo as malas e preciso me aprontar.

– Tudo bem, Melody. Ligue quando chegar. Um de nós vai buscá-la.

– Agradeço, mas, para falar a verdade, eu gostaria de ir até a fazenda hoje à noite, acho que vou pegar um táxi – agora desejava ter deixado o carro no aeroporto, em vez de ter aceitado a carona da mãe, que apenas se ofereceu para levá-la até lá para tentar descobrir se Melody sabia mais do que ela sobre os últimos desejos de Giselle.

– Um táxi? Do aeroporto até a fazenda? Isso vai custar uma fortuna, Melody!

– Mãe...

– Já sei, já sei. Você já está crescida, você decide. – O tom de voz de Annie tinha o tradicional sarcasmo que usava quando se sentia de mãos atadas ou queria que alguém se sentisse culpado. Ela era o protótipo da boa católica, com táticas de culpa e tudo o mais. Melody conhecia bem essa artimanha e se manteve firme.

– Claro que já estou crescida. Posso tomar conta de mim, mas, mesmo assim, obrigada.

– Muito bem. Ligue de manhã e me diga como *você* quer fazer – Annie enfatizou o "você" para deixar claro que Melody havia ultrapassado o limite e desligou.

Melody sabia que a mãe se ofendia com facilidade. Agia como criança sempre querendo que tudo fosse feito do seu jeito, bancando a mártir quando não conseguia o que queria, mas ela estava aprendendo a não se deixar influenciar por suas manipulações infantis.

Apesar de Eric não ser uma das pessoas de quem mais gostasse, Melody era grata por ele estar perto de Annie. Desde que se casaram, dois anos atrás, as ligações dramáticas de Annie foram, aos poucos, diminuindo. Eric deu a Annie a atenção que ela tão desesperadamente procurava, o que foi um grande alívio para Melody. Além disso, ele realmente parecia se importar com Annie, de forma que Melody guardou sua opinião sobre ele para si mesma.

Após a morte do pai de Melody, Annie entrou em depressão profunda; foram necessários anos de terapia e medicação para tirá-la daquele estado. O fato de Eric ser farmacêutico era uma vantagem que Melody realmente apreciava, já que ele conseguia controlar a tendência de Annie de ser descuidada quanto aos remédios.

Os pensamentos de Melody voltaram-se para o pai.

John Bennet fora o pai mais amoroso que uma filha poderia ter tido. Melody nunca o vira contrariado e ele sempre tinha um sorriso para ela. Fora ele quem escolhera o nome da filha e contava a todos que, assim que pousou os olhos nela, ouviu uma melodia angelical, que fizera seu coração pulsar.

Giselle amava John como um filho. Quando ele morreu inesperadamente de um enfarto fulminante, todos ficaram abalados, inclusive Annie, que se apoiava no marido como uma criança se apoia nos pais. Melody se perguntava se a mãe algum dia aprenderia a tomar conta de si mesma, ainda mais agora que encontrara outro homem que satisfazia todos os seus caprichos.

Ela terminou de fazer as malas e ligou para a recepção para reservar um táxi. Como ainda teria de esperar por uma hora, decidiu sair uma última vez.

Àquela hora as ruas estavam repletas e a temperatura em torno dos 35 graus. Com o suor já cobrindo o rosto, procurou algum lugar para comprar um refrigerante. Ao ver uma banca de rua em uma esquina, caminhou direto até ela, reconsiderando se fazer um passeio seria, de fato, uma boa ideia.

Quando se aproximou, a pessoa que tomava conta da banca estava de costas.

– Com licença, senhor.

Ele virou-se, com uma embalagem de refrigerantes nas mãos, pronta para ser colocada na geladeira.

– Sim, senhorita, o que deseja?

Quando seus olhos se encontraram, as pernas de Melody estremeceram e seu coração parou. Era o mesmo homem que tinha visto na varanda do Velho Paul há alguns dias! Ele olhou para Melody com sarcasmo.

– Ora, vejam só... Olá, senhorita Bennet!

*"Ele sabe meu nome!"* Melody deu um passo para trás, chocou-se com um grupo de pessoas, perdeu o equilíbrio e caiu.

O homem saiu de trás da banca e caminhou em direção a ela. Visto do chão, ele parecia gigantesco... ameaçador. Ela queria gritar, mas a voz e o corpo estavam paralisados.

– Se for esperta, vai me devolver o livro.

– Não sei do que você está falando!

Ele cuspiu no chão, bem ao lado dela, e voltou para trás da banca. Melody, com dificuldade, levantou-se, tentando ignorar o olhar das pessoas ao redor. Afastou-se tão rápida e calmamente quanto possível, mas estava confusa, sem saber o que fazer. Seria melhor ignorar o que tinha acontecido? Voltar e enfrentá-lo? Procurar a polícia, já que era a segunda vez que ele a ameaçava?

De repente, teve uma ideia. Começou a andar, movida pelo instinto, e antes que seu bom senso pudesse protestar, dirigiu-se rapidamente à loja de Vodu.

Melody, ora andava a passos rápidos, ora corria; feliz por estar usando roupas confortáveis. Tinha certeza de que parecia apavorada, o suor escorria pelo rosto e pelo pescoço, encharcando a camiseta. Quando chegou, a loja estava abrindo, e Stephanie, a jovem que encontrara antes, a deixou entrar.

– Oi, queria saber se Madame... não consigo me lembrar do nome, mas ela leu o Tarô para mim alguns dias atrás. Ela está? – Falou, Melody, de um fôlego só.

– Desculpe, mas ela só vem à tarde. Tem alguma coisa em que posso ajudá-la?

– Eu gostaria... queria saber... – De súbito, sentiu-se envergonhada demais para continuar.

– Sim, diga – com delicadeza, a jovem a incentivou a prosseguir.

– Queria saber se ela poderia preparar alguma coisa para... proteção, e algo para me ajudar a enxergar a verdade das coisas... os segredos.

– Por favor, sente-se e me conte o que está acontecendo.

Melody sentou-se, então, em uma das duas cadeiras próximas ao balcão e, sem dar muitos detalhes, contou à jovem sobre a morte de Giselle, sobre as conversas a respeito de um livro misterioso e sobre o homem que já a ameaçara duas vezes.

A jovem dava a impressão de não estar nem um pouco impressionada com a história.

– Posso ajudá-la a ter clareza e proteção, mas não há muito que possa dizer sobre o livro. O que sei é que muitos de nós dentro da comunidade Vodu da Louisiana já ouvimos falar que esse livro secreto existe e que contém magia poderosa. Mas isso se tornou uma lenda; quase um mexerico. Pode ser que Madame saiba mais a respeito. Se quiser, peço para ela ligar para você à tarde, quando chegar.

– A essa altura, já estarei no avião. Posso deixar meus telefones? Agradeceria se ela pudesse me ligar.

Enquanto Melody escrevia seus números de telefone, Stephanie entrou no cômodo dos fundos. Voltou após alguns minutos, trazendo uma bolsinha de couro; abriu-a e a entregou para Melody. Tirou duas longas velas da prateleira, uma preta, outra branca, e colocou-as na bolsinha. Em seguida, pegou um pequeno frasco de óleo, um recipiente com uma espécie de pó e um cartão de visita.

Olhando no fundo dos olhos de Melody, deu-lhe instruções, um tanto quanto sinistras, sobre o que fazer.

– Quando chegar em casa, desenhe uma linha diante de cada uma das portas ou um círculo ao redor da casa com esse pó de incenso de sangue-de-dragão. – disse, segurando o vidro com pó vermelho.

Melody estava prestes a perguntar o que era sangue-de-dragão, mas se conteve. Fazer perguntas sobre essas coisas só levava a mais perguntas. Agora só queria que lhe dissessem o que fazer, portanto, restringiu-se a escutar com atenção.

– Em seguida, enfie quatro facas no chão, uma em cada ponto cardeal, para desviar os ventos que podem levar seus inimigos até você. Acenda as duas velas ao mesmo tempo. Acenda a preta ao contrário e, ao fazer isso, pense que toda a energia negativa está sendo levada embora e absorvida pela Mãe Terra, onde será neutralizada e transmutada. Acenda a vela branca normalmente, pedindo a Exu para lhe abrir as portas da clareza. Coloque um copo de água entre as duas velas e deixe-as queimarem, perto da bolsinha de patuá, a bolsinha *gris-gris*, que pegou no outro dia. Quando as velas se apagarem, leve o resto de cera e algumas oferendas para Exu até uma encruzilhada. Exu... – fez uma pausa de efeito para enfatizar o poder da entidade – ... é um Orixá muito poderoso. Ele a protegerá e lhe dará clareza. As oferendas para Exu normalmente são bananas verdes, coco, inhame, bebidas fortes, além de charutos. Todas as cerimônias começam com uma oferenda para Exu.

– Ah, sim. Participei de uma cerimônia duas noites atrás e a mulher falou sobre Exu... e as encruzilhadas.

A jovem ergueu as sobrancelhas bem de leve, surpresa de uma aprendiz já ter participado de uma cerimônia.

– Após o ritual, seu amuleto de proteção estará pronto. Use-o ao redor do pescoço e sempre que sentir que precisa de ajuda esfregueo três vezes. Três é o número associado a Exu. Em seguida, diga sua palavra de poder: Lalupo. Fale com firmeza; é o poder da intenção e a urgência de seu chamado que trarão Exu.

Melody anotava tudo; a jovem colocou a mão sobre seu ombro e disse:

– Não se preocupe em escrever tudo. Antes de começar, sente-se em um lugar tranquilo e respire devagar. Relaxe a mente consciente e medite por alguns minutos. A verdadeira magia está no coração e não num pedaço de papel. Lembre-se: você ajuda a criar sua própria realidade; a chave é a intenção.

Melody mostrou que compreendera e, enquanto pagava, agradeceu Stephanie repetidas vezes por sua ajuda. Antes de ir embora, a jovem contornou o balcão e a abraçou, o que deixou Melody muito surpresa e emocionada.

– Lembre-se de que o segredo está no coração. É assim que você se conecta à energia do Criador. Sei que tudo é muito novo para você... as expressões que usamos e o modo diferente de vermos as coisas. Tente acreditar que seu caminho está se revelando como previsto. Deixe o ritmo da natureza guiá-la. Preste atenção à Lua. Qualquer coisa que deseje que prospere deve ser iniciada na Lua Cheia. A libertação e desprendimento daquilo que nos amarra deve ser feito na Lua Minguante. A Lua Nova é um período de escuridão, propício para o rejuvenescimento e o descanso.

Melody agradeceu-a mais uma vez e saiu correndo da loja, apertando a bolsinha. Pegou um caminho diferente para voltar ao hotel, não queria se arriscar a encontrar aquele homem de novo.

Ao perceber que horas eram, apertou o passo. *"Droga! O tempo aqui, realmente, tem outro ritmo!"* Já eram 10h45 da manhã e ela ainda tinha de pegar a bagagem e pagar a conta.

Ao chegar ao hotel, paraticamente correu até a recepção, pedindo a Olívia que fechasse sua conta. Olívia, calma e tranquilamente como sempre, disse a ela que não se preocupasse.

Melody dirigiu-se depressa a seu quarto, passou uma toalha úmida no rosto e pescoço e tentou ficar apresentável. Sabia que não podia, nem por um instante, se sentar para descansar; correra desde o limite norte do Bairro Francês até o hotel e sabia que, se parasse para relaxar, não ia querer mais se levantar. Quando voltou à recepção, Olívia já havia preparado toda a papelada e providenciado o transporte para o aeroporto.

– Nossa, Olívia, não sei o que teria feito sem sua ajuda. Com certeza, vou escrever ao gerente contando como você foi maravilhosa.

Olívia enrubesceu.

– *Eu* que agradeço, senhorita Bennet. O prazer foi todo meu.

Olívia olhou para a entrada e fez um sinal. Melody virou-se e ficou feliz ao ver James, o jovem que a levara até os *bayou*, entrando para pegar sua bagagem.

Melody entrou na *van* e recostou-se, saboreando o delicioso café com aroma de chicória que pegara, rapidamente, no *lobby*. Estava ansiosa para voltar à Carolina do Norte. A porta para o instigante segredo de sua avó estava entreaberta e Melody estava pronta para abri-la um pouco mais até, quem sabe, conseguir abri-la por completo.

Após a partida da *van,* Olívia abriu o registro de hóspedes e copiou o endereço e números de telefone de Melody Bennet em um bloco de notas. Então, destacou a folha do registro, dobrou-a com cuidado, colocando-a no bolso do uniforme.

# Capítulo VI

Já era fim de tarde quando Melody pegou sua bagagem e deixou o aeroporto internacional de Raleigh-Durham. A diferença entre o ar dali e o de Nova Orleans era palpável; apesar de também quente e úmido, o ar era, ao menos, leve o suficiente para se respirar.

Em vez de ir direto para a fazenda, achou melhor tomar um táxi até seu apartamento para pegar algumas coisas e ir com seu carro para lá.

Com tantos táxis de prontidão, não foi difícil para Melody pegar um, e em poucos minutos já estava distante do tráfego intenso da hora do *rush*, seguindo a leste pela estrada I-40.

Em menos de uma hora, o táxi parou em frente ao prédio de Melody, e, após pagar pela corrida, ela entrou em casa, sabendo exatamente o que queria levar. Ainda teria de enfrentar os motoristas que saíam do trabalho e dirigiam-se para Clayton e Smithfield, e queria chegar à fazenda antes do anoitecer.

Pegou algumas roupas e colocou-as em uma sacola de supermercado, sem tempo, ou paciência, para desfazer a pequena mala de viagem e usá-la novamente. Tinha tudo de que precisava na mochila, inclusive os itens para o ritual de proteção.

Ao deixar a cidade para trás, edifícios de escritórios e condomínios cediam espaço a pinheiros e campos de tabaco e algodão. Essa paisagem sempre a fascinava e fazia entender por que a avó se apaixonara por essa região, apesar de ela não possuir a força visceral dos *bayou*.

Era possível ver os raros pastos, com vacas e cavalos, entre as plantações. As casas se tornavam cada vez mais esparsas: desde *trailers* em péssimas condições até imponentes residências, que datavam de antes da guerra civil, cujas entradas eram ladeadas por enormes carvalhos e exibiam magníficas varandas.

Ao chegar ao longo caminho que levava à fazenda, Melody sentiu como se tivesse levado um tapa no rosto: uma placa azul e branca colocada na beira da estrada, na qual se lia "À venda", a encarava, ameaçadora. Sem hesitar, saiu do carro, arrancou a placa fincada no chão e jogou-a no porta-malas.

Ficou sentada por um instante, preparando-se para o que enfrentaria. A avó fora o coração e a alma da fazenda; sem seu sorriso ela não seria mais a mesma.

Ao se aproximar da casa, ficou surpresa ao ver Charlie, o capataz que trabalhara para seus avós por mais de duas décadas. Ele aproximou-se do carro, também admirado de vê-la. Melody percebeu que ele não estava bem, parecia perdido, mas, mesmo assim, sorriu para ela.

– Oi, Mel. Como está, meu amor?

Melody deu-lhe um abraço apertado, com os olhos cheios de lágrimas.

– Estou bem, Charlie. Não está sendo fácil... você sabe.

Ele concordou; uma única lágrima rolou de seus olhos, a qual logo secou.

– Sabe, por uns dias, fingi que sua avó tinha saído de férias, mas hoje... de manhã... realmente me dei conta de que ela não vai voltar.

– Eu entendo... acredite, sei bem o que quer dizer.

Melody sabia que Charlie amara Giselle; e ela também o sabia, mas era tão leal ao marido que, mesmo após a morte dele, não conseguia se imaginar com mais ninguém.

– O que vai acontecer com a fazenda, Mel?

– Tenho certeza de que você sabe que minha mãe chamou uma imobiliária e parece que já tem alguém interessado em comprá-la. Mas acho que consegui chegar a tempo de colocar um freio nas coisas. Vou ficar aqui por uns dias e tentar decidir se eu mesma vou comprá-la... se tiver condições, claro.

– Umas pessoas vieram aqui hoje. Estavam indo embora quando cheguei.

– Acho que são as pessoas de quem minha mãe falou. Mas não se preocupe, no que depender de mim, você não vai para lugar nenhum. Se eu comprar a fazenda, vou precisar de ajuda.

Charlie sorriu.

– Melody, já estou velho e tenho minha aposentadoria, não preciso do dinheiro. Mas sabe que amo você como se fosse minha neta e vou fazer tudo que puder para ajudar.

Melody lutou para controlar a voz embargada e as lágrimas que brotavam.

– Tenho certeza que sim, e muito obrigada. Sabe, de certa forma, gostaria que você tivesse se casado com minha avó, assim a fazenda seria sua e eu não teria medo de perder o único lugar que sempre considerei como lar.

Charlie nunca imaginou que Melody soubesse de seus sentimentos por Giselle.

– Sua avó era uma mulher encantadora, a mais encantadora de todas daqui. Eu a amei durante anos, sempre a distância, porque eu respeitava seu avô. Ele era um bom homem e me deu emprego quando ninguém quis; nunca me esqueci disso – ele engoliu em seco, lembrando-se de uma conversa que tivera com Giselle, anos antes, e que partira seu coração. – Quando ele morreu, sua avó deixou bem claro que não havia espaço para nenhum outro homem na vida dela, então eu respeitei seu desejo.

Entraram na casa e sentaram-se à mesa da cozinha.

– Charlie, posso fazer uma pergunta pessoal?

– Claro que sim, vá em frente.

– Você é um homem religioso? Quero dizer, você acredita em Deus?

– Com certeza. Quando você chega à minha idade, percebe que tem de haver um maestro conduzindo a orquestra. Por quê?

Sem saber como abordar o assunto de outra forma, Melody foi direta.

– Alguma vez minha avó conversou com você sobre um livro?

– Um livro? Que tipo de livro?

– Uma espécie de manuscrito, antigo. A mãe dela deve ter trazido o livro da Louisiana quando vieram para cá.

– Não me lembro de ter ouvido nada sobre esse livro.

– Não tem problema, já imaginava.

– Por que queria saber se eu acredito em Deus?

– Charlie, sei que parece absurdo, mas tudo indica que minha bisavó esteve, de alguma forma, envolvida com o Vodu enquanto morou na Louisiana e há boatos de um livro que acabou ficando com ela... e, quem sabe, com minha avó.

– Melody, sua avó era uma mulher boa e encantadora. Ela agora está perto de Deus e não tem nada que me convença do contrário.

– Também não tenho dúvida disso – a jovem respondeu com convicção. – Mas tantas coisas foram jogadas em cima de mim, tantas coisas que preciso aprender. Já sei que o Vodu e o Catolicismo têm muitas semelhanças entre si, por isso entendo como minha avó conseguia acreditar em ambos.

– Não sei nada desse negócio de Vodu, mas acho que você não devia se meter nisso. Não vá mexer com o Demônio e depois dizer para ele que só estava brincando.

Melody sabia que Charlie era membro da Igreja Batista do Sul e, apesar de amá-lo e respeitá-lo, também sabia que era inútil conversar com ele sobre esse assunto. Tendo crescido nessa região historicamente dominada pelos batistas do sul, Melody compreendia que o Catolicismo não era bem visto; rezar para santos era considerado idolatria. Giselle, com certeza, sabia disso e teve a sabedoria de, além da presença na missa em dias santos, não mostrar em que acreditava. Caso soubesse alguma coisa sobre esse livro, não havia ninguém em quem pudesse confiar.

– Não se preocupe, Charlie. Só estava curiosa. Charlie afagou a mão de Melody e encerrou a conversa.

– Volto de manhã para cuidar dos animais.

Melody foi até a varanda e observou Charlie caminhar em direção à sua caminhonete, notando o andar lento e a postura desleixada. Apesar de nunca tê-lo visto doente ou machucado, ficou imaginando quantos anos ele teria. Estava preocupada com o quanto a morte da avó poderia abalar a saúde *dele*. Até onde sabia, Charlie não tinha mais ninguém no mundo.

Lembrou-se de sua infância e de como Charlie parecia estar sempre por perto, presente em todas as comemorações de fim de ano e férias de verão. Ela aprendeu a amá-lo como se fosse parte da família e prometeu a si mesma que faria o possível para ficar com a fazenda, pelo bem de Charlie e de si mesma. A fazenda e Charlie agora faziam parte de seu propósito de vida.

Após as luzes da caminhonete desaparecerem pela entrada da fazenda, ela continuou do lado de fora da casa, ouvindo os sons da noite de verão. Havia um forte vento dando sinais de que uma tempestade se aproximava. Ela olhou para o céu e vislumbrou nuvens que passavam sobre a Lua, o que a fez lembrar do que Stephanie lhe dissera sobre as fases da Lua na loja de Vodu. A Lua Crescente nos ajuda a criar e a atrair o que queremos; a Minguante, a nos libertar.

Confusa, perguntou-se qual fase da Lua ajudava a ter clareza *e*, ao mesmo tempo, afastar a negatividade.

Lembrou-se, então, de Stephanie dizendo que ficasse tranquila e seguisse seu coração. Quando tentou acalmar os pensamentos e desligar-se de tudo, exceto de sua voz interior, a única coisa que conseguiu ouvir foi a serenata das cigarras. Cansada demais para concentrar-se, decidiu adiar o ritual até a noite seguinte.

Melody entrou na casa, o silêncio, agora, era aterrador. *"Será que toda vez que entrar nesta casa sentirei uma pontada no coração?"*

Subiu as escadas e foi até o quarto de hóspedes, que sempre considerou "seu". Apesar de ter cochilado durante duas horas no avião, estava exausta e adormeceu assim que colocou a cabeça no travesseiro.

Acordou ao raiar do dia, com a cacofonia de dezenas de corvos que perambulavam pelo chão, logo abaixo de sua janela. Sem dúvida, naquela manhã, centenas deles estavam visitando a fazenda após a chuva que se estendera por toda a noite. Antes de tomar banho e se vestir, foi até a cozinha, no andar de baixo, preparar o café, para que estivesse pronto quando Charlie chegasse para alimentar os animais.

Passou pelo quarto de seus avós e entrou sem fazer barulho, como se tivesse medo de acordar alguém, e sentou-se na beira da cama. O leve choro deu lugar a soluços profundos.

Melody puxou as cobertas e pousou a cabeça sobre o travesseiro branco de algodão. Na esperança de minimizar a dor, mesmo que por pouco tempo, inspirou o perfume da avó, sentindo-se, de novo, próxima a ela.

Lembrou-se de que, quando criança, tinha medo de raios e trovões e corria para a cama da avó nas noites de tempestade de verão. Há muito tempo não sentia mais esse medo; passara a apreciar as tempestades, pois elas a faziam recordar de quando ficava aconchegada à avó que tanto amava.

Levantou-se devagar e foi até a penteadeira e viu seus olhos vermelhos e inchados no espelho.

Todos os pertences de sua avó continuavam, ali, no mesmo lugar em que ela os deixara. Quando abriu um estojo de pó compacto, na esperança de disfarçar o inchaço de seus olhos, uma pequena chave caiu. Viu que ela ficara grudada ao espelho por um pequeno pedaço de fita adesiva. O que ela abriria? Os olhos de Melody examinaram o quarto, mas ela nada viu.

Como Charlie estava prestes a chegar, enfiou a chave no bolso do roupão.

Charlie já estava na cozinha, servindo-se de café, quando ela desceu.

– Bom dia. Dormiu bem? – Melody perguntou, dando-lhe um forte abraço.

Ele tentou sorrir, mas Melody percebeu que estava triste.

– É, dormi bem.

– Eu sei... – disse, sabendo que não havia como confortá-lo. – Foi estranho ficar aqui sozinha.

Melody serviu-se de uma xícara de café, e os dois, simplesmente, sentaram-se juntos à mesa da cozinha, em silêncio. Com certa relutância, Charlie levantou-se e colocou sua xícara na pia.

– É melhor eu dar uma olhada nos animais. Acho que eles sentem o que aconteceu, andam tão quietos.

Melody o observava, com um nó na garganta, e decidiu preparar para ele um café da manhã, no melhor estilo Giselle, pelos velhos tempos.

Pegou uma frigideira no armário ao lado do fogão, abriu a geladeira para pegar uns ovos, mas ela estava praticamente vazia; nem sinal de ovos. Ela teria que dar uma olhada no galinheiro.

Essa pequena caminhada mostrou como o dia seria quente. Quando ela entrou no galinheiro, as aves ficaram em alvoroço e, ao colocar as mãos em um ninho, com as galinhas grasnando e batendo as asas, Melody tocou algo que não era, de modo algum, um ovo. Um objeto metálico, uma argola, apareceu em meio ao feno. Ela tentou puxá-lo, mesmo assim não conseguiu. Retirou, então, todo o feno e encontrou uma pequena caixa de aço, com uma fechadura.

Seu coração batia forte, ansioso. Retirou a pequena caixa com cuidado e colocou o feno de volta. Após pegar alguns ovos, Melody voltou depressa para a casa.

Ela escondeu a caixa de aço na despensa e começou a preparar o café da manhã, mas estava difícil se concentrar depois do achado no galinheiro. Cozinhou ovos e salsicha, colocou-os em uma bandeja e tomou outra xícara de café antes de sair em direção ao campo.

Charlie estava consertando a peça de um equipamento e não percebeu quando ela se aproximou, e se assustou quando Melody o chamou.

– Nossa, não estava esperando você por aqui!

– Só vim trazer o café da manhã. Espero que esteja com fome.

– Não precisava se preocupar, Mel – disse, tentando sorrir. – Mas, muito obrigado.

Vendo que ele desfrutava do café da manhã, ficou mais tranquila; estava preocupada com sua saúde e não suportaria perdê-lo também.

Deixando-o só com seu trabalho, voltou ansiosa para a casa, pegou a caixa de aço e subiu as escadas, dois degraus de cada vez, para pegar a pequena chave no bolso do roupão.

Suas mãos tremiam tanto que não sabia se conseguiria segurar a chave. Prendeu a respiração para se acalmar e, quando escutou o som da fechadura se abrindo, seu coração bateu forte.

Mas o que encontrou não era exatamente o que esperava.

Em vez de um impressionante livro antigo, a caixa continha o que parecia ser um velho diário. Com cuidado, Melody o abriu e viu que pertencera à sua bisavó, Yvette. Ele datava de 1941. *"Por que minha avó o teria escondido?"*

Talvez ele desvendasse alguns dos mistérios que vieram à tona na Louisiana. Ao retirar o diário, ficou perplexa ao encontrar uma bolsinha de veludo colorida, que guardava um maravilhoso rosário, feito com preciosas gemas. Colocou o rosário na bolsinha e a deixou dentro da caixa, pelo menos por enquanto.

Deixou de lado os planos de ligar para a imobiliária e os outros compromissos que havia agendado para o dia.

Melody serviu-se de outra xícara de café, sentou-se confortavelmente no sofá e começou a ler o diário.

# Capítulo VII

As páginas do diário eram um tanto antigas, mas ainda estavam em bom estado, escritas de modo claro, apesar do tom um tanto infantil. A primeira passagem era de 12 de maio de 1941.

*Querido diário,*
*Enquanto escrevo, há uma terrível tempestade passando pela região. Espero que ela não venha acompanhada de nenhum furacão, pois estou sozinha com as crianças e seria muito difícil correr para um abrigo com os dois.*

*O tempo lá fora parece refletir o turbilhão da minha vida no momento. As pessoas estavam certas quando me alertaram para não me casar com Bertrand.*

*Acho que minha magia o manteve na linha por alguns anos – 13 anos, nada mal! – Louise Devereux me ajudou, mas fiz a maior parte do trabalho. Bertrand parecia ter mudado, era bom para mim e para as crianças. Sei que o pessoal que mora nos pântanos passou a me respeitar mais, porque fui poderosa o suficiente para refrear seu lado mal.*

*Bertrand é um* creole *e vem de uma família rica da cidade. Ele se mudou para os bayou para fugir da lei e nunca mais voltou para Nova Orleans. A maioria das pessoas daqui são* cajuns*, e a antiga rivalidade entre* creoles *e* cajuns *foi provavelmente o principal motivo de não gostarem dele.*

*Nenhum de nós sabia em que ele estava metido – ele era muito fechado –, mas eu não conseguia deixar de ficar olhando para ele a distância, quando ia pegar a rede de pesca de meu pai. Demorei um tempo para falar com ele, mas quando o fiz, foi impossível não me apaixonar. Ele era tão charmoso, tão experiente – e falava de um jeito diferente dos outros homens daqui.*

*Ele logo começou a dar sinais de que ficava feliz quando eu ia vê-lo. Quer saber um segredo? Eu fiz um trabalho para ele se apaixonar por mim.*

*Deu certo e pouco tempo depois nos casamos. Giselle logo nasceu, e nosso filho, três anos depois.*

*Tudo correu bem por vários anos, mas então ele começou a fazer parte de um grupo de paraticantes do Vodu do mal. Acho que alguns deles vinham do Haiti. Uma noite, fui até lá escondida e assisti a uma cerimônia. Bertrand estava nu e coberto de sangue, como todos os outros participantes, que se esfregavam uns contra os outros ao som dos tambores. Pareciam serpentes, contorcendo-se e esgueirando-se uns em torno dos outros; o suor se misturava ao sangue que, por causa do atrito, formava uma espuma sobre os corpos.*

*Alguns faziam sexo diante dos outros e tudo aquilo parecia macabro! Depois daquela noite passei a seguir Bertrand e os rituais eram sempre repugnantes. Não tenho a mínima ideia de quem são os Loas que invocavam e nunca tinha ouvido as palavras de poder que gritavam. Bertrand estava sempre em companhia de uma mulher de cor. Não sei seu nome, mas acho que tinha poder sobre os outros, pois parecia sempre conduzir os rituais. Acho que ela é do Haiti e talvez tenha feito um trabalho para atraí-lo, pois ele está sempre lá, e seus olhos fixos nela. Com certeza sua magia é muito forte – mais forte do que a minha. Sinto que ele está apaixonado por ela.*

*Para salvar meu casamento, preciso descobrir o que ela fez para ele.*
*Obrigada por me escutar. Com amor, Yvette.*

Então, foi assim que as coisas aconteceram! Se essa mulher do Haiti é a mesma que foi trabalhar para Bertrand depois que Yvette foi embora com os filhos, então eles já tinham um caso antes disso. Naquelas poucas linhas, Melody descobrira mais a respeito de sua bisavó do que em toda sua vida.

A segunda passagem datava de 15 de maio do mesmo ano, poucos dias após a primeira.

*Querido diário,*
*Obrigada por me ouvir, porque não tenho mais ninguém com quem falar.*

*Na noite passada, segui Bertrand de novo e ele foi até uma casa. Bem, se quer saber, parecia mais uma cabana! Quando ele chegou lá, aquela mulher de cor do Haiti veio até a varanda para recebê-lo e eles se beijaram. Ficaram se tocando e achei que fosse vomitar. Tive vontade de gritar, mas não queria que soubessem que eu estava lá.*

*Notei que todas as janelas estavam abertas e que havia luz dentro da casa. Escondi-me atrás de uma árvore e fiquei observando os dois na sala, conversando e rindo. Ela lhe ofereceu uma bebida e o levou para o quarto.*

*Bertrand parecia hipnotizado conforme ela o colocava na cama e arrancava suas roupas. Em seguida, ela amarrou as mãos e os pés dele nas bordas da cama.*

*Ele não reagiu. Na realidade, parecia estar excitado com aquilo tudo, pois seu membro continuou ereto e rígido como uma barra de aço quando ela saiu da cama e se despiu.*

*Pelo visto ela estava em transe, dançando ao som de uma música silenciosa, movendo os largos quadris e sacudindo a cabeça, oferecendo a ele uma visão completa de seu corpo nu.*

*Ela montou sobre ele, devagar, e tirou uma faca sob a cama; a lâmina brilhava à luz das velas. Achei que fosse matá-lo!*

*Estava com medo de que me vissem, então, me escondi atrás do arbusto debaixo da janela, tendo o cuidado de não pisar em nenhum galho seco que pudesse me delatar.*

*Ela fez um pequeno corte em seu próprio dedo anular esquerdo e no dele, e, então, uniu- os, misturando o sangue.*

*Fiquei observando os dois, pois achava que ela fosse, realmente, matá-lo; mas vê-los juntos daquele jeito partiu meu coração.*

*Bertrand estava enlouquecido, gritando enquanto ela cavalgava sobre ele. Ele não parava de repetir que ela era a melhor, que a amava – enquanto eu morria por dentro. Acho que o pior de tudo foi escutá-lo dizer que a amava.*

*Ele não parava de gritar, em êxtase, implorando para que ela soltasse suas mãos, mas ela apenas ria e jogava a cabeça para trás enquanto comandava o ato.*

*Quando ele chegou ao clímax, soltou um grito que ecoou por entre as árvores; e foi aí que fui embora, correndo.*

*No caminho de volta, tive de parar três vezes para vomitar. Nunca tinha me sentido tão mal. O que ela fez para ele? Por que minha magia não funciona mais?*

*Por favor, me ajude. Eu amo Bertrand e faria qualquer coisa para tê-lo de volta. Você pode me dar uma luz em meus sonhos? Com amor, Yvette.*

O coração de Melody sofria por Yvette. Ela não fugira com um amante rico como tinham pensado: *Ela* é que foi traída.

O telefone tocou e Melody, com relutância, levantou-se do sofá para atender.

– Tentei ligar pro seu apartamento, mas ninguém atendeu. Você, realmente, pegou um táxi até aí ontem à noite? – sua mãe não foi nem um pouco delicada, a voz tinha um tom ríspido.

– Não, primeiro fui para casa e, então, peguei o carro e vim para cá.

– Melody, temos de conversar sobre o contrato. A imobiliária ligou hoje de manhã e disse que não podemos rescindi-lo.

– Isso é uma puta bobagem. Qualquer contrato pode ser rescindido. Pode ser que tenhamos de pagar uma multa, mas pode ser rescindido.

– Preferia que você não usasse esse linguajar. Não foi assim que criei você.

Melody mordeu o lábio para não falar mais nada que pudesse deixar qualquer uma das duas ainda mais perturbadas.

– Desculpe, mãe. Deixa que eu ligo para imobiliária e cuido disso. Tenho o nome e o telefone.

– Você vai voltar pro seu apartamento hoje?

– Não. Vou ficar alguns dias aqui para descansar.

– Por quê? Você está doente?

– Não, só preciso de um tempo para tomar algumas decisões, principalmente sobre ficar com a fazenda.

Agora, a mãe dava a impressão de estar irritada.

– Essa decisão não cabe apenas a você, Melody. Como filha, também tenho meus direitos.

Melody retrucou.

– Você tem direito a metade do valor da venda. Se eu resolver comprá-la, vou pegar um empréstimo e dou metade do valor para você. Está bem, assim? Não parece justo?

Annie hesitou.

– Bem, não sei. Você sabe que não entendo muito dessas coisas. Preciso falar com Eric e ver o que ele diz.

– Bem, faça isso, mãe. Fale com o Eric e eu aviso o que resolvi. Tenho de desligar. Posso ligar mais tarde?

– Claro. E me conte o que a imobiliária diz disso.

Frustrada, Melody voltou ao sofá, concentrou-se novamente no diário, tentando afastar da mente a conversa com a mãe.

Melody tentou imaginar por que a avó mantivera o diário tão bem guardado. *"Será que vovô Henry sabia de tudo?"* E o belo rosário! Ambos devem ter sido muito importantes para a avó. Teria o rosário pertencido a Yvette? Será que Giselle escondera o diário por achar que fazia parte do passado obscuro da família? Não, com certeza, não. A infidelidade é triste e dolorosa, mas tão comum...

Será que a avó tinha rancor de Bertrand? Afinal, o que ele fez a tirou do *bayou* que tanto amava.

Havia tantas perguntas...

Lembrou-se do sonho que tivera na casa de Mãe Marie, no qual Giselle falara sobre o celeiro. Há muito tempo, Melody tinha deixado de dar ouvidos a sonhos, pressentimentos, intuições e coisas do gênero, mas houve uma época em que acreditava muito nisso. Decidiu, então, dar mais uma chance a eles e dar ouvidos à mensagem da avó.

Eram apenas dez da manhã, mas o termômetro já marcava quase 30 graus.

Melody observou Charlie ainda consertando o mesmo equipamento do dia anterior e ficou feliz por ele não a ter visto. Rapidamente, contornou o fundo da casa e dirigiu-se até o celeiro.

Apertando os olhos até que se acostumassem à escuridão, logo viu engradados cheios de sementes e todo tipo de ferramentas. Melody não conseguia identificar nenhum lugar que pudesse servir de esconderijo, mas a construção era bem grande. O que buscava poderia estar em qualquer lugar. Aliás, nem sabia ao certo o que procurava.

A umidade do ar era sufocante; o passar do tempo com certeza teria destruído qualquer coisa de papel, mas, preferindo acreditar que seu sonho era, de fato, uma mensagem, Melody decidiu vasculhar cada canto do celeiro.

Nem o calor nem as incontáveis aranhas a detiveram. Examinou a construção de ponta a ponta, pelo que lhe pareceu uma eternidade. Seu coração quase parou quando tocou o que parecia ser um livro atrás de uma pilha de velhas caixas de papelão; mas era apenas o manual de instruções do cortador de grama. Frustrada e coberta de suor, Melody desistiu da busca.

Amaldiçoou seu excesso de imaginação e tirou a poeira do corpo. Ao sair do celeiro, Charlie olhava em sua direção, perplexo. Ela apenas acenou e correu para dentro da casa.

Melody sabia que precisava examinar as coisas da avó e decidir o que fazer com elas, mas não conseguiria, pelo menos por enquanto. Não estava pronta para virar essa página. Enquanto as coisas da avó permanecessem intocadas, era como se parte dela ainda estivesse ali.

Voltar ao diário era uma boa desculpa para adiar essa tarefa e todas as outras que tinha pela frente. Melody, então, aninhou-se no sofá e retomou a leitura, curiosa por saber o que levara Yvette à Carolina do Norte.

A passagem seguinte datava de 17 de maio, exatos dois dias depois de Yvette ter visto seu marido com a haitiana.

*Querido diário!*
*Hoje, Bertrand estava muito bem-humorado! Assoviava pela casa e até levou as crianças para fazer compras. Elas voltaram muito animadas, há tempos não se divertiam tanto com o pai. Quando perguntei o que tinha acontecido com seu dedo, ele respondeu que tinha ficado preso em uma rede de pesca. Que mentiroso!*
*Não consigo tirar aquelas imagens da cabeça. Elas ficam rodando e rodando, e não consigo parar de chorar.*
*Não sei o que fazer; não quero perder Bertrand. Talvez eu tente fazer outro trabalho hoje. Pode ser que eu vá até a casa de Louise Devereux, ela conhece magia negra... talvez ela saiba como me livrar daquela mulher para sempre. Eu tentei, mas não consegui. Acho que a magia dela é forte demais para eu enfrentar sozinha e eu nem sei seu nome. Aquela mulher horrível! Acho que, quando ela misturou o sangue do dedo anular dele com o dela, estava tentando enfeitiçá-lo, mas ele está casado comigo, então de que adiantaria?*
*Acho que Giselle sabe que alguma coisa está errada, porque hoje eu a peguei olhando para mim várias vezes. Parecia triste. Será que devo falar com ela? Mas ela é só uma criança; não entenderia.*
*Bertrand está agindo como se o mundo fosse um lugar maravilhoso, cor-de-rosa. Acho que está tão deslumbrado que nem percebeu meus olhos inchados de tanto chorar.*
*Ele disse que hoje à noite tem de sair para lançar mais redes de pesca. Pois há um grande restaurante na cidade que está procurando um pescador que possa fornecer todo o peixe de que precisa. Fico imaginando se ele vai mesmo pescar ou se vai encontrar de novo aquela desgraçada. Conto para você assim que descobrir. Com amor, Yvette.*

Melody podia sentir a dor de Yvette. Ela também tinha sido traída e sabia, por experiência própria, o quanto isso poderia ser devastador. Por sorte nem se casara nem tivera filhos, quando descobriu que as viagens de negócios de seu noivo eram, na realidade, uma desculpa para encontrar-se com outra mulher.

Quando um amigo lhe contou que tinha visto seu noivo em um jantar romântico com uma loira em um pequeno restaurante francês perto de Raleigh, ela rompeu o noivado na mesma hora. À época, supunha que ele estivesse em uma reunião com um cliente gordo e careca em Boston.

Pela primeira vez, Melody se deu conta de que ela e Giselle tinham praticamente a mesma idade quando perderam o pai. Melody gostaria de saber como a avó se sentia em relação a Bertrand. Será que o achava um bom pai e sentiu sua falta quando foram embora da Louisiana? Será que, naquela época, já sabia o que estava acontecendo ou só veio a tomar conhecimento depois de ler o diário?

Começou a ler a próxima passagem, escrita em 20 de maio.

*Querido diário,*

*Desculpe por ter desaparecido por esses dias, mas não tenho me sentindo bem. Nos últimos três dias, Bertrand ficou em casa e parecia bem, até ontem.*

*Hoje, está agindo como um animal enjaulado. Não para de ir e vir da casa para a varanda e está ríspido com as crianças.*

*Não sei o que há de errado comigo. Será que aquela mulher lançou uma maldição sobre mim? Acendi uma vela preta e agora me sinto um pouco melhor.*

*Acho que Bertrand vai sair hoje à noite outra vez. Perguntou várias vezes se vou ficar bem sem ele e parece cada vez mais frustrado.*

*Disse que, mais tarde, iria até o armazém pegar um remédio para meu estômago. Mas eles fecham às 7 horas e já são 6h30, então ele, com certeza, não vai.*

*Também disse que seus amigos haitianos vão se reunir hoje à noite para fazer um ritual de cura para o primo de um deles e que é provável que ele participe.*

*Claro que sei que não é verdade, mas o que posso fazer para impedi-lo? Se me sentir melhor, vou segui-lo de novo. Pelo menos já sei onde fica a casa. Yvette.*

*21 de maio de 1941*
*Querido diário,*
*Só estou escrevendo hoje de manhã porque estava chateada demais ontem à noite para fazer qualquer coisa. Depois que Bertrand saiu, dei de comer às crianças e disse para ficarem dentro de casa e não saírem de jeito nenhum.*

*Fui direto para a casa da mulher e, quando cheguei, Bertrand já estava lá. Ainda não tinha escurecido, então, escondi-me atrás dos arbustos perto da casa até que a noite caísse e pudesse me dar cobertura.*

*Quando pude, enfim, me aproximar para olhar, os dois estavam dentro da casa. Ela estava na cozinha, filtrando alguma coisa com uma gaze. Bertrand estava na sala, esparramado no sofá. Depois de alguns minutos, a mulher entrou na sala e lhe deu uma garrafa. Ela o beijou e disse que em pouco tempo estariam juntos. Ó, meu Deus, estão planejando me matar?*

*Também a ouvi dizer que gostaria de conhecer Giselle, conversar sobre sua iniciação. Não sei o que ela quis dizer com isso, mas o que sei é que ela NÃO vai colocar as mãos sobre a minha filhinha.*

*Bertrand levantou-se, colocou a garrafa no bolso e disse a ela para que se apressasse com o ritual, porque ele estava muito excitado. Ela pediu que ele tivesse paciência, o Vodu estava em primeiro lugar. Ela abriu um livro com capa de couro e examinou algumas páginas. Apontou, então, para alguma coisa em uma página e Bertrand assentiu.*

*Será que aquele era seu livro de magia?*

*Se for, tenho que tirá-lo dela para poder preparar alguma magia poderosa para Bertrand, tão poderosa quanto a dela. Vou ver o que consigo fazer.*

*Ela acendeu umas velas e preparou-se para entrar em transe. Depois disso, pegou uma boneca de madeira em forma de mulher e grudou alguma coisa nela que parecia ser meu cabelo. Eu a vi jogar o que parecia ser terra de cemitério sobre a boneca. Em seguida, proferiu algumas palavras que não consegui entender e enrolou tudo em um pedaço de saco de batatas, tingido de preto.*

*A haitiana disse que, se o remédio não funcionasse, aquilo com certeza funcionaria e, então, colocou o pacote perto de uma das velas sobre a mesa de centro. Disse a Bertrand que o levasse para casa e enterrasse no jardim, e, assim, tive certeza de que o trabalho era para mim. Ela explicou que eu teria de pisar sobre o pacote várias vezes, portanto Bertrand deveria enterrá-lo perto da porta de entrada.*

*Enquanto a vela queimava, eles foram comer na cozinha. Esperei até que saíssem da sala, entrei pela janela aberta, peguei a boneca, apaguei a vela e fui embora o mais rápido possível. Primeiro, arranquei todos os fios do meu cabelo que estavam na boneca, depois raspei meu nome de suas costas e, por fim, joguei-a na água, tão longe quanto possível.*

*Quando Bertrand e a mulher voltaram à sala, ela ficou estática e disse que os espíritos haviam levado a boneca e apagado a vela. Achou que aquilo não era um bom presságio e disse que teria de esperar alguns dias antes de fazer o ritual de novo. Falou alguma coisa sobre a energia dos gêmeos ser mais poderosa do que ela imaginava. Ele contou para ela! Sempre soube que ele acreditava naquilo muito mais do que demonstrava.*

Bertrand disse que não havia pressa e então agarrou um de seus seios. Ela pediu que ele fosse para o quarto e esperasse por ela e ele obedeceu. Ela pegou o livro antigo e colocou-o em uma parateleira da sala.

Escutei, enfim, Bertrand chamá-la, do quarto, pelo nome: Helena. Acho que o filho da mãe não aguentava mais esperar. Bem, agora tenho algo com o que trabalhar.

Ela foi até o quarto e pude escutá-los gemendo e gritando. Bertrand disse, várias vezes, que não via a hora de estarem juntos para sempre.

Eu não queria ouvir mais nada. Fui embora e vim direto para casa para tomar um banho de ervas. Coloquei também um ovo na banheira, tomando todo o cuidado para não quebrá-lo. Após o banho, enterrei o ovo lá fora, mas acho que esse trabalho pede um sacrifício animal. Mais tarde vou até a casa de Louise para ver se ela pode me ajudar.

Ontem à noite, quando chegou em casa, Bertrand me acordou para dizer que seus amigos queriam me ajudar a ficar bem e mandaram um remédio haitiano especial. Ele me mostrou a garrafa que eu o vira colocar no bolso e respondi que iria tomá-lo dali a pouco. Levantei-me e fui até o banheiro, do lado de fora da casa, levando a garrafa comigo. Despejei seu conteúdo no ralo e, em seguida, joguei um balde de água por cima. Logo depois, voltei para dentro e lhe disse para agradecer aos amigos.

Hoje ele não tirou os olhos de mim, como se esperasse ver os efeitos da poção que me deu. Fingi que estava doente, de forma que ele não desconfiasse de nada.

Quando ele finalmente saiu, fui até a casa de Louise. A irmã dela pediu que eu voltasse amanhã e levasse alguma coisa das crianças para ela fazer um trabalho para proteger a todos nós.

Ele deve voltar logo, preciso ir. Com amor, Yvette.

Enquanto lia, os olhos de Melody ficavam mais e mais pesados. Ela colocou o diário sobre o peito para descansar um pouco, mas caiu em um sono profundo, quase hipnótico. Seus sonhos foram caóticos e ameaçadores, repletos de imagens de uma negra acendendo velas enquanto entoava estranhas palavras em uma língua que Melody desconhecia.

Ao acordar, o sol do meio-dia não mais entrava pelas janelas da sala. Levantou-se de um salto e foi até a cozinha para ver as horas. O relógio marcava 4 horas. Não podia acreditar que dormira por mais de duas horas.

Sentiu-se mal por não ter preparado o almoço para Charlie e perguntou-se se ele teria entrado e visto que ela cochilava enquanto ele trabalhava sob o sol tórrido. Preparava, com pressa, um grande copo de chá gelado para ele, quando ouviu um forte barulho do lado de fora. Achou que fosse Charlie, mas ao olhar pela janela da cozinha viu que a caminhonete dele não estava mais lá.

Ao voltar as costas para a janela, teve a impressão de ver duas sombras fugidias desaparecem atrás do celeiro. Ficou totalmente arrepiada e, sem pestanejar, trancou tanto a porta da frente como a dos fundos.

Melody correu por todos os cômodos da casa, certificando-se de que todas as janelas estavam trancadas. Voltou, pé ante pé, até a janela da cozinha e, por trás da cortina, olhou para fora, em direção ao celeiro.

Talvez sua mente estivesse lhe pregando peças. Acabara de acordar de um sono profundo, com sonhos absurdos. Desde que o homem a ameaçara na varanda de Paul, seus nervos estavam em frangalhos e encontrá-lo em Nova Orleans só a fez sentir-se ainda pior.

Muitas coisas tinham acontecido... *"talvez eu esteja mais tensa do que imaginava"*. De repente, o rosto do vendedor de refrigerantes apareceu em sua mente e ela sentiu um calafrio.

Recostou-se contra o balcão da cozinha e tentou se acalmar. Assegurou a si mesma que ele não teria como encontrá-la ali. O número do telefone da avó não constava da lista e o único número de contato que deixara na Louisiana foi o de seu apartamento no norte de Raleigh.

Ligou a televisão, tentando relaxar, mas não encontrou nada que atraísse sua atenção.

Pelo menos suas mãos tinham, por fim, parado de tremer. Convenceu-se de que tudo não passara de imaginação e continuou a ler o diário.

*30 de maio de 1941*

*Querido diário,*

*As coisas vão de mal a pior. Bertrand sai todas as noites e, mesmo tendo tirado todo o meu cabelo da boneca antes de ser completamente magnetizado pela vela, jogar fora a boneca, ainda não me sinto bem. Fui ver Louise Devereux. Ela passou um galo preto pelo meu corpo e o ofereceu em sacrifício a Obaluaiê, entoando sua palavra de poder, "atoto", sem parar. Ofereceu-lhe bebida forte, coco e acendeu uma vela de sete dias para ele.*

*Antes de eu ir embora, ela me disse para repetir a palavra de poder de Obaluaiê nove vezes sempre que não me sentir bem. Também falou para que eu procure um trabalho para sofrimento embaixo do meu colchão: três agulhas amarradas com uma linha preta em forma de uma cruz de seis braços. Tão certo quanto meu nome é Yvette, ao chegar em casa, olhei embaixo do colchão e, no lado onde eu dormia, encontrei o trabalho para sofrimento. Embrulhei-o com cuidado, atenta para não me deixar picar pelas agulhas, e voltei para a casa de Louise.*

*Ela disse que cuidaria daquilo e paguei-lhe o quanto podia; darei mais dinheiro assim que conseguir economizar, mas, de qualquer forma, Louise não está preocupada com isso. Ela pratica a magia porque é uma autêntica voduísta para cura, e não pelo lucro.*

*Parece que Marie, sua irmã, e Giselle acabaram ficando próximas. Marie tem por volta da idade de minha filha e está aprendendo com a irmã mais velha. Algum dia, as duas irmãs formarão uma dupla muito poderosa.*

*Louise sabe muito mais do que eu. Gostaria de poder ir à sua casa para aprender o que ela sabe, mas, com dois filhos e um marido ausente, não tenho tempo de fazer as coisas de que gosto.*

*Aliás, fui à casa de Helena algumas vezes e me escondi atrás dos arbustos para descobrir quando ela costumava estar fora. Talvez, algum dia desses, eu vá até lá para tentar pegar o livro. Espero que ela deixe as janelas abertas quando eu for pegá-lo, assim será mais fácil entrar sem que ninguém perceba.*

*Todas as vezes que fui até lá, ela saiu perto do meio-dia e voltou em torno das 8 da noite. Claro que não pude ficar lá todo esse tempo, mas prestava atenção no carro estacionado do lado de fora. Era assim que eu sabia se ela estava em casa ou não.*

*Fico me perguntando o que ela faz durante o dia. Acho que trabalha na cidade. Quando for até lá pegar o livro, vou dar uma olhada na casa. Talvez eu descubra alguma coisa a seu respeito. Ah, já ia me esquecendo, ela tem um filho. Ele parece novinho, em torno de 2 anos. Ela o leva quando sai e volta com ele à noite. Onde será que ele estava nas noites em que Bertrand ia até lá? Talvez estivesse dormindo.*

*Bem, espero que a magia de Louise faça efeito rápido e que eu me sinta melhor logo. Não quero definhar... o que aconteceria com meus filhos queridos? Não creio que Bertrand cuidaria bem deles e não quero aquela mulher perto deles! Principalmente de Giselle, porque acho que Helena quer ensinar a ela o Vodu negro.*

*Minha filha é um anjo e deveria aprender somente sobre os anjos, nunca sobre demônios ou espíritos do mal. Helena é muito má para gostar de anjos. Estou cansada agora, então vou descansar um pouco. Obrigada por me ouvir. Yvette.*

*4 de junho de 1941*
*Querido diário,*
*Hoje fui de novo até a casa de Helena e, para minha surpresa, ela estava lá com seu filho e Bertrand. Meu marido estava até brincando com o menino! Ele não parava de abraçá-lo e chamá-lo de "filho". Aquilo acabou comigo, porque ele não é do tipo paternal e nunca o vi brincando com nossos filhos. O que essa mulher fez a ele?*

*Ele nem sequer me toca mais; à noite, está sempre fora e, durante o dia, diz que está trabalhando. Bem, ele não dava a impressão de estar trabalhando quando o vi. Quando o menino foi dormir, ele e Helena fizeram amor. Por um bom tempo, ele beijou seu rosto, dizendo que a amava. Ela, realmente, o enfeitiçou.*

*O que posso fazer para tê-lo de volta?*

*Desejo tanto que ele me abrace, que diga que me ama e que esse envolvimento com Helena não seja amor de verdade, apenas sexo. Mas, vendo-os juntos daquele jeito, pareciam uma verdadeira família. Ela preparou o almoço; todos comeram juntos e riram. Bertrand até riu quando o garoto sujou toda a mesa. Da última vez que meu filho sujou a mesa, Bertrand gritou com ele e lhe deu um tapa!*

*Talvez não seja mesmo nosso destino ficarmos juntos, talvez ele deva ficar com Helena e seu filho mal-educado. Desculpe, eu não devia descontar no menino, não é culpa dele. Mas, com uma mãe como Helena, como ele poderá se tornar uma pessoa boa, decente e responsável?*

*Espero que alguém reze por sua alma antes que seja tarde demais. Bem, está tarde e Bertrand deve voltar a qualquer momento. Adeus, por enquanto. Com amor, Yvette.*

# Capítulo VIII

Melody esticou os braços em direção ao teto e deu um profundo, mas silencioso, bocejo enquanto se levantava para espreguiçar. Quando viu o brilho da Lua Cheia refletido no carro, resolveu sentar-se na varanda. A avó e ela adoravam fazer isso, em especial em noites como aquela, em que o luar parecia um translúcido cobertor parateado. Saiu da casa, hesitante, lembrando-se do medo que tinha sentido à tarde.

Não havia nenhum barulho, exceto o chichiar dos gafanhotos que se regozijavam na noite quente. Da varanda, Melody podia ver a maior parte do quintal. Mesmo assim, por duas vezes, andou de um lado para outro como um sentinela. Por fim, relaxou em uma cadeira de balanço, ainda alerta a qualquer barulho estranho.

Tinha de admitir que os vívidos sonhos que tivera recentemente foram perturbadores. Quando criança, costumava ter muitos sonhos e adorava contá-los à avó. Sentavam-se à mesa da cozinha ou no balanço da varanda e conversavam sobre eles e sobre como Melody se sentia. Melody adorava pensar sobre seus possíveis significados e mensagens.

Tudo aquilo desapareceu quando seu pai morreu... grande parte da essência de Melody se foi naquele dia.

Ele fora o exemplo perfeito de um homem saudável, sempre com muita energia e em forma. Melody nunca o vira doente ou com dor. Certo dia, estavam sentados juntos na sala de estar assistindo a um jogo de futebol, quando ele adormeceu em sua poltrona favorita; algo muito normal para uma tarde de fim de semana. Melody olhou para ele de relance, prestes a fazer uma pergunta, mas as palavras ficaram presas em sua garganta.

Em vez de vê-lo cochilando na poltrona, ela o viu deitado em um caixão, a própria imagem da morte: corpo rígido, feição inanimada e pele de cera. Ela o acordou, depressa, tentando apagar aquela imagem e buscou, com todas as forças, esquecê-la. Não contou isso a ninguém.

Uma semana depois, ele morreu de um ataque cardíaco fulminante. Durante o velório as pessoas, uma após a outra, aproximavam-se do caixão e diziam que não parecia ser ele ali. Melody, então, confidenciou à avó que, na realidade, já o "vira" morto, tivera uma premonição.

Vários dias depois, ela, por fim, desabou, enquanto estava na casa de Giselle. Chorou por horas e confessou seu receio de que tudo acontecera por sua culpa. Poderia ter impedido a morte do pai se o tivesse avisado? Talvez ele tivesse procurado um médico; talvez tivessem conseguido evitar o que quer que, de repente, fez seu coração parar naquele dia.

Esses pensamentos a atormentaram naquela época e a corroeram por anos; sendo assaltada pela dor nos momentos mais inesperados.

Os últimos dias tinham-na lançado em um caos espiritual, trazendo à tona perguntas, pensamentos e sentimentos que considerava há muito enterrados. Mas, no momento, muitas questões práticas requeriam sua atenção, em especial a decisão sobre o que fazer com a fazenda. Não tinha tempo de ficar divagando sobre o significado da vida e questões espirituais. Tinha de parar de se preocupar com isso.

Sem dúvida, ela não tinha condições financeiras de manter duas casas, portanto, se decidisse comprar a fazenda, ficaria muito distante do trabalho. Talvez esse fosse o impulso que precisava para começar a trabalhar como consultora, algo que vinha considerando há algum tempo; dessa forma poderia trabalhar em casa.

Por outro lado, talvez sua mãe estivesse certa e fosse mais fácil, simplesmente, vender a fazenda. Mas quando pensava nisso, sentia uma dor palpável.

Melody ficou imaginando se a avó teria sido de fato feliz na Carolina do Norte ou se estaria fugindo de alguma coisa e a fazenda parecia um lugar seguro. A sucessão de descobertas e acontecimentos após a morte da avó fez Melody passar a questionar tudo.

Recordou a cerimônia de Vodu que acontecera na casa de Mãe Marie, que não fora nem um pouco parecida com o que esperava. Achava que veria uma versão mais hollywoodiana – ou turística – com alfinetes colocados em "bonecos de Vodu".

Ficou fascinada pelos fundamentos daquela tradição espiritual, que encontrava eco na história do mundo... fundamentos baseados em seres humanos que buscavam explicar as forças do universo, compreender nosso papel como indivíduos e o papel da humanidade. Dentre as poucas coisas que Melody leu sobre o Vodu enquanto estava em Nova Orleans, uma das descrições chamou sua atenção: o Vodu é uma crença e uma prática participativas, na qual o corpo transforma-se em uma encruzilhada metafórica entre o humano e o divino.

*"Uma encruzilhada entre o humano e o divino. Isso sim fazia sentido."* Os braços de Melody ficaram arrepiados. Sentiu o que ela e a avó costumavam chamar de "arrepio bom", uma confirmação de que estava no caminho certo.

Estava ansiosa por pesquisar as origens e variantes do Vodu, por descobrir o significado por trás dos antigos símbolos e rituais. Mesmo o Catolicismo possui inúmeros rituais com histórias tão fortes e significados tão importantes, mas a maioria dos fiéis não sabe mais por que os realizam; apenas lhes é dito que faça.

Ela lera o suficiente para perceber que tentar compreender o Vodu era como navegar pelos *bayou*: há tantos meandros e curvas que é fácil se perder. Apesar de frustrada pelas muitas coisas que nem conhecia nem entendia, achava que tinha captado a essência do Vodu. Por vezes, não é possível colocar a essência de algo tão poderoso em palavras; elas podem apenas sugerir uma ideia do que seja a verdade e, vez por outra, podem, sem querer, distorcê-la.

Ela queria muito compartilhar tudo o que passava por sua mente com alguém em quem confiasse, mas não conseguia pensar em ninguém entre a família e os amigos.

Pensou até em procurar padre Robert, o sacerdote da igreja de sua família e diretor da escola onde estudara. No mínimo, ele poderia dizer-lhe algo sobre o inusitado rosário que ela encontrara, embora não estivesse certa de que deveria revelar sua existência – ou a do diário – a ninguém, não, por enquanto. *"Vovó, com certeza, tinha um bom motivo para mantê-los escondidos."*

Desperta, decidiu terminar o diário de Yvette naquela noite. Aninhou-se debaixo das cobertas, abriu o livro e continuou de onde tinha parado.

# Capítulo IX

*6 de junho de 1941*
*Querido diário,*
Consegui! Consegui pegar o livro! Fui até a casa de Helena hoje e ninguém estava lá. A janela da cozinha estava aberta, então dei uma olhada lá dentro e fiquei atenta a qualquer barulho antes de entrar. Estou feliz por ela ter deixado aquela janela aberta, porque tinha um buraco na tela! Só tive que abrir a tela um pouco mais para conseguir entrar. As telas das outras janelas estão em melhor condição.

Meu Deus, estava tão assustada! Não duvidaria que ela ou Bertrand me matassem se me descobrissem lá.

Dei uma rápida olhada pela casa, mas não queria ficar lá muito tempo, então resolvi dar uma espiada no guarda-roupa dela. Havia alguns uniformes, com o nome de um restaurante. Será que é o mesmo restaurante para o qual Bertrand fornece os peixes? Ele nunca me disse o nome do lugar.

Vasculhei a sala também. Ela tem um armário cheio de potes e pós. Fico me perguntando para que serve tudo isso. O livro estava na prateleira, mas eu estava assustada demais para lê-lo ali, então o peguei e fui embora. Acabei de chegar em casa e estou morrendo de vontade de ler o livro. Falo com você mais tarde. Com amor, Yvette.

*6 de junho de 1941*
Oh, meu Deus! Perdi a correntinha que tinha no pescoço! Só me dei conta agora há pouco, quando fui tomar um banho e vi que ela tinha sumido. Se estiver na casa de Helena, estou perdida. Espero que ela tenha caído no caminho, mas receio que tenha ficado presa na tela quando entrei na casa. Se tivesse percebido antes, teria voltado para ver, mas agora é tarde. É provável que ela já tenha voltado do trabalho.

Se a corrente estiver lá e ela a mostrar para Bertrand, ele vai saber na mesma hora que fui eu quem pegou o livro.

Tenho de sair daqui antes que ela perceba ou que ele volte. Escondi o livro em um buraco de uma árvore na mata. Se eu tiver que ir embora depressa, posso pegá-lo no caminho. Não podia escondê-lo em casa.

Ainda quero ler o livro, mas não sei como que ele pode me ajudar agora. Não quero Bertrand de volta, não depois de descobrir que ele queria me matar. Tenho de correr e pegar as coisas de que as crianças necessitam, além de algumas para mim.

Espero escrever logo mais. Por favor, reze para que aquela feiticeira não me encontre antes de eu conseguir escapar. Com amor, Yvette.

15 de junho de, 1941
Querido diário,
Foi mais difícil do que pensei. Peguei todo o dinheiro que tinha em casa, o colar e os brincos de diamante de minha mãe e o rosário antigo que Mãe Corinne me deu. Espero não ter de vender nada, mas, Deus me ajude, não tenho a mínima ideia do que nos espera.

Bertrand e Helena têm conhecidos em Nova Orleans, por isso não seria seguro passar mais de uma noite lá. Gastei quase todo o dinheiro que tinha para comprar as passagens de trem e alguma coisa para as crianças comerem.

Temos de continuar viajando, porque eles podem nos encontrar se não formos para bem longe. Pegamos um trem até Savannah, na Geórgia, e eu consegui um quarto para ficarmos por um tempo. Disse à proprietária que eu não sabia quanto tempo iríamos ficar e que precisava de um emprego para pagar o aluguel. Ela olhou para as crianças e acho que gostou delas, porque falou que eu podia trabalhar para ela, limpando os outros quartos.

Fiquei tão agradecida e aliviada que comecei a chorar ali, na frente dela. Ela me enlaçou com um dos braços e disse que tudo ficaria bem. Tive de mentir sobre o motivo de nossa fuga; disse que meu ex-marido estava tentando matar as crianças e a mim.

Ela me olhou com compaixão, disse que eu poderia ficar pelo tempo que precisasse e se ofereceu para me ajudar caso eu necessite me esconder. Que mulher adorável! Ela até traz bolos e doces para as crianças e elas a adoram. Estou feliz por ter um lugar tranquilo para ficar, pelo menos por um tempo. Mas, por quanto tempo?

## Capítulo IX

*Talvez meu anjo de guarda esteja cuidando de nós. Você está aí? Espero que sim. Quando terminar de escrever, acho que vou pegar o livro. Quem sabe haja alguma coisa nele que possa me ajudar. Isso seria fantástico! Preciso, neste momento, de toda ajuda possível, para mim e para meus filhos!*

*Giselle não fraqueja. Ela é tão maravilhosa. Tornou-se uma mãe para o irmão mais novo.*

*Espero escrever mais amanhã, mas estou sempre tão cansada quando volto para o quarto, que logo adormeço. Sinto-me abençoada, pois, na maioria das noites, a senhora Ritchie traz o jantar para as crianças antes de eu chegar. Com amor, Yvette.*

*18 de junho de 1941*
*Pela primeira vez em semanas sinto um pouco de esperança no coração. Ontem à noite, li parte do livro e aprendi algumas coisas muito importantes sobre as quais eu não sabia.*

*Acho que logo mais vou saber como nos proteger de Bertrand e Helena. Pelo menos, agora, posso usar as mesmas armas que ela. Ela é má e usa o livro para realizar seus propósitos malignos, mas eu posso usá-lo para encontrar uma ilha de paz para as crianças e para mim.*

*Meu Deus, por favor, permita que eu aprenda, e prometo usar o que aprender para ajudar outras pessoas também.*

*Só desejo que meus filhos estejam seguros e não quero ver Bertrand nunca mais. Acho que ele e sua amante já devem ter achado minha correntinha e estão tentando nos encontrar. Fico imaginando se ele algum dia me amou ou se a bruxa apenas fez uma amarração muito forte para ele. Mas não posso me preocupar com isso agora porque nossas vidas correm perigo. Agora, Bertrand pertence a Helena, que Deus guarde sua alma.*

*Vou parar de escrever para poder ler mais um pouco do livro. Estou muito empolgada com ele. Reze para que eu encontre uma solução. Sua sempre amiga, Yvette.*

*19 de junho de 1941*
*Estou tão feliz! Acho que encontrei a chave para a liberdade! Ontem à noite fiquei acordada até tarde para ler o livro e hoje de manhã acordei cedo para limpar duas das casas da senhora Ritchie, mas não estava nem um pouco cansada. Ela percebeu minha mudança de humor e disse que fico bonita quando sorrio e que deveria sorrir mais vezes. Respondi que tentaria e a abracei.*

*A senhora Ritchie me faz sentir tantas saudades de minha mãe! Estou me sentindo péssima... Se ela soubesse que vendi as joias que estava guardando para ela, talvez nunca mais quisesse me ver. Nem sequer contei a ela que estava indo embora. Estava assustada demais, envergonhada demais para encará-la. Algum dia terei forças suficientes para escrever para ela, mas ainda não é seguro.*

*Preciso ir agora. Ouvi dizer que estão procurando uma garçonete no bar "Golden Ale" e a senhora Ritchie disse que cuidaria das crianças se eu tiver que trabalhar à noite. Ela é tão adorável! Hoje até trouxe sorvete para as crianças. O que eu faria sem ela? Talvez ela seja um anjo. Ela até se parece com um, com aquele cabelo loiro cacheado emoldurando seu rosto.*

*Hoje ela contou que recebeu uma carta de uma prima da Carolina do Norte que precisa de ajuda. Disse que seria o mesmo que trabalhar para a própria família, pois sou para ela a filha que ela nunca teve. Além disso, sua prima perdeu a filha doente poucos meses atrás e, como os netos ficaram com ela, precisa de alguém que a ajude a cuidar deles.*

*Acho que partirei em algumas semanas, mas primeiro preciso economizar dinheiro para as passagens de trem.*

*Voltarei a escrever em breve. Com amor, Yvette.*

*20 de junho de 1941*
*Querido diário,*
*As coisas não deram muito certo no "Golden Ale". Havia outra garota querendo o emprego e eles a escolheram.*

*A senhora Ritchie disse que aquilo era um sinal e que talvez devêssemos partir de imediato. Concordei com ela, mas expliquei que não tinha sequer dinheiro suficiente para o aluguel, então ainda não podia comprar as passagens.*

*Bem, sabe o que essa mulher maravilhosa fez?*

*Ela me deu dinheiro suficiente para o trem e um pouco mais para despesas extras. Além disso, disse para eu esquecer o aluguel, com a condição de mantermos contato. Ela tem sido tão minha amiga e eu a amo tanto, como se fosse minha mãe, que, com certeza, eu escreverei para ela.*

*Acho que partiremos amanhã, então pode ser que eu não escreva por uns dias.*

*Com amor, Yvette.*

*29 de junho de 1941*
*Estamos instalados! A Carolina do Norte é tão diferente da Louisiana, mas acho que seremos felizes aqui. A senhora Roberts é como a senhora Ritchie, e seus dois netos são tão encantadores. É tão triste que a mãe deles não os verá crescer! Ontem à noite, comecei a pensar nisso e chorei. A senhora Roberts achou que eu estava chorando por causa da minha situação. Preparou um chá, que tomamos juntas na sala, e me senti como uma daquelas damas que se vê em belos retratos.*

*Já li boa parte do livro e agora tenho certeza de que não nos encontrarão. Tenho tentado colocar em prática o que aprendi e, para minha surpresa, parece que está funcionando!*

*Ontem, Joseph, o filho da senhora Roberts, veio visitá-la. Ele parece ser um verdadeiro cavalheiro. Adorei sua companhia. Tocou meu coração ver como ele era carinhoso com a mãe e com os dois sobrinhos.*

*Talvez por aqui os homens sejam mais gentis. Mas ainda estou tão machucada que acho que nunca vou conseguir amar outra vez. No fundo, ainda amo Bertrand, apesar de saber que nunca mais poderei confiar nele. Mesmo assim, ainda acalento o sonho de que ele perceba o que fez comigo e com as crianças.*

*Espero e rezo para que tenhamos, enfim, encontrado um lugar estável para viver em paz, principalmente as crianças. Tenho de cuidar deles agora, acho que estão acordando do cochilo da tarde.*
*Yvette.*

*15 de setembro de 1941*
*Querido diário,*
*Desculpe por ter ficado tanto tempo sem escrever. As coisas mudaram muito e estou prestes a me tornar a senhora Joseph Roberts. Sei que a vida continua, mas, apesar de ainda ter sentimentos por Bertrand, meus filhos precisam de um pai. Ontem, escrevi uma carta para a senhora Ritchie, contando as novidades. Tenho certeza de que ela vai se surpreender, mas ficará feliz por nós.*

*Joseph tem uma casa em uma pequena cidade chamada Smithfield, a cerca de 45 quilômetros daqui. É onde vamos viver, no futuro. A mãe dele ficou muito feliz, chorou de alegria... mas seu pranto logo se transformou em lágrimas de desespero ao pensar em Tommy e Wayne. Conversei com Joseph sobre isso e decidimos que, por enquanto, viveremos com sua mãe e as crianças, assim ela não terá de se preocupar em encontrar alguém para cuidar deles.*

*Tambem estou feliz e Joseph é maravilhoso. Não contei a ele o motivo da minha fuga e acho que nunca conseguirei. Ele sabe que tenho de me esconder e prometeu que nunca me trairia. Eu o amo por isso e o amo por tudo que faz por meus filhos. Acredita que ele até levou Giselle a uma costureira e mandou fazer três vestidos novos para ela? Ela ficou tão contente!*

*Acabei de ler o livro e minha vida mudou. Aquilo em que acreditava agora ficou ainda mais forte e ganhou vida. Consigo controlar o que acontece ao nosso redor. Devo manter esse conhecimento em segredo por enquanto e, mais tarde, terei de ensinar Giselle a fazer o mesmo. O livro não pode voltar às mãos de Helena e Bertrand de jeito nenhum. Daria minha vida para protegê-lo. Sei que Deus está do meu lado agora, e que Bertrand e Helena não podem nos fazer nenhum mal, a não ser que eu permita. Deus me enviou Joseph e prometo que serei uma boa esposa – mas, mesmo assim, preciso esconder tudo sobre meu passado. Joseph não entenderia a verdadeira natureza disso como sei que você entende. Para entender isso de verdade, é preciso ter nascido e crescido dentro do Vodu que vive e respira.*

*O que estou tentando dizer é que não poderei mais escrever para você. A ligação que foi meu esteio até hoje e, como percebo agora, fez com que Bertrand se interessasse por mim, tem de ser posta de lado. Você precisa descansar. Teremos, para sempre, um vínculo sagrado, mas não posso mais falar sobre isso ou depender disso. Com grande amor, Yvette.*

Pobre Yvette. Primeiro teve que, literalmente, correr para salvar a própria vida; depois disso as pessoas pensaram que ela fugira por causa de um relacionamento extraconjugal, quando, na realidade, Bertrand a traíra; por fim, teve de esconder seu passado para proteger a si e às crianças! Melody estava surpresa por estar tão emocionada com a história de uma pessoa que nunca conhecera, mas estava lendo as palavras que sua bisavó escrevera durante uma época muito difícil para ela.

Agora entendia por que Yvette escondera o diário. Ela o considerava um amigo e não tinha coragem de destruí-lo, mas também achava que Joseph, por vários motivos, não deveria lê-lo. É provável que os princípios espirituais dele não aceitassem o Vodu. Melody também achava que Yvette não queria que sua nova família ficasse preocupada ou que Joseph soubesse de seu profundo sentimento por Bertrand.

Perguntou-se como Yvette teria se casado oficialmente com Joseph se não estava legalmente divorciada de Bertrand. E o que ela quis dizer com "Você está aí?", quando escreveu sobre um anjo que a protegia? Será que, na realidade, acreditava que o diário tinha o poder de protegê-la?

Felizmente, após tudo isso, Yvette teve uma vida afortunada durante os poucos anos que lhe restaram. Ela morreu quase na mesma época em que Giselle se casou com vovô Henry, apenas sete anos após ter-se unido a Joseph.

*"Então, há mesmo um livro misterioso"*. Melody perguntou-se se algum dia o encontraria. O que ele poderia conter para mudar a vida de Yvette de modo tão drástico? Melody estava muito cética em relação a tudo isso, em especial, por Yvette parecer tão ingênua.

No entanto, ao longo dos anos, muitos disseram ser esse livro, de certa forma, poderoso e influente. *"Há, com certeza, muito mistério em torno desse suposto livro"*, pensou com seus botões. *"E agora também parece haver muito mistério me rondando."*

A mulher que abriu o Tarô para Melody em Nova Orleans disse que ela estava prestes a desvendar um poderoso segredo, algo que afetaria não só seu destino mas também o de outros. Ao ler as palavras de Yvette, sentiu que isso era possível. Melody estava impressionada como o livro desencadeara uma mudança tão grande na vida de Yvette. Por algum motivo, a jovem mãe passou a ter esperança de uma vida melhor, além da coragem de buscá-la e abarcá-la. *"Sorte dela."*

Melody, de certa forma, quase invejava Yvette: Ela, ao menos, tinha um confidente.

Também ansiava por ter alguém em quem confiar, com quem compartilhar seus sentimentos e todas as dúvidas que borbulhavam em seu interior. Não apenas sobre o Vodu, mas sobre tudo o que acontecera. Era como se algo, de repente, tivesse assumido o controle... não, não era bem isso. Parecia que algo mais poderoso do que ela *influenciava* agora sua jornada, trazendo muitas surpresas e revelações pelo caminho. Estava assustada e ansiosa ao mesmo tempo.

Como ávida leitora que era, tendo os livros sido um grande impacto em sua vida, Melody podia avaliar o efeito tremendo que o livro tivera sobre Yvette, embora continuasse cautelosa quanto aos poderes místicos que lhe eram atribuídos. Agora, mais do que nunca, queria encontrá-lo, mas já havia procurado por todo o celeiro, sem nada descobrir.

Talvez a avó lhe aparecesse em sonho outra vez, mostrando, com mais clareza, onde procurá-lo; talvez a avó viesse a se tornar sua confidente, mesmo estando em outro plano, já que Melody não contava com mais ninguém.

# Capítulo X

Melody acordou assustada com o toque distante do celular. Correu escada abaixo, meio dormindo, meio acordada, até a mesa da cozinha, onde deixara o telefone. Ficou surpresa ao ver o código de área "504": Nova Orleans.
— Senhorita Bennet? — disse uma voz feminina.
— Sim, é Melody.
— Oi! Aqui é Stephanie, da loja de Nova Orleans.
— Claro, lembro-me de você, Stephanie. Como vai?
— Muito bem, obrigada. Acabou de acontecer uma coisa que me fez lembrar de você.
— Sim...
— Recebi um telefonema de uma velha amiga. Na verdade, ela trabalhava aqui comigo, mas durante a evacuação depois do Katrina acabou indo parar na sua região.

Melody lembrou-se de como foi triste, nos dias e semanas que se seguiram ao Katrina, ver na TV as pessoas segurando fotos de entes queridos, implorando para que alguém ligasse com alguma informação. Famílias entrando em aviões, sem a menor ideia de para onde estavam sendo levadas, sendo-lhes dito que, não importa para onde fossem, ali seria seu novo lar.

— O nome dela é Isabel. Acabei de saber que foi para Raleigh, e ficou aí esse tempo todo. Não contei sua história para ela, apenas comentei rapidamente que tinha conhecido uma jovem muito simpática de Raleigh. Mas achei que você gostaria de ligar para ela. Talvez valha a pena... ela é uma Mambo, uma mãe de santo do Vodu.

*"Nossa... pede e receberás."*

Stephanie, com certeza, achou que a hesitação de Melody era sinal de desinteresse.

– Você não precisa ligar para ela, só achei que talvez quisesse...
– Nossa, por Deus, claro! Adoraria ter o telefone dela para marcar um encontro! Estou só um pouco perturbada porque, poucos segundos antes de você ligar, estava ansiosa por ter com quem falar sobre isso tudo.
– Ah, sim... O Espírito trabalha de formas misteriosas.
– Com certeza – respondeu, Melody. – Obrigada por pensar em mim, Stephanie – Melody anotou o número de telefone de Isabel e, de novo, agradeceu Stephanie pela grande ajuda.
– Não se esqueça, senhorita Bennet... você está sendo guiada em direção ao seu destino. Aos sinais ao longo do caminho e a como se *sente* – Stephanie enfatizou a última palavra. – "Viva cada dia como uma nova página de um livro. Cuidado para não pular nenhuma parte do caminho; tudo faz parte da história e você é a coautora. Não fique ansiosa demais para seguir em frente e não desista antes de terminar a última página.
Quando desligou, Melody teve um estalo. *"Avó Giselle sempre dizia isso!"*
Subiu as escadas correndo e pegou o diário de onde estava guardado. Ela folheou as páginas até chegar à última passagem escrita por Yvette e, então, virou uma página após a outra, sem nada ver além de folhas em branco...
Por fim, lá estava. Uma mensagem escrita para ela por avó Giselle.

*Querida Melody,*
*Há tanta coisa que gostaria de lhe contar, minha filha. Se você está lendo isso, significa que já está mergulhada em um novo mundo e deve estar se perguntando quem sua avó era de fato e por que nunca falei sobre essas coisas.*
*Não posso escrever tudo de uma vez. Preciso que continue a confiar em mim. Acredite que as coisas estão acontecendo como deveriam e na hora certa.*
*Eu a conheço, Melody, e sei que, em algum momento, você irá a uma biblioteca ou vai se sentar na frente do computador com uma lista das coisas que quer aprender e compreender. Você ouviu falar de algumas delas pela primeira vez só depois que eu morri – Sim, minha querida, é mesmo estranho escrever essas palavras, pois, neste momento, é óbvio que ainda estou viva e respirando. Você sempre foi ávida por conhecer todos os detalhes de uma história, então sei que alcançará o verdadeiro conhecimento e sabedoria.*
*Há tantas versões e teorias sobre a vida, tanto antigas quanto modernas... coisas que você verá pela primeira vez ao empreender essa*

*jornada.* As pessoas têm convicções tão distintas, mas estão apenas observando a mesma história a partir de diferentes perspectivas, de diferentes experiências.

Sei que é complicado. Quanto mais você aprender – ou achar que está aprendendo – mais confusas parecerão as coisas, às vezes. É por isso que você precisa seguir seu coração e discernir SUA própria verdade, Melody.

Você tem um instinto e uma intuição muito fortes. Imploro para que se permita usá-los mais e mais a cada dia. Quando tiver vontade de assistir a um determinado canal de TV, mesmo sem saber por quê, faça isso. Quando sentir que deve dirigir por certo caminho sem motivo aparente, siga-o. Os sinais estão aí e você ficará maravilhada ao descobrir aonde o menor sinal pode levá-la, mas você deve segui-lo e ficar atenta. Sei que essa parte é muito difícil para você, permanecer aberta dessa forma. Lembro-me do que contou quando seu pai morreu, como se sentiu culpada pela visão que teve. Minha pequena, você não poderia ter feito nada. Rezo para que você se perdoe logo e permita que sua visão se manifeste. Esta é a hora e isso é mais importante do que possa imaginar.

Já que encontrou essas páginas, é provável que já tenha lido o diário de minha mãe e descoberto o rosário. Escrever é difícil para mim e não tenho muito tempo, então, permita que eu divague sobre algumas coisas que preciso deixar claras para você nesse momento de sua jornada.

Minha mãe sempre foi um tanto infantil e crédula, mas havia certa beleza nisso. Não penso da mesma forma que ela em relação a muitas coisas, em especial às espirituais. Nunca vi nada como bom ou ruim. Para mim, a maior parte das coisas da vida é cinza. É assim que prefiro ver.

Oh, meu Deus, não posso falar sobre tudo isso agora. O que quero que você faça é investigar algo chamado de o Culto dos Gêmeos na África, talvez em Yorubá. Os gêmeos são sagrados e reverenciados no Vodu. Mesmo quando passam para o astral, os parentes interagem com eles como se ainda estivessem vivos. Minha mãe tinha uma irmã gêmea, Melody. Ela escrevia para a irmã falecida, por isso se tem a impressão de que ela considerava o diário um ser vivo. Para ela, ele representava a irmã gêmea.

Preciso que saiba de mais uma coisa, algo que prometi a sua mãe que nunca lhe contaria enquanto eu estivesse viva. Acho que, tecnicamente, estou quebrando essa promessa agora.

Minha querida, assim como sua bisavó, você também teve uma irmã gêmea, natimorta. Lembro-me de como isso partiu o coração de John e Annie. Eles estavam muito felizes por você estar ali, mas arrasados por sua *irmã não ter vingado. Ao longo de minha vida na Carolina do Norte, nunca falei muito sobre minhas crenças, mas Annie, um dia, encontrou umas coisas minhas, pessoais, há muito tempo, antes de se casar. Ela é católica praticante, assim como o pai era, portanto, ficou horrorizada – na verdade, ficou aterrorizada – e nunca tentou aprender ou entender nada sobre isso. Sei que você está tentando, Melody. Tenho certeza.*

*Annie culpou-me pela morte do bebê, disse que, de certa forma, eu a amaldiçoei com meu passado e minhas crenças, e me proibiu, terminantemente, de falar qualquer coisa sobre isso com você. John concordou em acalmá-la, como sempre fez, aquele homem adorável. Decidi respeitar seu desejo, Melody, por isso tantas coisas estão caindo sobre você de uma só vez. Não precisa falar sobre isso com sua mãe, isso apenas a aborreceria e, como não sabe nada sobre essas coisas, não pode lhe ajudar. Tenho certeza de que ela está indignada com minhas instruções para que você fosse aos bayou. Por falar nisso, minha filha, aquele lugar específico que coloquei no mapa foi onde aconteceu meu primeiro ritual, minha iniciação secreta no Vodu. Meu coração ganhou vida naquele dia; portanto, era um lugar adequado para deixar meus restos mortais.*

*Quanto ao rosário, guarde-o e esconda-o em um lugar seguro. Bem seguro. Eu o escondi por toda minha vida. Minha mãe o ganhou de uma mulher chamada Corinne. Uma das primeiras mensagens que me foi revelada em sonho foi sobre o rosário. Disseram-me que deveria guardá-lo em um lugar seguro. Não sei por que ele é tão importante, Melody – de verdade – mas não tenho dúvida de que é muito importante que ele esteja seguro e que você o proteja com sua própria vida. Não quero amedrontá-la, mas isso é realmente muito importante, meu bebê. Acredito que, em algum momento, isso será revelado a você. Sempre aceitei que eu não deveria saber o motivo, mas vi que você o conhecerá. Você descobrirá. Você também tem o dom da visão, Melody. Acredite nele.*

*Por fim, minha querida Melody, sobre O Livro.*

*Tudo que posso fazer é ser repetitiva e pedir que tenha confiança. Acredite que O Livro tem seu próprio caminho e que, agora, você é sua guardiã. Fique atenta e perceba para onde você direciona sua atenção. As coisas não são o que parecem. Você descobrirá que o verdadeiro poder encontra-se, em regra, nas sombras, no desconhecido, no invisível...*

*Lembre-se, estou sempre ao seu lado, acreditando em você quando você não tem forças para acreditar em si mesma. Esse é o presente eterno que ofereço a você, além de meu amor sem fim. Que seu caminho seja abençoado, minha querida Melody.*

Melody estava tão aturdida que nem percebeu as lágrimas rolarem pelo rosto. Era como se a avó estivesse sentada ao seu lado enquanto lia, segurando sua mão, dando-lhe força e coragem.

*"Eu tive uma irmã gêmea? Um culto de gêmeos? Esconda e proteja o rosário? As coisas não são como parecem?"*

Ao pensar no que acabara de descobrir, Melody não estava certa se a mensagem da avó a ajudara ou apenas confundira ainda mais as coisas. De repente, sentiu-se insuportavelmente só. Sabia que não fazia nenhum sentido, mas sofria pela perda da irmã gêmea. Todos escutam histórias sobre os laços entre gêmeos, como se fossem partes da mesma alma. *"Será que sempre me senti tão vazia e só porque minha outra metade não está aqui fisicamente?"*

Melody sentiu grande compaixão pela mãe. A perda de um filho deve ser devastadora. E guardar isso para si, como se nada tivesse acontecido... não é de surpreender que Annie se mostrasse tão estranha e distante. Quem sabe o quanto isso a afetara ao longo dos anos?

O barulho da caminhonete de Charlie invadiu seus pensamentos; demorou um pouco para Melody conseguir identificar o som. Levou mais alguns minutos para se recompor antes de descer. As últimas revelações a fizeram recuar vários passos, pelo menos emocionalmente. Precisava absorver essas coisas.

Eles se cumprimentaram como de hábito, mas os pensamentos de Melody estavam distantes. Sentia-se atordoada. Seu olhar vagava enquanto tomavam o café em silêncio, observando coisas inusitadas como minúsculas teias de aranha na parte de cima das paredes ou o pó nas venezianas. Pensou, então, em fazer o mesmo que a avó fazia quando estava preocupada ou incomodada com algo: limpar a casa.

Não se fazia uma boa faxina na casa da fazenda há muito tempo, então, assim que Charlie saiu, Melody colocou um shorts e uma camiseta larga, ligou o rádio e pôs mãos à obra. Ela arrumou, organizou, tirou o pó e passou aspirador em tudo que estava ao redor. Foi como meditar. Enquanto limpava cada aposento, manteve a firme intenção de que desobstruía seu caminho.

Trabalhou durante horas, sentindo-se cada vez melhor ao terminar a faxina de cada um dos cômodos.

Por fim, só faltava o sótão. Após abrir a porta emperrada teve certeza de que o cômodo fora ignorado por décadas, pois uma nuvem de poeira se ergueu e a fez tossir. A boa notícia era que, além das caixas com roupas velhas e alguns objetos variados, o sótão estava inesperadamente vazio.

Melody começou com as caixas mais próximas à porta e sentiu um nó na garganta quando abriu a primeira. Dentro dela estavam todos os enfeites de natal usados, com orgulho, ano após ano. Uma caixa menor, dentro desta, estava repleta de seus projetos de arte da época de escola. A avó sempre fizera um grande estardalhaço com relação a eles e os colocava na parte da frente da árvore de natal, onde todos pudessem vê-los.

A caixa seguinte tinha ferramentas antigas, um relógio quebrado e várias lembranças de viagens que seus pais fizeram quando ela era pequena; tempos em que ficava com a avó.

Abriu uma terceira caixa, repleta de documentos da propriedade. Os papéis para a compra definitiva da fazenda estavam em uma pasta; ela os retirou e leu de forma superficial. Não havia muitas páginas; comprar uma propriedade há 50 anos era muito menos complicado do que agora.

Um dos documentos era uma planta da propriedade e Melody, distraidamente, começou a estudá-lo. Algo parecia diferente, mas ela não conseguia identificar bem o quê. O desenho da casa parecia o mesmo, mas algo não estava certo... algo relacionado à disposição das construções ao redor. Percebeu, então, o que era: o celeiro não estava no mesmo lugar do atual.

Melody levou a planta para o andar de baixo, colocou-a sobre a mesa da cozinha e a observou, de novo, com uma iluminação melhor. O desenho mostrava o celeiro a cerca de 75 metros da casa. Mas ela sabia que aquilo estava errado; o celeiro atual ficava a quase metade dessa distância da casa. Como seria possível?

Aquilo não fazia sentido! Preparando outras duas xícaras de café, saiu à procura de Charlie. Ele estava no alpendre preparando a comida das galinhas quando ela o encontrou.

– Ei, trouxe mais um pouco de café para você.

– O que você tem aí nas mãos?

– Encontrei esta planta da fazenda, mas o celeiro está no lugar errado, muito longe da casa.

Charlie pousou sua xícara e deu uma olhada.

– Não, ele está no lugar certo. Pelo menos, é onde ficava quando seus avós compraram a fazenda. Um furacão passou por aqui anos atrás e destruiu o celeiro e os silos, então, quando reconstruíram o celeiro, seu avô decidiu fazê-lo um pouco mais perto da casa. Foi erguido onde está hoje. Você, com certeza, não se lembra daquela tempestade, Melody, era muito jovem, mas eu ainda me lembro do estrago que fez por aqui. Graças a Deus, ela só passou de raspão pela casa, sem causar muitos danos.

O sonho que tivera na casa de Mãe Marie, no qual Giselle lhe contou que O Livro estava no celeiro, veio-lhe à mente. A avó não dissera "o celeiro", mas sim "o *velho* celeiro". Melody estava procurando no lugar errado!

Mas Charlie disse que o celeiro fora destruído. Será que O Livro também havia se perdido?

A voz de Charlie a trouxe de volta de seus devaneios.

– Melody, tenho que ir embora cedo hoje. Tenho um compromisso. Volto à noite para trancar tudo e ter certeza de que está tudo em ordem.

– Não se preocupe com isso. Eu tranco tudo. Você, está bem? – Melody perguntou.

– É apenas um check-up. Vou fazer um teste de estresse. O médico disse que não vai demorar muito.

– Vá cuidar da sua saúde, certo? Hoje, eu tomo conta da fazenda, não precisa se preocupar com nada.

Charlie sorriu.

– Sei que ela está em boas mãos quando você está por aqui, Melody.

Ela estava prestes a se despedir quando um pensamento lhe ocorreu.

– Charlie, o velho celeiro foi completamente destruído?

– Bem, a maior parte dele. A estrutura ainda ficou de pé, mas o telhado se foi e o lugar ficou imprestável.

– O que aconteceu com tudo o que ficava lá?

Charlie parou para pensar.

– Deixe-me ver... recuperamos as ferramentas e as máquinas; primeiro as levamos para a cabana e, depois, para o novo celeiro. A maior parte do que sobrou foi encaixotada e está no novo celeiro também. Tudo se espalhou por quilômetros. Deu o maior trabalho encontrar tudo.

Melody ia perguntar se tinham encontrado algum livro, mas decidiu não fazê-lo.

Assim que Charlie foi embora, Melody mediu com cuidado a distância e a direção mostradas na planta. Quando se viu, de repente, na estrutura da construção, infestada de ervas daninhas, seu coração começou a bater mais forte. Não se lembrava de ter passeado por aquela área, mesmo quando criança; o avô proibira que se caminhasse por várias partes da fazenda por medo das cobras e serpentes venenosas.

Era difícil ver as fundações do antigo celeiro, mesmo estando sobre elas, devido à vegetação e ao desgaste do tempo. O esqueleto da estrutura que Charlie mencionara não se encontrava mais lá. Se o livro ainda estivesse ali, onde estaria?

A avó escondera o diário da mãe em uma caixa de aço. Teria feito o mesmo com o livro?

Ficou de joelhos e procurou, tocando com as mãos, por qualquer coisa que não fosse feita de concreto ou algum tipo de planta. Quase desmaiou ao tocar algo frio e metálico que se destacava entre a vegetação.

Naquele exato instante, o ruído de pneus sobre o cascalho chamou sua atenção. Melody levantou-se e viu a mãe dirigindo a toda velocidade pela entrada da fazenda, deixando uma trilha de poeira no caminho. Por sorte, Annie não viu onde Melody estava; ela chegou ao quintal bem rápido, antes que a mãe tivesse a oportunidade de procurar por ela.

A mãe falava ao celular e parecia aflita; acenou para Melody enquanto saía de seu novo Lexus e desligou o telefone.

– Oi, meu bem – cumprimentou a filha com um rápido abraço. – Desculpe aparecer sem ligar, mas preciso de sua ajuda com uma coisa.

– Claro, mãe. O que é?

– Marquei um horário com padre Robert esta tarde, para organizarmos uma cerimônia decente para sua avó, mas apareceu um compromisso.

– Você não pode remarcar? – a última coisa que Melody queria era ter de sair da fazenda agora. Estava ansiosa para voltar ao lugar do antigo celeiro e ver o que tinha descoberto.

– Não, eu... Eu, realmente, não posso – Annie respondeu, gaguejando um pouco, visivelmente agitada.

– Alguma coisa errada?

– Tenho de resolver uma coisa e preciso que você vá até a igreja às 5 horas para se encontrar com padre Robert. Pode fazer isso?

Melody percebeu, pelo tom de voz da mãe e pela resposta vaga, que não devia fazer mais perguntas. Era melhor deixar para lá, em especial diante da recém-descoberta compaixão e, portanto paciência, em relação à mãe. Decidiu seguir sua intuição antes que ela desaparecesse.

– Claro, eu vou. Você tem os detalhes do que quer por escrito?

Visivelmente aliviada, Annie entregou-lhe uma lista para ser discutida com padre Robert e, dessa vez, deu-lhe um abraço de verdade, além de um beijo no rosto.

# Capítulo XI

Era meio da tarde quando Melody entrou no estacionamento da igreja católica de Santa Ana. Nada mudara desde a última vez em que estivera lá, quatro anos antes, acompanhando seu avô Henry em uma missa de Natal. Lembrava-se das estradas cobertas de gelo, da temperatura por volta dos seis graus negativos e da preocupação em dirigir de Clayton até Raleigh naquela noite. Ela não queria ir, mas o avô tinha sido acometido por vários problemas de saúde e ela sabia que talvez aquele fosse seu último Natal. Olhando para trás, sentia-se agradecida por ter passado aquela noite com ele; o avô morreu cinco meses depois.

Quando desceu do carro, Melody foi saudada pelos gritos animados das crianças que brincavam no pátio da igreja. Ao cruzar o estacionamento, passou por um grupo de crianças mais velhas que estavam levando uma bronca de uma freira que parecia bastante severa. No mesmo instante, teve uma reação visceral e lembrou-se do ressentimento que tinha pelas freiras quando era estudante. Melody continuou pela calçada que levava à entrada principal. Parou no pórtico para molhar os dedos na pia de água benta e fazer o sinal da cruz antes de entrar na capela e ajoelhar-se diante do altar. *"É incrível como algumas coisas ficam enraizadas."*

Olhou por toda a capela; não havia sinal de padre Robert. Melody deixou-se tomar pelo ambiente familiar, tentando resgatar o sentimento que tinha quando criança ao assistir à missa. Ela tinha sido fascinada pela fé católica, por tudo e todos ligados a ela. Seus rituais, além de confortadores, davam uma sensação de segurança; uma fonte de alento em um mundo instável.

Passou a questionar sua religião quando perdeu o pai e procurou por uma resposta para a inevitável pergunta: "Por quê?". Com o tempo, começou a se ressentir com os sermões sobre moralidade e ouvir que, confessando seus pecados e rezando tantos Pais-Nossos com uma ou duas Ave-Marias no meio, seria perdoada. "Como *eles* sabem?", Melody se perguntava. Para ela, um relacionamento direto com Deus, sem nenhum intermediário, fazia mais sentido. Respeitava o caminho religioso que o avô e a mãe tinham escolhido, mas esse caminho não lhe servia e não conseguia fingir o contrário.

Caso o tivesse, eles teriam ficado satisfeitos.

Melody não sabia mais em que acreditava. Sabia que acreditava no Espírito, em Deus, em um Poder Maior... as palavras eram equivalentes em sua mente. Acreditava na bondade inata das pessoas, independentemente de o mundo, algumas vezes, mostrar o contrário. Acreditava em energia... que todas as coisas tinham energia... não importava que fossem tangíveis ou intangíveis, inclusive os pensamentos.

Percebeu que estava ficando tensa ao meditar sobre essas coisas. Parte de sua frustração vinha da incapacidade de expressar suas crenças com exatidão, sem ambiguidade, mesmo quando falava consigo mesma. *"Acho que, por isso, desisti de pensar sobre essas coisas, quanto mais falar sobre elas. Não há palavras; tudo apenas é."*

Durante anos, Melody fugiu de conversas sobre tais questões. Na verdade, invejava aqueles que acreditavam, sem sombra de dúvida, que conheciam O Caminho e que seu Caminho era o Único. Invejava a convicção deles de que as escolhas da vida eram claras, sempre preto ou branco, raramente cinza. Parecia um modo muito mais fácil de viver.

Mesmo quando começou a questionar a doutrina da Igreja, a espiritualidade de Melody era forte e profunda. Ela verdadeiramente respeitava a crença dos outros, mas descobriu que esse sentimento quase nunca era recíproco. Em sua experiência, religião e espiritualidade eram duas coisas bem diferentes: julgamento e hipocrisia eram predominantes na religião; a espiritualidade era algo mais íntimo e individual, portanto, mais tolerante.

Quando criança, Melody adorava histórias sobre milagres, sobre o Céu e o Inferno, sobre o bem contra o mal, sabendo que o bem sempre venceria. Ao começar a prestar atenção ao mundo que a cercava, tornou-se mais difícil aceitar aquelas ideias tão confortadoras. Os noticiários estavam repletos de inúmeras tragédias acontecendo por todo o mundo. Como um Deus amoroso poderia permitir tanto sofrimento? Como poderia acreditar que anjos protegiam seu avô, quando o viu sofrer tanto antes de morrer?

Em meio a essas reflexões, Melody viu padre Robert entrar na capela por uma porta lateral do santuário. Ele envelhecera bastante nos últimos anos, mas ainda tinha a mesma aparência atraente dos povos mediterrâneos que ela sempre admirara. Agora, em vez do cabelo grisalho, uma espessa cabeleira branca contrastava com os olhos escuros e a pele morena, envelhecida. De repente, deu-se conta de que ele deveria ter quase a mesma idade de sua avó; estava ali desde que Annie era criança.

Ela levantou-se e foi em sua direção, antes que ele desaparecesse de novo. Ele só percebeu que Melody estava ali quando ela se colocou logo atrás dele.

Com uma expressão de alegre surpresa, estendeu os braços de forma afetuosa, segurando as mãos dela entre as dele.

– Melody, que bom ver você!

– Bom ver o senhor também, padre.

– Sinto muitíssimo por sua perda, Melody – disse, apertando as mãos dela com delicadeza. – Fiquei muito triste ao saber do falecimento de sua avó. Você está aqui para ver os preparativos da missa em memória de sua avó?

– Sim. Minha mãe não pôde vir, então vim em seu lugar. Ela escreveu várias recomendações para o senhor.

Padre Robert estava, de fato, feliz em ver Melody. Sempre admirou sua curiosidade inteligente, a mesma característica que tanto incomodava as freiras. Sentia compaixão por suas perdas e compreendia como aquilo poderia abalar a fé de alguém, embora nunca tivesse perdido a esperança de que ela voltasse para o seio da Igreja.

– Claro. Por favor, espere por mim em meu escritório, estarei lá em um minuto.

O escritório do padre pouco mudara desde que ela era criança: os mesmos móveis, as mesmas estantes, a mesma pintura. Sentou-se na cadeira de couro marrom, próxima à porta, de frente para a escrivaninha, a qual ainda era bastante confortável. No último ano da escola primária, estivera várias vezes naquela sala. Nunca teve a intenção de ser uma criança difícil; apenas fazia perguntas complexas para alguém de sua idade e tinha dificuldades em aceitar algumas das respostas, ou a falta delas.

Lembrou-se de que padre Robert sempre fora acessível, tendo paciência para escutar suas perguntas e inquietações em vez de repreendê-la por aborrecer uma professora. Ele parecia saber que ela estava buscando, de fato, compreender e não ser desrespeitosa ou causar problemas. Melody apreciava muito seu apoio e, por causa disso, o padre sempre teve um lugar especial em seu coração.

Ela olhou para o relógio. Estava ansiosa para voltar ao local do antigo celeiro e verificar se o objeto metálico era outro cofre. Mas, em vez de ficar inquieta, tentou convencer-se de que havia um propósito na sua espera; de que Annie aparecera por alguma razão e de que ela estava ali agora por algum motivo. Hoje era sua primeira tentativa de seguir os "sinais". Fechou os olhos e respirou fundo, tentando controlar a impaciência.

Padre Robert parou à porta ao perceber que Melody sentava-se imóvel, com o olhar fixo no crucifixo pendurado na parede atrás da cadeira dele. Achou que ela talvez estivesse rezando e pigarreou para mostrar que tinha chegado, sentando-se atrás da escrivaninha.

– É muito bom ver você, Melody. Agora, vejamos o que Annie tem em mente, tudo bem?

Melody entregou-lhe a lista e disse:

– O senhor sabe que isso é mais por minha mãe do que por minha avó, não é?

Ele sorriu, mostrando que sabia.

– Sim, Melody, eu já imaginava. Sua avó vinha à missa nos dias santos, mas sua mãe... bem, ela vem à missa pelo menos uma vez por semana – ele continuou, com uma risada bem-humorada. – Mesmo quando viajava para fora do país, sempre encontrava uma igreja!

O padre continuou.

– Bem, precisamos decidir, em primeiro lugar, se você quer uma cerimônia formal ou informal. Sei que Annie deseja uma cerimônia formal, mas você acha que Giselle gostaria disso? A cerimônia deve ser um reflexo *dela*.

Melody ficou impressionada com a retidão de padre **Robert** e sua percepção de como era importante respeitar o desejo da avó. Discutiram vários detalhes: o horário da missa, o que deveria ser escrito no aviso ao público, as flores, as músicas, os textos que seriam lidos, o que seria colocado no folheto de orações e assim por diante.

Quando terminaram, restando apenas alguns itens que precisavam da aprovação de Annie, Melody perguntou:

– O senhor ainda tem alguns minutos?

– Claro. Em que mais posso ajudá-la?

– Pelo que me recordo, o senhor é um especialista em história das religiões.

— Bem, não sei se sou um "especialista", mas estudei bastante e já dei aulas de história das religiões.

— O senhor, alguma vez, conversou com minha avó sobre as crenças dela?

— Não, nunca. Ela era uma mulher adorável e muito sábia. Eu sempre ficava contente em vê-la na missa com seu avô e sua mãe, mas nunca tivemos a oportunidade de conversar muito. Annie assumiu a responsabilidade pela missa em memória de seu avô e Giselle ajudou, sabendo que era aquilo que Henry gostaria que ela fizesse — seu rosto turvou-se um pouco. — De fato, lembro-me de que sua mãe passou por... um período difícil, alguns anos atrás, e mostrou-se preocupada com as crenças de Giselle.

— Mesmo? — Melody estava surpresa de que Annie tivesse falado sobre um problema pessoal.

— Sim, mas sua mãe estava muito perturbada, muito sensível, então, não discutimos nada em detalhes, não que me lembre. Tentei assegurar-lhe que Giselle era uma boa mulher e que não faria mal a ninguém, independentemente de suas crenças religiosas.

— Minha mãe contou de onde minha avó vinha e como foi criada?

— Não. Só me lembro que sua mãe estava muito aborrecida com sua avó, algo com relação a sua fé, mas também me lembro de que sempre gostei de Giselle e, no fundo, sabia que ela era uma boa pessoa.

Melody também achava que padre Robert era uma boa pessoa e queria muito confiar nele. Mesmo assim, sabia que tinha de ser seletiva quanto ao que revelaria.

— Padre, minhas últimas semanas foram uma jornada e tanto. Minha avó deixou instruções para que fosse cremada e que suas cinzas fossem levadas a um *bayou* da Louisiana, onde ela nasceu. Elas deveriam ser abençoadas por Marie, uma amiga de infância. Ela pediu, especificamente, que eu fizesse isso.

Padre Robert inclinou-se para a frente, apoiando os cotovelos na escrivaninha.

— Abençoadas por uma amiga de infância? — ele perguntou com calma, mesmo erguendo as sobrancelhas.

— Sim. É uma longa história, mas como o senhor já deve ter adivinhado, em especial com tudo o que minha mãe deve ter-lhe contado naquela época, o Vodu está envolvido. Mas espere, padre — Melody levantou as mãos, com as palmas para frente. — Não é tão absurdo quanto parece.

Ele manteve a expressão inalterada, não se moveu, apenas ouviu.

– Participei da cerimônia e, tenho que admitir, foi um choque. Nunca tinha presenciado nada parecido e não entendi muito do que aconteceu. Eu tinha a mesma opinião que a maioria das pessoas tem sobre o Vodu... aquela coisa de espetar alfinetes em bonecos.

Padre Robert assentiu, animando-a a continuar.

– Essa cerimônia não foi nada parecida com o que eu esperava. Na realidade, foi muito emocionante, muito poderosa. Será que posso me atrever a dizer? – ela perguntou, rindo. – Foi muito *espiritual*.

Ele gargalhou, recostando-se na cadeira. Lembrou-se das longas discussões sobre religião *versus* espiritualidade que tivera com uma jovem muito curiosa, muitos anos antes.

– Mas, sério, padre. A maior lição que tirei dessa experiência, até agora, é que muitas religiões, ou caminhos espirituais, têm mais coisas em comum do que a maioria das pessoas percebe. Existem diferentes formas de adoração e são usadas palavras diferentes, mas o fundamento e a intenção essenciais são muito semelhantes. As coisas só são corrompidas com o tempo, pelas pessoas. Para mim, a questão não é tanto *quem* ou *o que* se venera, mas sim quem venera e como.

Padre Robert continuou em silêncio, com a expressão inalterada.

– Por exemplo, eles acreditam que há um Criador, assim como você e eu. Os deuses para os quais rezam... é como católicos rezando para seus santos. Os feitiços e coisas do tipo não são parte do Vodu original. Eles chamam isso de Hodu.

Melody esperava que ele dissesse algo, mas continuou sentado, em silêncio. Ela continuou, sem saber se o padre estava aborrecido ou se apenas absorvia o que ela dizia.

– Tenho certeza de que existem aqueles que fazem as chamadas coisas do mal, mas isso não é parte da religião. Parece que sempre há um pequeno grupo de lunáticos que distorce os ensinamentos para os adequar a seus propósitos negativos. Temos o mesmo tipo de gente no Cristianismo... e na Igreja Católica, em especial.

O velho padre fechou os olhos, pensando com cuidado no que dizer.

– Melody, compreendo o que diz. Tudo o que sei é o que a Bíblia ensina e...

– Eles usam a Bíblia em seus rituais de cura!

– Melody, o que quer que eu diga? Está pedindo que eu aprove essas cerimônias? Práticas não sancionadas pela Igreja? – ele perguntou de forma retórica.

– Sinceramente? Não sei o que estou pedindo, padre.

– Tento não julgar, Melody, mas também fiz um juramento de defender as posições da Igreja.
– O seu estudo das religiões incluía práticas indígenas?
– Sim, um pouco.
– Inclusive o Vodu?

Houve uma pausa constrangedora.

– Um pouco. Trabalhei como missionário na África ocidental e em algumas ilhas caribenhas, portanto, conheço um pouco do que você está descrevendo.

– É mesmo? – Melody entendeu isso como outro sinal, um sinal de que poderia abrir-se um pouco mais. – O senhor se lembra de alguma conversa sobre um texto sagrado?

– Você quer dizer, algo como a nossa Bíblia?

– Sim.

– Melody, a tradição deles é oral; há muito pouco ou quase nada escrito.

– Sim, mas fui levada a crer que há um livro. É uma história meio secreta, mas dizem que a família de minha avó, em algum momento, ficou com o livro. E, pelo que passei, acho que algumas pessoas acreditam que ele seja muito poderoso, de alguma forma.

Houve completo silêncio. Ela não sabia dizer o que ele estava pensando, não havia nenhuma expressão, nenhum movimento corporal, nada que pudesse sugerir o que ele achava ou sentia sobre o que ela revelara.

Por fim, desconfortável, ele mudou de posição em sua cadeira e deu um suspiro.

– Não sei, Melody. Eu realmente não vejo como posso ajudá-la. Há algum motivo para você acreditar que esse livro estivesse com Giselle?

Melody deu de ombros, sem saber como proceder, temendo que tivesse falado longe demais.

– Se você porventura encontrar esse livro, pode trazê-lo para que eu dê uma olhada. Quanto ao mais, entrarei em contato com sua mãe sobre a missa em memória de sua avó – ele disse, com educação.

O padre levantou-se de forma abrupta, em claro sinal de despedida. Melody surpreendeu-se com a rapidez com que ele deixou de ser carinhoso e amigável e tornou-se seco e frio.

Ela pensou em lhe dar um abraço antes de partir, mas sentiu que isso não seria bem recebido. Em vez disso, saiu depressa, sentindo-se muito desconfortável.

# Capítulo XII

Da janela do escritório, padre Robert observou Melody partir, aturdido e sem saber o que pensar sobre o que acabara de acontecer.

Conhecia Melody desde que ela nasceu. Na realidade, ministrara todos os seus sacramentos, começando com o batismo. Era uma menina muito inteligente, cuja natureza compassiva se revelou bem cedo. Ele sempre admirou sua curiosidade investigativa, mesmo tendo isso exigido que intercedesse em seu favor junto às freiras por tantas vezes que perdeu a conta. Ela não fazia isso por mal. Ficou surpreso ao saber que ela abandonara o curso de direito. Teria sido uma advogada magnífica.

Na juventude, tinha sido como ela em vários aspectos: questionador, buscando encontrar as respostas por conta própria até conseguir entendê-las e acreditar nelas de fato. Para satisfazer esse anseio por independência, ofereceu-se como voluntário para uma viagem missionária enquanto ainda era seminarista, logo após terminar a faculdade. Escolheu a costa ocidental da África, onde estaria cercado pela história ancestral, imerso em um mundo e uma cultura completamente diferentes. Acima de tudo, estaria servindo a Deus, espalhando Sua mensagem pelas tribos mais isoladas da civilização.

No entanto, o mundo que encontrou era muito diferente do que esperava.

Sentado em seu escritório com ar-condicionado, em Raleigh, padre Robert deixou que seus pensamentos voltassem no tempo, em detalhes, pela primeira vez no que parecia uma eternidade.

O seminarista Robert Rudino surpreendeu-se com o que encontrou em suas viagens pela África ocidental. Imaginava vilarejos primitivos; em vez disso, deparou-se com cidades-estado organizadas, com comércio, governo e infraestrutura. As sociedades eram verdadeiras comunidades cujas informações e histórias eram transmitidas oralmente e não por escrito.

Observara com fascínio os povos Fon e Yorubá. Eles tinham desenvolvido um complexo sistema de aprendizado e domínio da execução de tarefas com habilidade e destreza que parecia derivar de um conhecimento inato. O que mais o encantou nessa sociedade foi sua vasta gama de crenças espirituais. Sua história religiosa era parte da tradição oral, transmitida, essencialmente, pelos anciões das tribos, portanto, não havia texto sagrado, como o *Gênesis* ou o *Baghavad Gita*, que ele pudesse estudar.

A tradição oral era preservada de maneira intencional porque acreditavam que a vibração sonora era de suma importância. A marca energética da vibração combinada à intenção da pessoa que estava falando ou tocando o tambor era onde estava a verdadeira sabedoria e – como dizem os praticantes do Vodu – a capacidade de criar a magia. Após o pôr do sol, ele sempre escutava o soar dos tambores; ainda hoje, o som de tambores ritualísticos continuava a mexer com ele.

Eles eram um povo muito amável e permitiram que ele entrasse em suas vidas, ouvindo a mensagem que transmitia com paciência e tentando compreendê-la. Estava sempre angustiado pela incapacidade do povo em perceber que ele estava lhes oferecendo um novo caminho, um caminho melhor. Sua maior frustração, na verdade, devia-se ao fato de que parecia que eles não percebiam que ele estava lhes apresentando algo *diferente*. Eles achavam que o Deus que ele lhes apresentava e o seu deus eram o mesmo; que suas orações e seus cultos eram iguais. As diferenças quanto à forma não eram importantes. Eles apenas sorriam e insistiam que Robert, a quem chamavam "padre", apesar de ele ainda não ser um sacerdote, participasse de seus rituais, com o intuito de incluí-lo em seu mundo.

A crença deles era viva, vibrante e participativa. Robert via grande beleza na forma como o dia a dia do povo estava intrinsecamente associado a seu culto: não apenas a vida dos anciões e dos xamãs, mas a de todos os homens, mulheres e crianças. Ao longo do dia, e todos os dias, rezavam para seus deuses e ancestrais e os "alimentavam" de maneira ritualística.

Descobriu que as mesmas divindades cultuadas há milênios ainda são invocadas por toda a África ocidental e em muitas outras partes do mundo, em consequência da diáspora da escravidão africana.

Robert nunca participou dos rituais, mas sentia-se sempre tentado a fazê-lo. O que o impedia era o medo de que sua fé talvez não fosse forte o suficiente. Ouvira histórias de padres missionários que trabalharam com povos indígenas e abraçaram o que descreveram como a beleza e o puro poder dessas crenças nativas, a ponto de abandonarem a Igreja.

Ficou na região por cinco anos, a maior parte dos quais permaneceu no país hoje conhecido como Benim, que faz fronteira ao norte com Níger, a leste com a Nigéria e a oeste com Togo, tendo uma pequena costa ao sul. Por fim, foi enviado para a cidade costeira de Ouidah, no sul do país, onde passou o último ano de sua estada na África. Um dos aspectos da vida na África ocidental que o surpreendeu foi a quantidade de habitantes que era fluente em vários idiomas. No período pós-colonização, a África ocidental tornou-se uma das regiões mais complexas do mundo, em termos linguísticos.

Assim que conseguiu domínio suficiente da língua, Robert tornou-se próximo de vários anciões de tribos. À noite, sentavam-se ao redor da fogueira, fumando cachimbos feitos de ossos de animais. Ele os escutava enquanto contavam fábulas antigas, recitando-as com tanta expressão e musicalidade que Robert ficava fascinado por cada palavra.

Uma das histórias era sobre uma reunião de anciões que acontecera há vários séculos. Anciões de todas as partes do mundo vieram até aquele pequeno vilarejo para discutir sobre uma profecia que teria proporções mundiais. Ele não conseguiu entender todas as palavras, mas o que conseguiu compreender foi que esse encontro resultou em uma aliança entre várias religiões indígenas. De acordo com a história, aqueles líderes espirituais previram uma época de grande desassossego e desequilíbrio que se aproximava rapidamente e não ficaria restrita a uma região específica.

Eles criaram um plano ou estratégia, ou talvez tenham apenas chegado a um consenso, sobre esse futuro perturbador. Robert não sabia ao certo, mas o que ficava claro era que a história, mesmo vaga quanto aos detalhes, dava a impressão de trazer grande conforto aos anciões. Eles tinham uma crença inabalável de que os acontecimentos se desenrolavam de acordo com um plano universal, como mostrava a profecia, e que quaisquer tragédias ou bênçãos ocorriam para que a profecia se cumprisse.

Dizia-se que esse conhecimento era transmitido das anciãs para suas descendentes e, pelo que Robert pôde perceber, aquilo era muito importante.

Ele ficou intrigado, em especial, com uma coisa que ouviu, por acaso, do lado de fora da casa de um ancião que estava "passando para o Astral".

Certa noite, já bem tarde, vários anciões e seus filhos estavam reunidos do lado de fora da casa do antigo xamã do vilarejo, que não se esperava que sobrevivesse àquela noite. Robert ficou por perto, querendo, se possível, ajudar. Acabou adormecendo, encostado na parede da frente da pequena casa, enquanto os outros realizavam uma cerimônia ao lado da casa, voltados para a direção adequada àquele ritual. Acordou, horas depois, com vários sussurros que quebravam, de forma sinistra, o profundo silêncio da noite.

O moribundo, em um delírio febril, falara a seus filhos que ficassem atentos e se preparassem para a revelação de *O Livro de Obeah*. Estava claro que nenhum deles jamais tinha ouvido falar daquele livro e perguntavam, agora, aos anciões se havia alguma verdade nas palavras desconexas de seu pai sobre aquele misterioso texto sagrado. A palavra "obeah", que pronunciavam "ou – bei – a", trazia em si um significado tremendo. Eles a pronunciavam com reverência e temor.

Depois disso, duas perguntas atormentaram Robert por um bom tempo: sobre o que era aquela profecia e se tal livro existia de fato. Para sua grande decepção, nunca encontrou ninguém que tivesse as respostas e, caso alguém as tivesse, nunca as revelou. Algum tempo depois, um encontro aparentemente casual o levou a uma direção que mudou o curso de sua vida.

Pouco antes da data de sua partida, pediram a Robert que fosse à casa de uma curandeira da tribo onde deveria pegar ervas medicinais e beberagens para uma jovem que estava gravemente enferma. Àquela altura, já estava familiarizado com os rituais e instrumentos do Vodu e já havia visitado essa curandeira, conhecida como uma mãe de santo do Vodu. Sentia-se envergonhado, pois nunca conseguia falar direito o nome dela. Assim, e em sinal de respeito, chamava-a de "Mambo", o título dado a uma mãe de santo do Vodu; os pais de santo eram chamados "Hogan".

Mambo sempre abria um sorriso largo quando o via. Ela irradiava puro carinho e ele adorava estar perto dela. Sua sabedoria e conduta eram próprias dos anciões, ainda que ele não conseguisse determinar-lhe a idade. Robert achava incrível que, após a adolescência, esse belo povo parecesse não mais envelhecer.

Quando chegou, Mambo já havia preparado uma cesta para a jovem e pediu que ele a pegasse no quarto ao lado. Ao atravessar a cortina de contas, descobriu que o quarto era, na realidade, um cubículo, pouco maior que um armário.

Assim que começou a procurar a cesta certa, Robert ouviu alguém entrar na casa e, em seguida, uma alegre troca de cumprimentos entre Mambo e outra mulher. Teve a nítida impressão de que a visitante não vivia mais em Benim e de que Mambo não a via há muito tempo. Enquanto continuava sua procura, várias palavras da conversa entre as mulheres chamaram sua atenção. Algumas eram em inglês, outras, em francês e outras ainda, em uma língua que não conseguiu identificar. Conseguiu entender algumas referências esporádicas a "texto sagrado", "proteção", "profecia", "Obeah" e "América".

Sem querer interromper, mas tomado pela curiosidade, Robert saiu do quarto e viu uma jovem negra vestindo um tradicional hábito de freira completo, azul *royal*, ao lado de Mambo.

– Ah, padre Robert – disse Mambo, acenando para que ele se aproximasse. – Gostaria de lhe apresentar irmã Elise.

Robert estendeu a mão à delicada jovem.

– Prazer em conhecê-la.

– O prazer é meu – respondeu irmã Elise, com um melodioso sotaque caribenho, enquanto lhe dava um surpreendente aperto de mão firme. Nas viagens que viria a fazer às ilhas caribenhas, Robert conseguiu identificar que seu sotaque era dos *creoles* do Haiti.

– A que Ordem pertence, irmã? – ele perguntou, sem reconhecer seus trajes nem o medalhão de ouro que usava. Supôs que ela não fazia parte da Igreja Católica Romana.

– *Les Soeurs de Prophétie* – ela respondeu.

Padre Robert traduziu, em silêncio: *Irmãs da Profecia.*

Com um jeito maternal, Mambo envolveu a ambos com os braços e sussurrou, como se lhes contasse um segredo:

– Agora, tudo está como deveria ser.

Padre Robert estava confuso, mas ambas as mulheres sorriram e, então, irromperam em um riso jovial.

– Não estamos rindo do senhor, padre – Mambo explicou. – Você precisava estar aqui, neste lugar, a esta hora. Um dia você entenderá melhor. Por enquanto, saiba apenas que seu caminho ainda se cruzará com o das *Les Soeurs...* e com o caminho do livro... daqui a muitos anos. Assim está escrito.

Antes de partir, Robert tinha de escrever um relatório de suas experiências e reflexões sobre a África ocidental. Ele escrevera um diário durante sua estada, então usou as passagens mais extraordinárias para fazer seu resumo. Esse relatório foi encaminhado ao cardeal Bonelli, que supervisionava as missões do Vaticano na África ocidental.

Robert relatou seu verdadeiro respeito pelo povo e seu modo de vida e descreveu as lendas curiosas que tinham lhe contado. Nem fez menção a irmã Elise, nem a *Les Soeurs de Prophetie*.

Para sua surpresa, o próprio cardeal Bonelli foi visitar Robert quando este voltou aos Estados Unidos. O cardeal, que Robert achou ser muito jovem para sua posição, queria ouvir mais sobre as lendas, em especial sobre o texto sagrado. Robert explicou que só tinha informações gerais das histórias contadas oralmente, mas que os moradores do vilarejo e os anciões tinham grande fé na profecia. A lenda do texto sagrado, cuja existência, caso fosse real, era conhecida por poucos, era muito mais secreta.

Os devaneios de padre Robert foram interrompidos, de repente, pelos gritos das crianças que corriam pelo corredor.

Ele não queria recordar aquele antigo encontro com cardeal Bonelli, mas estava, agora, enfrentando suas consequências.

De acordo com o cardeal, a existência do manuscrito já havia sido registrada pelo Vaticano, por volta do ano de 1900. Robert foi proibido de falar sobre o assunto com qualquer outra pessoa. Entretanto, ele teria de fazer um voto de que, caso o assunto viesse à tona outra vez, não importa como, ele entraria em contato com o cardeal Bonelli ou seu sucessor e revelaria qualquer nova descoberta. Para selar aquele acordo e mostrar quão importante era aquela aliança, Robert Rudino foi, no mesmo ato, promovido a sacerdote e designado para cuidar de sua própria paróquia.

Sempre que olhava para sua bela igreja, com entrada de mármore, estilo arquitetônico elaborado e maravilhosos vitrais, Padre Robert se lembrava daquilo. Ele sabia que não tinha feito nada de errado, no entanto, todos seus anos de serviço à Igreja foram sutilmente arruinados pela sensação de que tinha aberto mão de sua integridade desde o início de sua vida sacerdotal. Sem dúvida, tornara-se, com amor e dedicação, o esteio da Igreja Católica de Santa Ana, conquistando o amor e o respeito de seus paroquianos por meio de seu trabalho e dedicação.

E agora isso. Não conseguia acreditar que o fantasma do livro voltava a rondá-lo, trazido por Melody, exatamente em Raleigh, na Carolina do Norte!

Para que o Vaticano estivesse interessado há tanto tempo nesse livro, ele havia de conter algo potencialmente perigoso, algo que pudesse, de alguma forma, ser prejudicial à Igreja. E se o livro estivesse prestes a aparecer e seu conteúdo fosse revelado? Conseguiria suportar as consequências, caso fossem prejudiciais? Melody corria perigo? Será que o fariam abandonar sua paróquia se ficasse em silêncio?

Ele amava sua querida paróquia, mas jurara proteger a Igreja Católica.

Padre Robert instruía, com frequência, os outros a seguirem uma regra ao tomarem uma decisão, a mesma que buscava seguir: tomem decisões baseadas no amor e não no medo.

O medo de perder a Igreja de Santa Ana e seu mundo tranquilo o faria permanecer em silêncio, ignorando o que Melody tinha revelado.

O amor pela Igreja Católica o faria procurar cardeal Bonelli.

Abaixou a cabeça e rezou em silêncio. Sentindo-se desfalecer, apoiou-se na escrivaninha, contornando-a até sentar-se em sua cadeira e, então, discou o número de telefone de cardeal Bonelli, esperando, com ansiedade, que ele atendesse.

# Capítulo XIII

Era quase meio-dia quando Olívia Beauchamp chegou à *Black Cat Café,* a cafeteria da moda, para almoçar com o pai. A conversa entre eles abrangeu desde brincadeiras carinhosas sobre o velho e gasto chapéu de pescador do pai até um adorável, embora eterno, debate sobre qual seria o melhor lugar para se viver, se os *bayou* ou a cidade. Já estava quase na hora de Olívia voltar ao hotel, quando então, ela entregou ao pai o pequeno pedaço de papel que tirou da bolsa.

– Foi isto que você pediu, não foi?

Ele pegou o papel com o endereço e o telefone de Melody Bennet na Carolina do Norte e colocou-o no bolso da camisa. Em seguida, abriu um largo sorriso e segurou a mão da filha na sua.

– Obrigado, Olívia. Enfim, estamos chegando a algum lugar.

Olívia sorriu, sem jeito, e tirou outro pedaço de papel de seu bolso.

– Olha o que mais eu tenho para você – disse, com um sorriso orgulhoso. – Esta é a ficha de entrada do hotel, com a assinatura dela. Você acha que pode fazer alguma coisa com isso?

– Você está brincando? Uma assinatura tem muito poder! Ela contém a vibração da pessoa. Filha, deixa eu lhe ensinar uma coisa que você não vai encontrar em nenhum livro. Você tem uma caneta?

Eficiente como sempre, Olívia pegou uma no mesmo instante.

– Quando assinar seu nome, só escreva a primeira letra do primeiro nome e do sobrenome, depois de escrever todas as outras. Isso elimina a vibração contida em seu nome – escreveu em um guardanapo para mostrar o que queria dizer. – Então, quando escrever seu nome, Olívia Beauchamp, deve primeiro escrever "lívia eauchamp" e depois colocar o "O" e o "B", entendeu?

Olívia assentiu, mas não estava prestando atenção. Ela não tinha o menor interesse no que considerava crendices do passado.

– Bem, e agora? Você vai para Carolina do Norte?

O pai parecia imerso em pensamentos e disse, sem levantar os olhos.

– A não ser que ela volte, vou acabar tendo de ir para lá. E vou lhe dizer uma coisa: nem que tenha que morrer tentando, vou colocar as mãos naquele livro. Meu tempo deve estar perto do fim, mas você é uma descendente feminina, então, ele é seu por direito.

– Lá vem você com essa conversa de novo.

– Só estou sendo realista. Estou velho, mas ainda posso tentar deixar alguma coisa para você. Fiquei afastado por tantos anos, enquanto você crescia... agora quero lhe dar o mundo inteiro, minha filha. Esse livro lhe daria o mundo inteiro.

Olívia era tudo na vida de Paul. Quando o pai dele se lamentava por causa daquele maldito livro, ele costumava não prestar muita atenção. Somente quando Olívia apareceu foi que Paul passou a se interessar pelo assunto e fazer perguntas. Começou a tirar as próprias conclusões e percebeu que seu pai talvez não estivesse louco, afinal, tudo o que ele dizia podia ser verdadeiro.

Agora que tinha um motivo, ele também estava obcecado com a ideia de conseguir o livro – para Olívia... tudo estava voltando ao ponto de partida.

# Capítulo XIV

Maurice Abudah saiu para a frágil varanda, enchendo os pulmões debilitados com uma boa dose do ar fresco da manhã.

A densa névoa começava a se dissipar e vários pássaros cantavam, cumprimentando o dia que nascia. Logo, o canto noturno das cigarras seria substituído por inúmeros outros sons, conforme os habitantes da Atchafalaya despertavam. Nas primeiras horas da manhã, os *bayou* eram como um gigante preguiçoso que relutava em acordar de seu sono profundo.

Esse despertar foi penetrado pelo grito de caça de um falcão do pântano que, em segundos, abocanhou a presa desavisada, a poucos metros da varanda.

Maurice sentiu-se revigorado pela energia da ave de rapina e soube o que tinha de ser feito.

Uma semana antes, defrontara-se com Melody Bennet por causa do Livro. Ele tinha sonhado com aquele momento por toda sua vida.

Era pouco mais que um bebê quando a tal Yvette invadiu a casa de sua mãe e roubou o que seria seu por direito. Tempos depois, sua mãe lhe contou que o livro fora confiado aos cuidados da família e deveria ser transmitido de mãe para filha. No entanto, Helena Abudah não tinha uma filha. Maurice era seu único herdeiro.

Ele mudou-se para a casa da mãe, sua única herança material, após a morte dela, 20 anos antes, e continuou a conversar com ela todos os dias. Era vital que se lembrasse de tudo que ela lhe ensinara, mas, nos últimos anos, estava cada vez mais difícil se lembrar de detalhes. Todas as manhãs, desafiava a si mesmo com jogos de raciocínio para acordar partes adormecidas da memória que, tinha certeza, guardavam informações inestimáveis.

Em certos dias, sua mente estava clara como água; em outros, mal conseguia se lembrar do que acontecera no dia anterior. Naquela manhã em particular, Maurice lembrou-se de quando Bertrand entrou na vida deles.

Bertrand Baton era gentil com sua mãe, e os dois logo se apaixonaram. Naquela época, como casais inter-raciais não eram aceitos, a mãe, então, disse-lhe para não revelar a ninguém seu relacionamento com Bertrand. Ela contou a Maurice que Bertrand tinha uma ex-mulher, Yvette, que o abandonara e fugira com um homem rico, levando os dois filhos. Antes de fugir, aquela terrível mulher invadira a casa deles, enquanto estavam fora, e roubara O Livro.

Maurice era tão jovem na época que não tinha qualquer lembrança daquilo. Sempre se perguntou como essa tal Yvette, uma mulher branca, podia saber que aquele livro era especial. Mas, acima de tudo, como esse livro de magia pôde cair em mãos erradas, sendo sua mãe uma praticante de Vodu tão poderosa?

Na realidade, isso não importava. Para ele, a palavra de Helena era sagrada e, se a mãe dissera que essa mulher tinha roubado o livro e que ele pertencia à sua família, não precisava saber de mais nada.

Maurice percebeu que a névoa se dissipara por completo. Os preparativos para mais um dia de caça e busca de alimento já haviam começado. Ele viu dois esquilos subindo um cipreste nu e uma família de canários de garganta amarela procurando comida na barba-de-velho. Outros animais se moviam ao redor, delimitando seu território à sombra da cobertura formada pelas árvores, indicando que aquele seria mais um dia quente e ensolarado. Uma rara pomba branca passou pelo campo de visão de Maurice, evocando memórias de outro dia perdido no tempo.

Tinha sido um dia de grande expectativa, pois Helena e Bertrand preparavam-se para seu casamento. A cerimônia simples foi realizada por uma mãe de santo do Vodu. Maurice lembrava-se de ter ficado maravilhado com a beleza da mãe; a aveludada pele chocolate realçava o vestido amarelo claro que usava. Ela escolhera a cor em homenagem a Oxum, o Loa do amor. Helena disse ao filho que a Deusa concedera-lhes uma grande bênção ao colocar Bertrand na vida deles. Ela ensinou o filho a preparar oferendas para a Deusa e colocá-las à margem do rio, de onde sua essência emergiria para buscá-las.

A perda do Livro parecia ter ficado em segundo plano na memória do casal enquanto gozavam os prazeres da recente união. Foram felizes por cerca de um ano, mas, então, Bertrand começou a beber muito. Helena estava sempre entre a fúria e a depressão. Acreditava que Bertrand a estivesse traindo e começou a segui-lo. Descobriu que ele estava se encontrando com outra mulher, que tinha uma sinistra semelhança com Yvette. Ele desaparecia por dias e, por fim, nunca mais voltou.

Pelo que Maurice ouviu, depois de alguns anos, aquele relacionamento também não deu certo. Bertrand Baton tornou-se um recluso e sua única companhia era o uísque. Maurice nunca mais quis saber dele, depois de abandonar Helena. Sua traição fora imperdoável.

A morte de Helena não foi tranquila. Em seu leito de morte, ela não parava de delirar, dizendo que usara a magia para o mal, pedindo a Deus que a castigasse. Implorou ao filho, repetidas vezes e com fervor, para não se esquecer do Livro e de Seu poder e para aceitar seu destino.

Maurice sentiu dificuldade em entender exatamente o que ela queria dizer; as alucinações da mãe deixavam-no confuso. Acreditava que ela estava ordenando que ele trouxesse O Livro de volta para a família e devotou sua vida a essa missão.

Passara bem a última semana ou um pouco mais, talvez por ter algo concreto em que se concentrar e que o impulsionasse adiante a cada dia. Seus pensamentos foram todos ocupados pelo Livro. Sua mãe dissera que O Livro tinha magia e ele sempre acreditou em tudo que ela dizia. Ele sentia a magia do Livro sobre ele... possuindo-o... pedindo que o recuperasse para a família. Podia ouvir a mãe falando com ele; seus ancestrais africanos e haitianos chamando-o. A voz de Antoine, seu filho, também se fazia presente.

Maurice sabia que seus netos achavam que ele enlouquecera por completo com a morte de Antoine, mais de um ano antes. Para Maurice, entretanto, seu caminho nunca tinha sido tão claro. O terror do Katrina revelara muitas verdades ocultas ao redor.

O furacão havia sido a própria personificação de Iansã, o Orixá dos ventos. Muitos rezaram para que Iansã poupasse Nova Orleans da terrível tempestade e, no último instante, ela o fez, fazendo o furacão perder a força e mudar um pouco sua direção, de forma que não atingisse a cidade diretamente. Mas foi o rompimento dos diques que causou o caos. O Katrina desencadeou esse rompimento, expondo as trevas e ao mesmo tempo que dava condições de a luz surgir.

Ele sabia que o Katrina viera para mostrar o poder da criação – e o poder da destruição. Assim como Iansã e todos os Orixás, o Katrina integrava em si diferentes aspectos da mesma energia.

Maurice cresceu aceitando a dualidade entre luz e sombra e tinha um grande respeito por ambas. Ele observou os diferentes aspectos da mesma energia ganharem vida em seus netos. Antoine teve dois filhos, Alex e James. Enquanto Alex só conseguia ver a ilusão das trevas e do desespero, James encontrava luz e prazer em cada esquina.

Antoine foi um dos inúmeros moradores do *Ninth Ward* que morreram na enchente e nunca foram encontrados. James escolheu seguir em frente e honrar o pai ao buscar uma vida melhor para si, ao passo que Alex se deixou consumir pelo ódio.

Era como se o Katrina tivesse detonado o vulcão em Alex, cuja raiva e ressentimento fervilhavam em seu interior, mesmo quando jovem. Alex tomou para si o sofrimento de todos os afro-americanos e seus ancestrais e seu propósito era fazer com que as pessoas, em especial os brancos, pagassem por séculos de sofrimento.

Após a morte de Helena, Maurice rezava, pedindo orientação para encontrar O Livro. Sabia que Yvette, a última pessoa que estivera de posse dele, tinha uma filha, cujo pai era Bertrand, mas não sabia o nome da garota. Alguns meses atrás, enquanto vasculhava algumas das coisas da mãe que tinham sido guardadas rapidamente por uma vizinha, quase 20 anos antes, ele encontrou um frasco com um tufo de cabelo loiro, com um rótulo no qual estava escrito: "Giselle Baton, 13 anos". Ele sempre soube que, de alguma forma, sua mãe o ajudaria!

Após encontrar o cabelo de Giselle, Maurice fez um trabalho para atraí-la para os *bayou*. Várias semanas depois, James o procurou após ter deixado uma hóspede do hotel, "uma simpática senhorita da Carolina do Norte", que viera ao pântano para espalhar as cinzas da avó. No mesmo instante, Maurice sentiu um arrepio na espinha e, tendo certeza de que o Espírito estava operando, quis saber o nome da "simpática senhorita".

Perguntou nas redondezas sobre uma desconhecida que tinha ido até os *bayou* e não estava em uma excursão; logo soube que a garota, Melody Bennet, era a neta de Giselle Baton. Parecia que tinha sido recebida como hóspede na casa do dono do mercado, no limite leste do pântano. Ele sabia onde o homem morava, então foi até sua casa e esperou por uma oportunidade de se aproximar dela quando estivesse sozinha. Sem dúvida conseguiria, sua mãe estava a seu lado, dando-lhe força.

Maurice confrontou a garota, sem se intimidar. O medo dela fortaleceu seu propósito.

Ele sabia que teria a oportunidade de confrontá-la outra vez, e muito em breve.

Como conhecia o hotel em que ela estava hospedada, fez outro trabalho para que se encontrassem. A pequena banca na calçada, que ele e seus netos partilhavam, seria perfeita. Colocou a banca de refrescos em uma das ruas mais movimentadas perto do hotel, na certeza de que Melody cruzaria seu caminho de novo.

Como previra, ela foi diretamente em sua direção, a princípio, sem reconhecê-lo, mas, ao perceber de quem se tratava, se afastou e caiu, machucando a mão em uma pequena pedra no chão. Maurice notou uma pequena mancha de sangue na pedra; ele a pegou com cuidado e a colocou em um saco plástico. Ele usaria a pedra para confeccionar um pêndulo a fim de descobrir onde Melody estava.

Quando James foi vê-lo, mais tarde, naquele dia, depois de seu turno no hotel, Maurice se deu conta de que o neto tinha acesso exatamente ao que ele precisava: o endereço da garota na Carolina do Norte.

# Capítulo XV

Melody acordou muito tarde na manhã seguinte, frustrada por não ter conseguido voltar à fazenda antes do anoitecer, após seu encontro com padre Robert.

Um congestionamento a impedira de retornar à fazenda da avó em tempo de continuar sua busca, então, decidiu aproveitar a oportunidade e ir até seu apartamento para pesquisar algumas coisas no computador.

O sangue-de-dragão parecia ser um ingrediente importante nos rituais; embora nunca tivesse ouvido falar nele. Descobriu que é uma resina derivada de quatro tipos diferentes de árvores encontradas em todo o mundo, usado como medicamento e na preparação de incensos e corantes. No Vodu, é utilizado para limpar uma área de influências e entidades negativas e é acrescentado à tinta vermelha para gravar sinetes e talismãs de magia. É interessante que, em particular na cultura do Vodu de Nova Orleans, pó de tijolo vermelho é normalmente usado no lugar do pó de sangue-de-dragão.

Encontrou vários sites dedicados ao culto dos Orixás e gostou da ideia de que eles estavam "... ali para abrir nosso caminho ou jogar pedras nele, dependendo do que precisássemos aprender em um determinado estágio de nosso desenvolvimento".

Melody procurou, em especial, informações a respeito de antigas crenças sobre gêmeos.

Como Giselle escrevera no diário, o nascimento de gêmeos é reverenciado no Vodu. Melody leu que se acredita que tenham poderes divinos e tragam bem-aventurança para sua família e seu vilarejo.

Pensando sobre isso enquanto ainda estava na cama, tentando despertar, fez com que refletisse e se perguntasse o que a morte de um dos gêmeos significava. *"Seria uma maldição? Infelizmente, isso explicaria muitas coisas..."*

Vestiu depressa um velho jeans e uma camiseta e dirigiu-se ao galpão da fazenda. Espátula e pá em mãos, voltou às ruínas do velho celeiro.

Segurando a pá com as duas mãos, começou a cavar ao redor da área onde sentira o aro metálico no dia anterior. Era uma tarefa árdua; o chão duro estava repleto de pequenas pedras e escombros da velha construção. Conforme cavava, Melody deixou-se levar pela cadência de seus movimentos e, de repente, ouviu um estranho "tum". Manuseando a espátula com cuidado, começou a ver o contorno do que parecia ter sido uma grande caixa de metal.

Naquele exato momento, uma sombra a cobriu, bloqueando o sol por completo. Ao olhar para cima, Melody ficou assustada ao ver três homens; dois deles usavam o tradicional hábito de padres, o outro estava vestido de vermelho, com uma grande cruz de ouro sobre o peito.

*"O que um cardeal está fazendo aqui?!"*

– P-posso ajudá-los?

– Você é Melody Bennet? – perguntou o cardeal.

Limpando as mãos enquanto se levantava, Melody colocou-se discretamente na frente do lugar onde estava cavando para impedir que vissem o objeto.

– Sim, em que posso lhes ser útil, senhores?

– Teria alguns minutos para conversarmos, senhorita Bennet? É um assunto da maior importância.

Perplexa, a princípio hesitou e, então, disse:

– Claro. Gostariam de vir até a casa? Podemos nos sentar na varanda, à sombra – ela não queria que eles entrassem na casa, mas precisava tirá-los dali.

Curiosamente, ninguém disse uma palavra enquanto caminhavam. Ao chegarem, Melody pediu licença para pegar um jarro de chá e, quando retornou, o Cardeal foi direto ao ponto.

– A senhorita sabe por que estamos aqui, senhorita Bennet?

– Não, senhor, não sei – Melody respondeu dizendo a verdade.

– Estamos aqui por causa de um livro sobre o qual você conversou com o padre Robert.

Melody sentiu um baque. Não pedira a padre Robert que mantivesse a conversa deles em segredo, mas supôs que ele o faria. Sentiu-se traída.

– Eu apenas comentei sobre a possibilidade de tal livro existir. Não tenho nenhum motivo para acreditar que exista.

O cardeal mantinha os olhos fixos em Melody.

– Senhorita Bennet, esse não é um assunto para ser encarado com displicência. A senhorita tem ideia da importância de minha presença aqui?

A arrogância dele era irritante.

– Com todo o respeito, o que o senhor quer de mim?

– Peço desculpas por não ter feito as apresentações apropriadas assim que chegamos. Sou o cardeal Bonelli e estes senhores são o padre Lawson e o padre Gervasi.

As apresentações foram seguidas de um sorriso um tanto condescendente. Melody sabia que, talvez, outras pessoas ficassem impressionadas ao ver um cardeal, mas ela não. A atitude dele continuava a incomodá-la.

Notou que padre Lawson imitava o sorriso condescendente e o comportamento do cardeal, mas padre Gervasi não. Sua postura era estranha, fria, até; sem fingir cordialidade. Era atraente, com uma beleza morena, mas seu olhar firme era desconcertante.

Com uma voz propositadamente doce, monsenhor Bonelli continuou.

– Não estamos aqui para ofendê-la, senhorita. Viemos para confirmar se a senhorita está de posse do Livro ou não. É da maior importância que o resgatemos, antes que caia em mãos erradas.

A visita do cardeal, menos de um dia após seu encontro com padre Robert, provava a importância do Livro.

– Gostaria de poder ajudá-los, senhores, mas, como disse, nem sei se tal livro existe de fato e não parei para pensar sobre isso de novo. Estou obcecada por tentar encontrar um brinco que minha avó me deu... eu o perdi anos atrás... era por isso que estava cavando.

Percebeu que sua explicação tinha sido patética, mas foi o melhor que conseguiu fazer.

– Pode nos dar alguma informação que nos ajude em *nossa* busca, senhorita Bennet? Algo que possa ter encontrado na Louisiana? – O sorriso desaparecera do rosto do cardeal; o tom de sua voz era, agora, gelado.

– Sinto muito, padre. Lamento não saber nada que possa ajudá-lo.

Os três homens entreolharam-se e levantaram-se ao mesmo tempo. Embora padre Gervasi nada tivesse dito, Melody percebeu que ele mal conseguia conter a raiva que fervilhava dentro de si.

– Certo, senhorita Bennet. Acho que não há mais nada a dizer. A senhorita nos informará caso encontre qualquer coisa de interessante sobre o manuscrito – aquilo não foi uma pergunta.

– Duvido que exista algo para ser encontrado, monsenhor. – Melody estendeu a mão a cada um deles, mas padre Gervasi saiu da varanda sem se despedir.

– Mais uma coisa antes de partirmos – disse o cardeal, fazendo uma pausa. – Você parece ser uma pessoa bem instruída. Caso encontre algo e não avise a Igreja, está preparada para assumir as consequências se essa informação cair em mãos erradas?

– Padre, não consigo pensar em nada que exija a atenção da Igreja. Minha vida é muito comum; não há nada nela que interesse a ninguém.

O cardeal deixou seu cartão com Melody, "se, por acaso...". Enquanto os três caminhavam em direção ao carro, ela entrou e ficou observando sorrateiramente, detrás da persiana da sala. Foi tomada pelo pânico ao ver o cardeal apontar em direção ao local onde a encontraram, mais cedo, cavando.

*"Tenho que voltar para lá!"*

Estava determinada a achar O Livro ou descartar a possibilidade de o antigo celeiro ser o lugar onde ele estava escondido. Pretendia também fazer o feitiço de proteção naquela noite.

As palavras "feitiço de proteção" ainda soavam estranhas, mas precisava fazer alguma coisa, nem que fosse simbólica, diante de uma situação sobre a qual não tinha controle. A visita daquele dia tinha deixado isso bem claro.

Melody sabia que corria perigo, mas não tinha noção de sua extensão.

Assim que Charlie foi embora, ela voltou ao local do velho celeiro e rezou para que não fosse mais interrompida. *"Talvez a terceira vez seja um feitiço!"*

Ajoelhou-se e começou a remexer o cascalho e os pedaços de concreto para desobstruir o contorno do objeto de metal. Estava totalmente concentrada em sua tarefa, sem noção das horas ou de qualquer outra coisa à sua volta.

Seu coração bateu acelerado conforme a caixa, aos poucos, se revelava. Somente quando conseguiu segurá-la com ambas as mãos, parou para respirar fundo; por um instante, descansou as mãos trêmulas sobre os joelhos e, com cuidado, retirou o objeto de seu esconderijo subterrâneo.

Sentou-se no chão, com a caixa no colo. Um pó vermelho, parecido com pó de sangue-de-dragão, bem diferente daquele do solo, cobria as palmas de suas mãos.

*"Aqui está, bem na minha frente. Será que é mesmo?"*
Ela não sabia o que havia dentro da caixa.

Melody ficou surpresa ao perceber que já anoitecia; tinha ficado lá fora mais tempo do que imaginava.

Ela levou depressa a caixa para a casa. Ao entrar, colocou-a sobre a mesa da cozinha e, então, trancou as portas e fechou as persianas.

Um cadeado enferrujado trancava a caixa. Puxou-o com força, mas ele estava intacto e forte. Não se deixando deter, Melody encontrou um martelo e uma chave de fenda na cozinha e pôs mãos a obra. Após colocar a ponta achatada da chave de fenda na fresta entre a caixa e a tampa, conseguiu erguê-la, como uma alavanca, usando o martelo. Foi o fecho, e não o cadeado, que, por fim, cedeu.

Melody prendeu a respiração ao abrir a tampa. Dentro havia um antigo livro com capa de couro preto encadernado à mão, com o que parecia ser um cordão de couro. Um impressionante símbolo vermelho vivo adornava a capa. Ela o vira na casa de Mãe Marie, mas, naquele momento, não se lembrava de seu significado.

Com as mãos trêmulas, tirou o livro da caixa de metal e colocou-o sobre a mesa. Observando, mais uma vez, a cor da palma de suas mãos, parecia provável que o símbolo da capa tivesse sido pintado com sangue-de-dragão. Quase com reverência, abriu o livro.

As folhas estavam amareladas pelo tempo, mas em estado perfeito. O título, escrito à mão com a mesma tinta vermelha, destacava-se no topo da primeira página: *O Livro de Obeah*.

Fechou depressa a capa do livro e despencou sobre uma cadeira para se recompor.

*"Será que estou pronta para isso?"*

Melody sabia que não tinha escolha. Por causa de sua curiosidade insaciável e das orientações da avó, sabia que abandonar o barco a essa altura não era uma opção viável.

# Capítulo XVI

Seus nervos estavam à flor da pele e sentiu que precisava do refúgio do quarto de sua avó para se acalmar. Após verificar, outra vez, se todas as portas estavam trancadas, Melody segurou O Livro contra o peito, como que para protegê-lo, e subiu as escadas. Nem bem tinha se acomodado para uma longa sessão de leitura, quando se assustou com um inesperado barulho no andar de baixo.

Instintivamente, escondeu *Obeah* sob a cama, pegou o revólver do avô no armário e desceu as escadas pé ante pé. Ao chegar ao primeiro degrau, olhou ao redor, mas não viu nada. Ficou parada por vários minutos. Sem ouvir nenhum outro barulho além do suave zunir dos ventiladores de teto, aventurou-se a entrar em todos os cômodos.

A casa de fazenda era antiga; era normal ouvir ruídos e estalos em casas velhas. Por que, então, estava tão nervosa?

*"É aquele maldito livro, é tudo culpa da vovó!"* Melody, de repente, foi tomada pela frustração. *"Por que ela, simplesmente, não pediu para ser enterrada ou que suas cinzas ficassem sobre a lareira, como qualquer pessoa sensata?"*

Parte dela queria trancafiar O Livro de novo e deixá-lo em algum lugar bem distante. Ela não sabia se seu estado de espírito era propício para lidar com o que havia nele... pelo menos, por enquanto. Ainda havia tanto para digerir, compreender e aceitar primeiro.

*"Será que estava, ao menos, escrito em inglês?"* A página do título era, mas o livro era antigo, talvez nem estivesse em uma língua que ela entendesse.

Ansiosa e inquieta, Melody sentiu uma necessidade repentina de se proteger e decidiu fazer logo o feitiço de proteção, antes que mudasse de ideia. Não tinha por que se preocupar com a opinião dos outros; ninguém ficaria sabendo daquilo. Como a maioria das coisas de real importância, aquilo ficaria entre ela e seu Deus.

Foi até o andar de cima e tirou da mochila as coisas que trouxe da loja de Vodu. Ao fazê-lo, a pequena chave de esqueleto de prata que lhe fora dada pela cartomante caiu a seus pés.

Melody a pegou e segurou por um instante, sem saber o que fazer. Foi até a penteadeira da avó, onde encontrou uma corrente de prata, na qual colocou o pequeno amuleto.

– Por favor, São Miguel, ajude-me. Peço que me dê força e coragem – Melody sussurrou, enquanto colocava a corrente em torno do pescoço.

Tirou O Livro sob a cama, agarrou a pequena sacola com o que trouxera da loja de Vodu e desceu as escadas. Colocou as velas branca e preta sobre a mesa da cozinha e encheu um copo com água da pia, colocando-o entre elas. Antes de acender as velas, espalhou pó de sangue-de-dragão na soleira de todas as portas e nos peitoris das janelas, como lhe fora ensinado.

Ao sentar-se diante do Livro e das velas, uma imagem lhe veio à cabeça: Mãe Marie fazendo um círculo de farinha no chão. Melody colocou o manuscrito no meio da mesa e jogou mais pó ao redor dele. Ela achou que se sentiria desconfortável ao realizar esses rituais, mas, surpreendentemente, sentiu-se fortalecida.

Fechou os olhos, tentando relaxar. Concentrou-se na respiração, inspiração e expiração, entrando, de modo singular, em sintonia com os mecanismos internos de seu corpo. Sem deixar esse estado de consciência se perder, abriu os olhos, colocou as mãos próximas a cada uma das velas e tentou visualizar seus medos sendo derramados sobre a vela preta e suas esperanças sobre a branca. Virou a vela preta de cabeça para baixo e a acendeu primeiro, depois acendeu a branca, na posição normal.

Com as pálpebras pesadas de olhar fixamente para a chama das velas pelo que lhe pareceu uma eternidade – mas que, de fato, não durara mais do que 15 minutos – Melody sentiu uma onda de paz e contentamento absolutos preencher cada célula de seu ser. Ela queria continuar naquele espaço... naquele estado de existência... pelo resto da vida. Relutava em se mover, até mesmo respirar. Queria prolongar a sensação tanto quanto possível.

Esse estado de bem-aventurança aos poucos se dissipou; ela se levantou, espreguiçou-se e, de modo inexplicável, foi impelida a andar pela cozinha, tocando as coisas ao redor como que para voltar ao plano físico. Quando as velas terminaram de queimar, Melody pegou os restos de cera, juntou-os ao pó que estava sobre a mesa e colocou tudo em uma toalha de papel, a qual dobrou com cuidado, fazendo dela um pacote.

No dia seguinte, jogaria o pacote no riacho que ficava no limite extremo da propriedade.

Ao término do ritual, seu estado de espírito melhorou a olhos vistos. Qualquer que fosse o motivo, ela não mais sentia que estava sozinha na empreitada de proteger o livro.

Chegou à conclusão de que, se não estivesse destinada a ler O Livro, ele não estaria diante dela. Com isso em mente, sentou-se no sofá e pôs-se a ler.

# Capítulo XVII

A primeira página do livro estava em branco. A próxima continha vários símbolos misteriosos, indecifráveis, e era seguida por outra página em branco. Melody logo percebeu que aquelas três páginas eram diferentes das demais. O papel era mais grosso; as páginas em branco por certo serviam para separar e proteger a do meio, com seus sinais inescrutáveis, deixando-a à parte do restante do *Livro de Obeah*.

Melody não estudara línguas o suficiente nem para começar a identificar essa escrita incomum, mas ela parecia ser bem antiga. Não eram bem hieróglifos, apesar de haver alguns elementos pictográficos nos sinais, mas antes um sistema de linguagem que ela nunca vira. Dois dos símbolos eram os mesmos que Mãe Marie desenhara no chão antes de invocar os espíritos de Exu e Xangô.

Ansiosa, começou a folhear as páginas com delicadeza. A primeira parte estava em francês e parecia ter sido escrita pela mesma pessoa. A parte seguinte estava em inglês e fora claramente redigida por outra. Melody sabia francês o bastante para comparar os dois textos e verificar que o conteúdo de ambos era essencialmente o mesmo, embora a versão em inglês fosse mais longa, como se informações tivessem sido acrescentadas ao francês original.

*"O Livro de Obeah"*

*No princípio, havia apenas Energia. Em Sua sabedoria e poder imensos, o Criador decidiu projetar uma imagem de Si próprio em um plano físico, para que Ele pudesse aprender sobre Si Mesmo. A fim de perceber cada um de Seus aspectos, escolheu se dividir em inúmeras manifestações.*

*Somos Deus em Sua essência completa, apenas aprisionados por um breve instante em um inavólucro de carne e osso que escolhemos para podermos aprender sobre nós mesmos. Não somos parte do Criador; somos o próprio Criador inteiro, disfarçado em uma representação humana.*

*Para todos os trabalhos de magia, olhe dentro do coração e ouça o Criador que está em seu interior; quando O alcançar, por meio do silêncio, plante a semente de seu pensamento e a esqueça, na certeza de que o Criador não desaponta a ninguém, mas o medo que o ego tem do fracasso, sim.*

*Serão dadas mais explicações sobre as técnicas da verdadeira magia. Por enquanto, aceite a realidade de que Deus e o Demônio são um e aceite o terrível e inevitável fato de que, nos recessos de seu âmago, você é ambos.*

Melody ficou estupefata.

Quando era criança, aprendera que Deus era o Ser Supremo e que o Demônio era um anjo caído. Ela imaginava Deus como um sábio ancião de barba e longos cabelos brancos; um Papai Noel divino. O Demônio era uma criatura assustadora, metade homem, metade animal. Eles eram dois espíritos independentes: um era bom e o outro, mau, e nenhum dos dois estava relacionado a ela, nem de maneira remota. Apesar de ter descartado as imagens literais do passado, ainda considerava ambos como seres distintos e separados.

O conceito de que eram parte da *mesma* energia... aquilo era algo novo para ela. Ao refletir a respeito, Melody percebeu a semelhança daquela ideia com sua própria visão de energia universal; era apenas expressa de forma diferente.

Ela acreditava na lei do *karma* e no equilíbrio, em causa e efeito e que para cada ação há uma reação. Acreditava que a energia de nossas ações, e mesmo nossas intenções, cuja combinação sabia, agora, ser magia, apenas intensificava o efeito.

Era isso que a Igreja temia? Que descobríssemos que somos todos criados a partir da mesma energia, com "o bem" e "o mal" e tudo que há entre eles sendo parte de nossa constituição? Ou seria a passagem que diz que temos controle sobre nossos pensamentos e uma ligação direta com o Espírito; que *somos* o Espírito?

O despertar dessa consciência faria ruir grande parte do poder da Igreja; não só da Igreja Católica, mas de todas as religiões organizadas. Se as pessoas perdessem o medo do Inferno, continuariam a ir à igreja regularmente?

O medo é uma das principais armas dos que estão no poder. A melhor forma de controlar as massas é fazer com que tenham medo; esse temor garantirá que retornarão, enchendo os cofres dos poderosos. Com certeza, as igrejas teriam muito menos influência se as pessoas afirmassem seu autêntico direito divino. *Isso deve, com certeza, apavorar "os poderes estabelecidos".*

Melody sentiu-se mais forte após ler a introdução, feliz por haver nela uma mensagem positiva, a qual compreendia. As palavras basicamente ecoavam suas crenças fundamentais e as confirmavam, de alguma forma. Folheando o livro, observou que havia mais sete capítulos e que as últimas páginas, cerca de 50, estavam em branco.

O título do primeiro capítulo era "Luz e Trevas" e as páginas eram adornadas com os símbolos da Lua e do Sol, bem como com figuras de anjos e demônios nos cantos.

*As trevas precisam ser abraçadas antes que se possa encontrar a verdadeira luz. Ela não deve ser confundida com a luz que ilumina o mundo, a qual só nos permite perceber a realidade que criamos por nós mesmos.*

Melody estava familiarizada com a expressão "a noite escura da alma" e já havia lido a respeito de muitas pessoas que vivenciaram despertar espiritual, revelações, após atravessarem a dor e a escuridão da própria alma. Ela, por si, preferia evitar as trevas. Apesar de sempre ter reconhecido, à sua própria maneira, que tanto a luz quanto a escuridão habitam em todos nós, buscava evitar prestar qualquer atenção à escuridão, pois a associava à tristeza e à dor emocional e estava cansada disso. E a mensagem aqui era abraçar a escuridão.

Olhou para o relógio e, vendo que já era bem tarde, pensou em abraçar a escuridão dormindo; mas, na realidade, não queria parar de ler.

A passagem seguinte era mais longa e discutia o Vodu em mais detalhes; entretanto, ela ainda não estava familiarizada com grande parte do conteúdo. Melody percebeu que a caligrafia ali também era diferente. Examinando as páginas por alto, viu que descreviam os diferentes Orixás, que eram, como Mãe Marie explicara, múltiplas expressões da energia de Deus. Reconheceu alguns dos nomes das conversas que tivera na loja de Vodu e com Mãe Marie.

Enquanto pulava os nomes que não conhecia, o nome "Exu" chamou sua atenção e ela leu a descrição:

*Exu, também conhecido como Legba, Elegbara e Elegua, é o guardião da chave sagrada que abre todas as portas; pode também trazer ou afastar oportunidades, prosperidade e amor. É uma imagem da fertilidade masculina e, portanto, um Orixá muito poderoso. Está associado às vibrações de São Miguel, São Pedro e Santo Antônio de Pádua...*

*Em todos os rituais, é o primeiro a ser invocado e o primeiro a receber oferendas, pois abre as portas para todos os outros Orixás. Sua saudação é "Lalupo", mas a vontade verdadeira é o instrumento mais poderoso para invocar Exu. Seu poder está em todos os lugares, pois em todos os lugares há portas a serem abertas. Exu é poderoso principalmente nas matas.*

Na parte inferior da página, havia anotações de mais dois nomes: "Barão Samedi" e "Mãe Brigitte". Não havia nada escrito ao lado dos nomes e Melody ficou imaginando se Helena – supondo que tinha sido ela quem escrevera os nomes apenas não teve oportunidade de terminar sua anotação antes de O Livro ser tirado dela. Melody ficou pensando se tais espíritos eram, de alguma forma, exclusivos de Nova Orleans ou se seriam nomes alternativos de Orixás já descritos.

Mais perguntas...

A energia por trás de cada Orixá é a mesma, única, e cada manifestação apresenta facetas diferentes dessa energia. Alguns são guerreiros, algumas são donzelas sensuais e outros são anciões, guardiões da sabedoria e dos mistérios. Todos são aspectos da energia do Criador. São, portanto, extensões de nosso Eu verdadeiro.

*É importante fazer oferendas aos Orixás, pois, ao fazer isso, você está recompensando a parte de seu Eu verdadeiro que irá materializar o seu desejo.*

A última frase a transportou até Mãe Marie. Melody lembrou-se de como, durante o ritual para sua avó, Mãe Marie havia jogado comida e bebida ao fogo, em honra dos espíritos que invocara. Agora compreendia por quê. Nunca lera nada que explicasse a razão das oferendas nos rituais, não desta forma.

A sociedade moderna rejeitava as oferendas ritualísticas, que lembravam a Antiguidade, quando tanto animais quanto pessoas eram sacrificados para "contentar os deuses". Essa passagem fez com que ela olhasse para a prática de uma perspectiva completamente diferente.

Sempre se sentira perturbada por rituais religiosos, já que parecem exigir que as pessoas implorem por algo fora delas mesmas. Ela acreditava que o Espírito estava dentro de nós, não fora.

Mantendo sua crença, ela via, agora, que fazendo uma oferenda "você está recompensando aquela parte do Eu Verdadeiro que materializará seu desejo."

*Isso é brilhante!*

Continuou lendo...

*As cores correspondentes aos Orixás indicam suas naturezas, mas nem sempre é possível compreendê-las por completo. Isso porque um*

*Orixá domina as forças elementares à base do drama humanos; as cores que o adepto deve aceitar são aquelas comunicadas pelo próprio Orixá pelo silêncio interior.*

Melody lembrou-se dos pontos de Orixás que vira na casa de Mãe Marie, e aquela Mãe que se referia a si mesma como filha de Xangô decorou seu quarto com as cores de Xangô, vermelho e branco.

Recordou-se, ainda, que Mãe Marie dissera ter visto Iemanjá perto dela. Naquela época, Melody não tinha a mínima ideia de quem era Iemanjá, mas, de acordo com a explicação de *Obeah,* ela era como a Virgem Maria, por quem Melody tinha grande afeição. De acordo com o texto, a cor de Iemanjá era o azul profundo, que refletia a luz da verdade de Deus no oceano do silêncio interior.

Por algum motivo, Melody também se sentia atraída por Exu, o guardião da chave, pois a fazia sentir-se segura. Afinal de contas, vira vovó Giselle acompanhar de boa vontade o vulto que surgira do ponto de Exu, antes de eles desaparecerem. Tocou, de leve, a pequena chave de prata que trazia ao pescoço e rezou mais uma vez.

– Exu, ou São Miguel, por favor, abra as portas que preciso atravessar. Ajude-me a compreender meu caminho. Por favor, proteja-me e àqueles a minha volta, enquanto realizo esta jornada.

Havia tantas coisas que queria entender.

De repente, lembrou-se do telefonema da garota da loja de Nova Orleans, falando sobre Isabel, a mulher que fora transferida para Raleigh após o Katrina. Quem sabe ela pudesse lhe dar alguma luz e a orientação de que tanto precisava. Decidiu que a primeira coisa que faria no dia seguinte seria ligar para Isabel.

# Capítulo XVIII

Melody já preparava o café quando Charlie bateu à porta da cozinha na manhã seguinte. Mas, em vez de entrar, ele só colocou a cabeça para dentro, com um sorriso de criança no rosto.

– Que bom que está acordada. Tem uma coisa aqui fora que quero mostrar para você.

Ela o seguiu até o pequeno galpão onde eram guardados os equipamentos. Charlie abriu a porta, sem deixar que ela olhasse o que havia dentro.

– Charlie, o que foi? Tem alguma coisa aí dentro... é uma cobra?

Ele riu e fez que não, deixando-a mais aliviada.

– Está pronta para conhecer a nova família?

– Do que você está falando?

Charlie saiu da frente da porta, apontando para um dos cantos do galpão escuro. Tudo que ela conseguiu ver foi uma bola de pelos sobre uns trapos velhos. Quando o monte de pelos se moveu, percebeu que era uma ninhada de gatinhos! Charlie se postou atrás dela e colocou uma mão em seu ombro.

– Nunca tinha visto a mamãe gato; parece que ela decidiu dar cria aqui. Deve ter vindo para cá ontem à noite, procurando um lugar seguro.

– Ai, que lindo! – Melody queria pegar os gatinhos e acarinhá-los, mas sabia que não devia. Os filhotes, rajados de laranja e branco, mamavam com voracidade, amontoados uns sobre os outros, com os olhinhos ainda fechados. A mãe, exausta, sem dúvida, parecia de todo tranquila quando Melody se ajoelhou à sua frente.

Charlie e Melody sabiam que aquele era um presente e tanto; apenas olhavam, admirados. Melody foi a primeira a quebrar o silêncio.

– Vamos lá, seu velho de coração mole. Vou arranjar um pouco de água fresca e comida para a mamãe gata e pegar um café para você.

Charlie a seguiu até a cozinha.

– Mas que coisa, não é? O mais engraçado é que eu podia jurar que tinha fechado direito a porta ontem. Mas devo ter deixado aberta, a não ser que a mamãe gato saiba como abrir portas.

Demorou um pouco para Melody compreender o impacto desse comentário casual, mas, quando o fez, seu sangue gelou.

– Tem certeza que fechou a porta?

– Quando se chega à minha idade, não se tem mais certeza de nada, mas tenho para mim que fechei a porta.

Ela lembrou-se do barulho que a assustara na noite anterior, quando começou a ler o livro. Pensou, também, no negro que a ameaçara na Louisiana e nos três padres que foram até a fazenda.

– Você está bem, Melody? Algum problema?

Ela não queria deixá-lo preocupado.

– Não, não, está tudo bem. Estava só tentando imaginar como a gata entrou. Bem, não tem importância. Preciso preparar um café da manhã para ela. Ela, com certeza, está precisando!

– Acho que você está certa. Vou trazer uns cobertores velhos do celeiro e colocá-los nos galpão. Que vai fazer hoje?

– Vou precisar sair para resolver umas coisas. Tenho de ir até meu apartamento para pegar mais algumas roupas e cuidar de alguns assuntos.

– Está planejando ficar aqui?

– Por um tempo. Logo vou ter de voltar ao mundo dos vivos e ao meu trabalho. Preciso dar uma passada lá e falar com Sue, minha chefe.

 mente o calor vai ser de matar, então preciso correr e terminar logo – ele colocou a xícara na pia, deu um beijo na bochecha de Melody e saiu para o trabalho.

Melody procurou algo para a mamãe gato comer, como prometera, e ficou feliz ao encontrar uma lata de atum. Em silêncio, colocou o prato de atum e uma vasilha com água fresca perto dos gatos, que dormiam, e voltou para a casa.

De repente, enquanto se preparava para sair, lembrou-se de algo que tinha lido em *Obeah*: que uma semente de pensamento deve ser plantada e, então, esquecida. Ela plantara uma semente ao pedir orientação e proteção na noite anterior. Hoje, ela a deixaria ir, junto a suas preocupações, e faria o melhor possível para ser apenas parte do mundo comum.

*É engraçado como o resto do mundo continua como se nada tivesse acontecido, embora meu mundo tenha desmoronado.*

Ela sabia que não conseguiria conter sua dor por muito mais tempo, não importa o quanto se mantivesse ocupada, nem a proporção dos problemas ao redor. Essa dor aflorava às vezes, mas ela sabia que o pior ainda estava por vir; até lá, queria tentar fazer a vida voltar ao normal.

Melody juntou suas coisas e, antes de sair, telefonou para Isabel; após vários toques, a secretária eletrônica atendeu e ela deixou um breve recado. *"Espero que ela retorne logo minha ligação."*

# Capítulo XIX

A viagem até Raleigh foi tranquila, tal qual Melody a imaginara ao firmar sua intenção para o dia. Abriu as janelas do carro, deixando os cabelos soltos ao vento pela primeira vez em muito tempo. Não ligou o rádio, esvaziou a mente e ouviu o som do mundo ao seu redor. Tudo – as cores, os sons – parecia tão vibrante!

De acordo com o que lera na noite anterior, o que vemos, ouvimos e tocamos é o resultado do pensamento manifestado na realidade. Melody sempre achara o conceito de visualização criativa um pouco confuso, mas tinha de concordar que todas as criações do homem – a arquitetura, a tecnologia, a arte – tiveram origem no pensamento de alguém.

*"Será que tudo o que pensamos de forma intencional se manifesta em nossa vida?"*

Saiu da estrada e, depois de vários minutos, percebeu que os sinais de trânsito ficavam verdes conforme se aproximava; nenhum amarelo ou vermelho. Será que sua intenção, de fato, abria o caminho?

E quanto a todas as outras pessoas à sua volta? Ela podia aceitar a ideia básica de que criamos nossa realidade, mas, se muitos indivíduos firmam suas intenções e oram, como as realidades de cada um conseguem se harmonizar?

Sempre acreditara no poder da oração direcionada. O que dizer sobre todas as contradições do conceito de oração-intenção: por que uma prece parece prevalecer sobre a outra?

Uma criança, em uma cama de hospital, precisa de um transplante de órgão; a família reza por um doador. Do outro lado da cidade, outra criança sai à noite para se divertir com os amigos e os pais rezam com fé pela segurança de seu filho... mesmo assim, essa criança morre em um trágico acidente e se torna o doador para a criança em estado crítico, no hospital. Por que algumas preces são atendidas e outras não?

*"Pare Melody. Esse tipo de pensamento vai enlouquecer você!"*

Desde pequena, essas questões tocavam fundo em Melody, enquanto lutava por compreender *como esta vida funciona*. A única explicação que parecia dar algum sentido às injustiças da vida era o conceito de *karma*. A ideia de contar com a oração e firmes intenções para conseguir o que se deseja era difícil de aceitar.

Sem ter de parar em sinais vermelhos, perdeu-se em seus pensamentos e quase deixou de pegar o retorno de que precisava. Nunca dirigira com tanta tranquilidade e começou a pensar que, no fim das contas, aquele seria um dia de sorte.

*"Já que acredito na energia dos pensamentos, faz sentido me concentrar em pensamentos que me façam sentir melhor."*

Após dirigir por 35 minutos, Melody teve de parar, pela primeira vez, em um sinal vermelho. Estava, agora, perto de seu destino e tinha de decidir se iria ao encontro de Sue ou a seu apartamento, antes disso. As compras de supermercado eram o último item da lista.

Seu celular tocou e ela viu o nome "Isabel Hebert" no visor.

Como Stephanie contara os principais fatos da história de Melody, Isabel também estava ávida por conversar com ela. As duas, ansiosas para se conhecer, combinaram de se encontrar em menos de duas horas, para almoçar.

Melody queria averiguar mais algumas coisas antes de se encontrar com Isabel, para poder fazer perguntas pertinentes. Ela encontrou respostas a algumas de suas perguntas na noite em que fez a pesquisa na internet, mas muito pouco sobre *Obeah*.

Estava perto do shopping e, então, decidiu dar uma olhada na livraria. Quando perguntou onde poderia encontrar livros sobre *Obeah*, a funcionária disse:

– O – o quê?

– O – bé – ah. O-b-e-a-h. Tem alguma coisa a ver com Vodu – foi o melhor que conseguiu fazer. Não esperava encontrar nada, mas, de qualquer forma, seguiu a vendedora até a seção de livros sobre Nova Era.

Havia pouca coisa sobre Vodu e ainda menos sobre *Obeah*. Alguns livros traziam breves menções a respeito, relatando que era uma vertente obscura do Vodu. Um dos livros dizia que "seus segredos eram bem protegidos pelos poucos adeptos que tinham o privilégio de ser iniciados em seus mistérios e esse conhecimento era transmitido oralmente de um adepto para outro".

Outro dizia que era uma vertente da magia negra originária da África, que criou raízes nas Índias ocidentais e nas Américas Central e do Sul por meio do tráfico de escravos.

*"Magia negra? Não pode ser a mesma Obeah da qual o livro fala. Não há nada de maléfico nela. Será que há duas vertentes distintas de Obeah?"*

De repente, lembrou-se de uma loja alternativa não muito distante; estivera no local muitos anos antes com uma colega de trabalho que fora até lá para uma leitura de cartas. Lembrava-se de ter adorado o ambiente da loja, desde a relaxante sala de chá até a música tranquila, quase etérea. Era um ambiente totalmente aberto e acolhedor, onde ninguém se sentiria estúpido ou julgado de alguma forma, não importava quais fossem suas dúvidas.

Se não lhe falhava a memória, ficava a apenas dez minutos dali, portanto decidiu ir até lá.

Melody entrou com o carro em uma pequena rua comercial e estacionou em frente à loja *Dancing Moon*. Ao entrar, foi saudada pelo tilintar de um pequeno sino e o sorriso acolhedor de uma mulher de cabelos ruivos longos e encaracolados, com ar boêmio e despreocupado.

– Está procurando algo em especial?

– Sim. Você tem algum livro sobre *Obeah*? – Melody soletrou o nome de novo, caso não o estivesse pronunciando corretamente.

– Obeah? Nunca ouvi essa palavra antes. O que é isso?

*"Que ótimo, nem mesmo ela já ouviu falar nisso!"*

– É, de certa forma, algo ligado ao Vodu.

– Talvez possamos encontrar alguma coisa nesta seção – ela contornou o balcão e levou Melody até a sala ao lado.

Quando entraram, um atraente rapaz hispânico olhou para elas e sorriu. Parecia ter em torno de 35 anos, cabelos negros como azeviche, bem curtos, e penetrantes olhos negros. Quando ele olhou para Melody, ela sentiu uma pontada no estômago. Não tinha certeza se ele era funcionário da loja ou um cliente. Seu rosto lhe era vagamente familiar.

– Desculpe, senhorita, mas não pude deixar de ouvir que você perguntou sobre *Obeah*.

Melody ficou aliviada por ele pronunciar *Obeah* da mesma forma que ela.

– Posso perguntar por que está interessada nesse assunto?

Melody ficou surpresa com uma pergunta tão direta. Ao mesmo tempo que não pretendia revelar nada, estava curiosa quanto ao que ele poderia saber.

— Estou fazendo uma pesquisa sobre religiões alternativas e me deparei com o termo enquanto lia sobre Vodu.

— Bem, senhorita, *Obeah* é um assunto muito sério. Alguns o consideram perigoso.

Melody e a ruiva entreolharam-se, surpresas.

— Perigoso? — Melody perguntou.

— Sim. Se a pessoa que estiver trabalhando com *Obeah* não souber o que está fazendo, pode ser *muito* perigoso.

— Nem faço ideia do que seja isso — Melody mentiu. — Por isso estou aqui, para ver se consigo encontrar mais informações a respeito.

A ruiva se intrometeu na conversa.

— Trabalho aqui há quase dez anos e nunca ouvi a palavra "Obeah" antes.

— Não é um termo muito conhecido — explicou o homem. — Lida com magia negra; é uma prática secreta transmitida a poucos escolhidos. Não há nada por escrito, pois isso diminuiria seu poder. É uma força com a qual *não* se deve brincar.

— Bem, então não há nada aqui que possa me ajudar, além do que você disse?

O telefone tocou e a ruiva saiu para atendê-lo.

— Tenho certeza de que não, não há nada — respondeu com veemência.

Melody percebeu que ele conhecia o assunto e queria mais informações. Além disso, ele era fascinante.

— Você sabe se alguém pratica o Vodu por aqui?

— Você quer dizer na Carolina do Norte?

— Sim, estou procurando pessoas na região que possa entrevistar, para minha pesquisa.

— Não que eu saiba, mas há um grande número de praticantes na Carolina do Sul e na Geórgia. A prática do Vodu é mais comum do que as pessoas imaginam.

— Interessante... bem, obrigada pela ajuda — disse, estendendo a mão para ele. Quando ele apertou sua mão, a pontada que sentira no estômago quando ele a olhou pela primeira vez transformou-se em um aperto. Além de fascinante, ele era muito charmoso.

Com certa relutância, Melody voltou à parte principal da loja. Um mostruário de ervas secas chamou sua atenção e lembrou-se de que Mãe Marie colocara sálvia, hissopo e alecrim no banho de ervas preparatório para a cerimônia de bênção das cinzas de sua avó. Melody pegou um saquinho de cada uma delas e foi até a seção de velas.

Havia velas para todos os tipos de oração e propósitos, dispostas de modo extraordinário, algumas acompanhadas de preces e medalhas. Escolheu várias velas pretas, vermelhas e brancas. Dirigiu-se, então, à estante de incensos e óleos e acrescentou às compras pó de sangue-de-dragão e um pequeno frasco de óleo em cujo rótulo se lia "proteção".

Enquanto segurava nos braços, desajeita, tudo que pegara e se dirigia ao caixa antes de deixar cair alguma coisa, viu um pequeno frasco de pó com um rótulo escrito "*Abre camino*". Conhecia espanhol o suficiente para saber que aquilo queria dizer "abre caminho" ou algo do gênero e lembrou-se logo de Exu. Com cuidado, pegou o frasco com o dedinho e chegou ao balcão sem incidentes.

A ruiva olhou para Melody com um olhar de súplica; ela ainda estava ao telefone. Quando desligou, ela se desculpou várias e várias vezes.

– Por favor, me desculpe! Queria ir até lá para ajudá-la, mas a mulher ao telefone estava passando por um momento um pouco difícil.

– Tudo bem. Não peguei uma cesta na esperança de que isso me impedisse de comprar demais – Melody explicou, com uma risadinha. – Mas é óbvio que não deu certo!

– Espero que o cara lá dentro não tenha lhe assustado muito – disse a mulher, fazendo a soma do valor da mercadoria. Em seguida, acrescentou, com tom bem sério: – Não sei se eu investigaria isso mais a fundo. A vida já é bem difícil sem magia negra.

– Não, eu não vou experimentar nada; é apenas parte de uma pesquisa.

– É melhor assim – disse a ruiva, enquanto colocava tudo em uma sacola de papel. – Espero que tenha um dia maravilhoso.

Enquanto caminhava até o carro, Melody ficou imaginando se a mulher acreditara nela. Afinal, ela acabara de comprar velas, incenso e óleo para proteção.

Agora, só lhe restava o tempo de chegar ao restaurante para se encontrar com Isabel.

Ao entrar no estacionamento, Melody viu o Volkswagen Beetle amarelo vibrante que Isabel disse que estaria dirigindo, com uma mulher lá dentro. Quando Isabel viu Melody sair do carro e acenar, também saiu, com um grande sorriso no rosto, como se estivesse se encontrando com uma amiga de velha data. Melody gostou dela de imediato; não podia imaginar quem não gostaria.

Depois de se cumprimentar, entraram antes que a multidão da hora do almoço aumentasse. Melody sugerira aquele restaurante, pois havia espaços reservados onde poderiam ter um pouco de privacidade para conversar à vontade. Como as duas sabiam o que queriam, fizeram logo o pedido.

– Então, o que acha de Raleigh? – perguntou Melody.

– É agradável. Diferente, mas agradável.

– Por que resolveu se mudar para Raleigh? Você tem família aqui?

Isabel começou a rir. A princípio, Melody ficou surpresa, mas era uma gargalhada tão gostosa que Melody nada pôde fazer a não ser sorrir.

– Não é que eu tenha *escolhido* Raleigh, exatamente. E não, não tenho família aqui. Quando enfim conseguimos alguma ajuda depois do Katrina, eles colocaram aqueles que tinham sido evacuados em aviões. Não tínhamos a mínima ideia para onde estavam nos levando.

Melody teve vontade de bater em si mesma. *"Que pergunta idiota!"*

– Desculpe! Simplesmente me esqueci de que foi assim que você veio parar aqui. Stephanie falou sobre isso e eu devia ter me lembrado.

– Não, não, tudo bem! – Isabel assegurou a Melody. – De verdade. Já vivi o bastante para saber que há coisas que não se pode controlar. Já faz muito tempo que sigo o fluxo da vida. Estou viva, por isso me sinto abençoada.

– Mas você tem parentes em outro lugar?

– Meu sobrinho ainda está em Nova Orleans – a preocupação de Isabel era nítida. – Ele já é maior de idade, então não pude forçá-lo a se mudar.

Melody não perguntou detalhes, mas Isabel a surpreendeu ao continuar.

– Ele vivia com a mãe, que é minha irmã, e nossa mãe, na casa dela na região de *Ninth Ward*. Não tínhamos a menor ideia do que estava por vir, mas, para falar a verdade, mesmo que tivéssemos, não teríamos dinheiro para fazer nada muito diferente do que foi feito.

Ela parou de falar enquanto o garçom servia a refeição e, então, continuou.

– Bem, sabe, a maioria de nós, que vivia em Nova Orleans antes do Katrina, vivia contando com o pagamento do mês. E *não* estou falando de pagamento feito pela previdência social.

Normalmente, tal declaração teria feito Melody sentir-se desconfortável, mas havia algo em Isabel que tornava impossível sentir qualquer incômodo. Sabia que muitos dos que tinham sido afetados pelo

Katrina nutriam muito ódio, e com todo o direito. No entanto, não havia ódio no comentário de Isabel; era apenas um fato.

Melody assentiu e continuou a comer.

– De qualquer maneira, não é uma coisa fácil de se fazer... levantar-se e partir sem dinheiro para um hotel. Além disso, minha mãe não tinha condições de ir para outro lugar. Seu cachorro era seu melhor amigo e ela se recusava a abandoná-lo. Ela nos incentivou a partir, mas não a deixaríamos de forma alguma. Meu sobrinho foi ao estádio *Superdome* antes do Katrina chegar, mas nós ficamos...

Isabel contou que ninguém esperava a devastação que assolou a região. Achavam que tinham sobrevivido ao pior após o furacão, mas, então, os diques se romperam... e o inferno abriu suas portas. Ela perdeu a mãe e a irmã na inundação.

Ela lutou contra as águas pútridas da inundação para chegar à sua casa no bairro de *Gentilly District*:

– Demorei um dia inteiro para chegar até lá, caminhando entre coisas horríveis, e a encontrei totalmente destruída.

A busca de Isabel por seu sobrinho também foi infrutífera.

– Rezei para que ele estivesse em segurança, mas todos ouvíamos sobre as coisas terríveis que aconteciam ali – as palavras ficavam presas à garganta algumas vezes, mas, de modo geral, contou sua história de forma bem casual. Compartilhou suas experiências, sua viagem para Raleigh e como, por meio da generosidade dos outros, encontrou um teto e um emprego como bibliotecária em uma escola local de Ensino Médio. Após várias semanas de contato com a Cruz Vermelha, conseguiu, por fim, localizar o sobrinho.

– É fácil se deixar tomar por todas as coisas ruins... e aquela tempestade trouxe tanta dor! Mas, meu Deus, houve também tantas coisas boas. A generosidade de desconhecidos se revelou por completo nos meses que se seguiram. Minha filha, há anjos por toda parte – disse, com uma piscadela. – Agora, William, meu sobrinho... não tem sido fácil lidar com ele! Ele está com 18 anos. Sempre foi rebelde, mesmo antes do Katrina, mas, agora, está tomado pelo ódio, não consegue libertar-se dele. Culpa o mundo por ter perdido sua mãe e sua avó e tudo o que conhecia.

Isabel mexia a cabeça de um lado para o outro enquanto pensava no sobrinho.

– Para falar a verdade, William e garotos como ele sempre foram problemáticos, mas é como se o Katrina tivesse lhes dado uma desculpa para se revoltarem e culparem o resto do mundo por todas as injustiças, em especial os brancos. É como se tivéssemos voltado às décadas de 1950 e 1960.

Isabel não conseguia disfarçar a frustração.

– Mas o Katrina foi uma dádiva. Toda tragédia traz em si um enorme potencial de cura... cura das feridas mais profundas, e para a evolução, ao impedir que outras feridas surjam. O Katrina também trouxe uma grande lição sobre responsabilidade. Desde as camadas mais altas até as mais baixas, cada um pôde aprender algo sobre assumir responsabilidade, caso decida evoluir.

Isabel olhou para o relógio e ficou surpresa com o horário.

– Melody, desculpe. Não parei de falar sobre mim nem lhe dei chance de falar sobre você!

Melody riu.

– Sinto-me honrada por ter compartilhado sua história comigo.

Isabel estendeu os braços e segurou a mão livre de Melody entre as suas.

– Sei bem julgar o caráter das pessoas, minha querida. Há tempos não me sinto tão à vontade com alguém, depressa assim, como me senti com você. Gosto de estar com pessoas e estou aberta a conhecer novas pessoas. Tenho de estar, não? – deu uma piscadela, com carinho. – Mas você tem algo de especial. Pude sentir quando Stephanie me falou sobre você e em sua voz, quando deixou o recado. Sei que está passando por um momento muito difícil, em especial porque esse é um território desconhecido. Estou certa?

– Está absolutamente certa. Isto tudo é tão estranho para mim que estou me sentindo perdida. Fiz algumas pesquisas por conta própria, mas ainda preciso de toda a orientação que puder conseguir. Sinto que você pode me ajudar a entender muitas coisas.

– Vamos em frente, então. Adoraria que você fosse ao meu apartamento. Podemos relaxar e mergulhar nos mistérios, aqui mesmo, em Raleigh, na Carolina do Norte!

– Você conhece outras pessoas aqui que praticam o Vodu? – Melody perguntou.

– Não, mas sei que existem os praticantes... principalmente nas comunidades hispânicas. Outros o praticam e não se dão conta – respondeu com um largo sorriso.

Aquilo fez com que Melody se lembrasse do homem fascinante que encontrara na loja *Dancing Moon* e que já ouvira falar sobre *Obeah*.

– Preciso fazer uma pergunta antes de irmos. Você já ouviu falar em *Obeah*?

Isabel encarou o olhar de Melody e respondeu sem rodeios.

– Sim, já, mas não com frequência. Poucas pessoas na comunidade Vodu falam sobre isso, mesmo que conheçam.

Por um instante, ambas ficaram em silêncio, sem saber como continuar.

– Isabel, você acha que *Obeah* seja uma coisa negativa?

– Não. Eu não considero que nada seja negativo por natureza; a energia, em si, não é nem positiva nem negativa. O que a transforma em positiva ou negativa é nossa percepção, que é, em regra, baseada em nosso ponto de vista. Uma mudança de perspectiva nos permite ver muitas coisas de modo diferente, mudar nossa opinião do que é positivo em negativo e vice-versa em um piscar de olhos.

O garçom trouxe a conta, o que fez com que dessem o almoço por encerrado, já que Isabel tinha de voltar ao trabalho.

Enquanto saíam, Melody agradeceu Isabel por ter disponibilizado seu tempo para encontrar-se com ela.

– Não dá para descrever como é bom falar com alguém que não ache que estou louca.

– Vamos fazer isso mais vezes. Precisamos marcar, certo?

Isabel tomou as mãos de Melody e falou em um tom bem mais obscuro.

– Nós duas temos o dom da visão, menina. Lembre-se, por favor: o coração precisa se abrir por inteiro para que a luz entre.

Ela abraçou Melody e entrou no carro, deixando Melody confusa com suas palavras, acenando em despedida.

# Capítulo XX

Ao abrir a porta do apartamento, Melody viu que tudo estava de pernas para o ar. As gavetas e portas dos armários estavam escancaradas, todas as suas coisas jogadas no chão. Alguém vasculhara o lugar à procura de algo e Melody sabia bem o que era. Decidiu não ligar para a polícia. Em vez disso, falou com a administração do prédio.

– Condomínio Pleasant Woods. Aqui é Cheryl. Em que posso ajudar?

– Cheryl, aqui é Melody Bennet, do Bloco C.

– Pois não, senhorita Bennet, como vai? Como foi a viagem às montanhas?

Melody estava assustada e hesitou por meio segundo antes de seguir seu instinto e entrar no jogo.

– Foi ótima, obrigada. Mas parece que alguém passou por aqui enquanto eu estava fora. Você deixou alguém entrar?

– Sim, dei a chave para seu avô. Ele foi tão simpático! Não foi uma surpresa agradável ele ter vindo consertar sua TV e aparelho de som enquanto a senhorita estava fora? Achei que a senhorita não se incomodaria; ele devolveu a chave antes de ir embora. Foi tão amável! Pediu que eu não falasse nada para a senhorita, queria que fosse uma surpresa quando chegasse em casa.

– Hum... bem... é, fiquei surpresa. Você pediu algum documento a ele?

– Eu ia, mas ele a descreveu tão bem, falando com orgulho da senhorita, que não tive dúvida de que era seu avô. Estava certa de que não teria nenhum problema.

– Ah, tudo bem, então – Melody estava atordoada demais para se despedir e terminar a ligação de maneira adequada. Apenas desligou o telefone e olhou para toda aquela bagunça ao redor.

Queria dizer a Cheryl que ela *deveria* começar a duvidar das coisas, que seu instinto era uma porcaria, mas não quis chamar atenção. Além do mais, o homem devia conhecê-la de alguma forma, para que Cheryl acreditasse nele.
*"Droga, quem poderia ser?"*
Confusa e furiosa, recolheu todas as coisas do chão e as jogou sobre o sofá e a cama, onde ficariam por enquanto. Organizaria tudo depois; agora precisava voltar à fazenda para ter certeza de que O Livro estava a salvo.

Melody estava tão preocupada durante o caminho de volta que teve de se concentrar muito para dirigir com segurança. Tentou pensar sobre o que tinha acontecido, colocando o fato em perspectiva. Tudo fora perturbador, mas nada de *trágico* havia, de fato, ocorrido. Ninguém estava ferido. Só "coisas" foram afetadas. Mesmo assim, era assustador saber que alguém estava atrás do Livro (esse *havia de ser* o motivo) e era impossível não temer o que poderia vir a seguir.

No momento, Melody estava determinada a não deixar que aquilo a abalasse. Tinha apenas de se concentrar e decidir o que fazer em seguida. Havia uma razão para tudo aquilo estar acontecendo... tinha de haver. *"Não vou deixar que isso me abale."*

Passou o restante do trajeto se convencendo a manter sua nova perspectiva otimista, olhando o lado bom de cada acontecimento; buscando o lado positivo, para não achar que as orações não tinham tido valor.

– Talvez o fato de eu não estar lá tenha sido o lado positivo? – refletiu, em voz alta. – Quem sabe o que teria acontecido se eu estivesse em casa?

Escurecia quando pegou o caminho da entrada da fazenda e ficou surpresa ao ver a caminhonete de Charlie ainda lá. Esperava que ele não tivesse ficado doente, trabalhando naquele calor. Acelerou em direção à casa e estacionou ao lado da caminhonete.

Ela o chamou várias vezes, mas não houve resposta. Antes de sair, pela manhã, perguntara se ele estava com a chave, pois deixaria a porta trancada. Ela continuava trancada, então, duvidou que ele estivesse dentro da casa. Mesmo assim, resolveu verificar, caso ele tivesse decidido entrar para se refrescar e tivesse adormecido.

Mas Charlie não se encontrava em lugar nenhum. Melody foi depressa se certificar de que O Livro estava onde ela o havia deixado, e estava.

Saiu de novo e o procurou. Não havia nenhum sinal de Charlie. Gritou seu nome mais algumas vezes e nada. Talvez a caminhonete estivesse com algum problema e ele chamara alguém para buscá-lo. Só podia ser isso.

Decidiu dar uma olhada nos gatinhos antes de fazer qualquer outra coisa. Levantou a tranca com cuidado, sem querer assustá-los caso estivessem dormindo. Conforme a porta se entreabriu, deixando entrar um pouco de luz, o cheiro característico de metal molhado e enferrujado atingiu Melody em cheio. Escancarando a porta, Melody deu um passo e recuou, aterrorizada.

Charlie jazia no chão empoeirado; seu rosto era uma máscara grotesca de choque e agonia e a camisa de brim que usava para trabalhar tinha manchas de um marrom avermelhado. Sangue cobria seu rosto e suas mãos e se misturava à poeira ao redor e embaixo dele. Seus últimos instantes de vida ficaram estampados na expressão angustiada. O suave ranger da porta parecia amplificado, reverberando na cabeça de Melody junto às batidas fortes de seu coração enquanto cada um dos detalhes macabros ficava gravado em sua memória.

Tremendo de forma convulsiva, ajoelhou-se ao lado de Charlie, colocando, com delicadeza, os dedos do meio e anular da mão direita sobre a carótida, sabendo, de antemão, que nada sentiria. Levantou-se e saiu do galpão, tentando, de todas as formas, conter uma onda de náusea, e correu para dentro da casa a fim de chamar a polícia.

– Nove, um, um. Qual a sua localização e a natureza da emergência?

A voz de Melody soava estranha, até para si mesma. Sentia como se estivesse em um túnel enquanto fornecia as informações necessárias.

– Você encontrou um corpo?

– Sim, acabei de encontrar o corpo de um amigo – Melody falou, como um robô. – Parece que foi esfaqueado.

Ela tremia cada vez mais.

– Por favor, venham depressa! – ela implorou, desabando no chão, com o corpo tomado pelos soluços.

– Fique calma, senhorita Bennet. A senhorita está ferida?

– Não – ela murmurou.

– A ajuda está a caminho. Preciso que fique na linha e fale comigo até que eles cheguem. Há mais alguém com você?

– Não – Melody mal conseguiu dizer essa única palavra.

– É possível que os criminosos estejam dentro da casa?

Melody congelou, tomada por novas ondas de pânico. Não havia pensado nisso. Agarrando-se ao balcão da cozinha com uma das mãos, lutou para ficar de pé.

– Estou dentro da casa agora – tentou lembrar-se do que aconteceu antes de encontrar o corpo de Charlie. Lembrava-se de ter feito uma busca rápida pela casa, sem encontrar nada. – Não, não acho que tenha alguém aqui. A porta estava trancada, mas eu... eu não sei.

– Compreendo, senhorita Bennet. Sua porta está trancada neste momento?

– Não, não está. Não tenho um telefone sem fio... por favor, espere – largou o telefone, correu até a porta e a trancou.

– Pronto, está trancada.

– Ótimo. Senhorita Bennet, deixe a porta trancada até a polícia chegar. Posso ficar na linha com a senhorita até eles chegarem.

Melody nada disse. Deslizou ao chão de novo, as costas contra a parede, o telefone junto à orelha direita. Ficou sentada ali, em silêncio, com os braços cruzados à sua frente, como um escudo de proteção, e os joelhos junto ao peito. De tempos em tempos, a telefonista perguntava se ela ainda estava na linha e ela sussurrava que "sim". Não se moveu pelo que pareceu uma eternidade até que, por fim, escutou sirenes, deixou cair o telefone e correu para destrancar a porta.

Dois carros de polícia aproximavam-se depressa pela entrada da fazenda, seguidos por um carro e uma *van* sem identificação. Melody abriu a porta e ficou na varanda, à espera. Uniformizado, um assistente de xerife subiu os degraus da varanda e a segurou quando suas pernas fraquejaram. Ele a sentou em uma das cadeiras de balanço e acenou, pedindo ajuda. Melody sentia-se tonta e enjoada. Cambaleou até o peitoril da varanda, debruçou-se nele, com as pernas trêmulas, e vomitou. Seu coração estava acelerado; suas mãos, úmidas. Ficou agradecida quando um segundo policial foi até a varanda e os dois, cada um deles segurando-a por um braço, levaram-na para dentro da casa para que se deitasse no sofá.

– Está bem, senhorita?

Ela não conseguia falar; apenas meneou a cabeça. Estava suando muito. Um dos dois assistentes saiu e voltou com um paramédico, que pegou uma manta do sofá e, com ela, cobriu Melody, dizendo que ela estava em choque. Ele foi até a cozinha, abriu a torneira até que a água ficasse morna, cnchcu um copo e o levou à sala.

Melody apoiou-se em um dos cotovelos para beber alguns goles de água e olhou para cima quando dois outros homens entraram. Ela segurou a respiração ao ver o hispânico que encontrara na loja alternativa. Sabia que ele também a havia reconhecido; viu isso em seus olhos.

– Senhorita Bennet – ele disse, em um tom bem profissional. – Sou o detetive Hernandez e este é o detetive Jarman, do Departamento de Polícia do Condado de Johnston. A senhorita mencionou, em sua chamada, um possível homicídio?

Melody só conseguiu confirmar, com um leve aceno de cabeça.

– Desculpe-me, senhorita Bennet. Sei que está em choque no momento, mas precisamos fazer algumas perguntas. Temos de reunir todas as pistas enquanto o rastro ainda está "quente".

Melody assentiu, com os lábios tremendo, uma indicação de que estava à beira de um colapso nervoso.

– Foi a senhorita quem encontrou a vítima?

Ela assentiu.

– Viu alguém perto do local?

Melody meneou a cabeça e falou com cuidado e ponderação, tentando manter a voz calma.

– Não, quando voltei para casa a caminhonete dele ainda estava aqui, o que achei estranho, pois Charlie em geral vai embora bem mais cedo.

Ele a incentivou a continuar.

– Eu o chamei várias vezes antes de verificar se ele tinha entrado para descansar. A porta estava trancada e ele não estava aqui, então pensei que talvez a caminhonete não estivesse funcionando e ele tivesse chamado alguém para lhe dar uma carona.

– A senhorita disse que o nome dele era Charlie?

– Sim. Charlie Broughton.

– Por que resolveu ir até o celeiro se achava que ele tinha ido embora? A porta estava aberta?

Melody sentiu um nó na garganta ao reviver o momento em que encontrou Charlie.

– Fui ao pequeno galpão, não ao celeiro. Esta manhã, Charlie descobriu que uma gata havia dado cria lá. Fui dar uma olhada nos filhotes.

– A senhorita conhece alguém que talvez quisesse fazer algum mal ao senhor Broughton?

– Não, absolutamente ninguém.

– Consegue pensar em alguma coisa que possa nos ajudar? Qualquer coisa?

Melody hesitou, sem saber o que fazer. Sua mente era um turbilhão, mas seu instinto lhe dizia para ser cuidadosa e não revelar muito, para sua própria segurança. Não achou que estava traindo Charlie; de forma estranha, tinha a sensação de que ele gostaria que ela mantivesse algumas coisas em segredo.

– Hoje de manhã, Charlie me disse que tinha encontrado a porta do galpão aberta. Achou estranho, pois tinha quase certeza de tê-la fechado na noite anterior.

– Algo mais?

Melody ficou deliberadamente calada.

– Senhorita Bennet, qualquer coisa, mesmo algo que considere completamente irrelevante, pode nos ajudar a descobrir quem fez isso. Por favor, não omita nenhuma informação.

Melody respirou fundo.

– Hoje, descobri que alguém invadiu meu apartamento enquanto eu estava fora. Nada foi roubado, portanto, não fiz nenhuma queixa.

Os detetives entreolharam-se, intrigados, e o detective Jarman pediu licença por alguns minutos.

– Alguém invadiu seu apartamento e a senhorita não chamou a polícia?

Melody apenas assentiu, sem saber, de fato, o que dizer.

– Você contou isso a alguém?

– Não – Melody respondeu, meneando a cabeça e pegando um lenço de papel no canto da mesa.

– Senhorita Bennet, tem alguma ideia do que o invasor estava procurando?

Apesar de sentir que corava, Melody balançou a cabeça, em negativa.

– Não, não faço ideia. Na realidade, não houve invasão. A administração deu a chave à pessoa achando que era meu avô.

– Seu avô?

– Foi o que o homem disse à garota da recepção, mas isso não é possível, pois meu avô já morreu. Mas acho que nada foi levado.

– A senhorita tem alguma ideia de quem seja essa pessoa?

Melody, de fato, não tinha.

– A senhorita acha que a pessoa que invadiu seu apartamento seja a mesma pessoa que assassinou o senhor Broughton?

Melody queria responder que sim, mas isso levaria ao Livro, de forma inevitável, e ela não estava preparada para fazer tal revelação. Ao mesmo tempo que não descansaria até que o assassino de Charlie fosse descoberto e levado à Justiça, algo sinistro estava acontecendo. Ela não sabia em quem podia confiar; e, por enquanto, não falaria nada sobre isso.

– Detetive, tem uma coisa... e pode parecer muito estranha.

– Pode falar, estou ouvindo.

– O senhor sabe mais sobre esse negócio de *Obeah* do que eu, mas... – ela parou, sem saber como colocar o que queria dizer em palavras. – Concordo com o senhor quando diz que é perigoso. Acho que meu apartamento foi invadido porque algumas pessoas, por engano, acham que minha avó tinha um livro sagrado e que ela o deixou para mim.

O detetive Hernandez, nervoso, olhou ao redor, esperando que ninguém tivesse escutado o que ela dissera. Melody sentiu que ele não queria que ninguém soubesse que já tinham se encontrado. Ela mesma ficou surpresa pela coincidência de que o detetive Hernandez tivesse sido designado para este caso.

*"Conhecê-lo foi uma coincidência ou algo planejado? Será que ele também está atrás do Livro?"*

Teria sido fácil para ele anotar a placa do carro de Melody e a usado para conseguir seu endereço. Tentou pensar no intervalo de tempo entre os acontecimentos do dia, mas sua mente estava demasiado confusa.

Ele a encarou como se quisesse dizer algo importante, mas deteve-se. Melody esperava que ele perguntasse *algo* após ter revelado sua teoria, mas ele se manteve em um estranho silêncio.

— Senhorita Bennet, não estou desconsiderando o que acabou de dizer, mas acho que, por enquanto, isso é tudo. A senhorita sofreu um trauma e precisa descansar. Aqui está meu cartão, por favor, ligue caso se lembre de mais alguma coisa.

Ele colocou o cartão sobre a mesinha ao lado do sofá e caminhou até a porta. Antes de abri-la, virou-se para Melody e disse:

— A propósito, talvez queira ficar na casa de alguém esta noite. Gostaria que eu entrasse em contato com alguém?

Melody fez que não.

— Não, obrigada. Pode parecer estranho, mas, na verdade, sinto-me mais segura aqui.

Ela levantou-se e levou o detetive até a varanda. O choque que sentiu tornou-se mais forte ao testemunhar o drama de a fazenda tornar-se cena de um crime.

Ao observar os detetives partirem, viu a *van* dos médicos legistas seguir logo atrás. Charlie deixava a fazenda pela última vez.

# Capítulo XXI

Os dias que se seguiram à morte de Charlie foram alguns dos mais difíceis da vida de Melody. Sentia-se entorpecida; a dor pela morte de Giselle ainda estava muito viva e a perda recente parecia intensificar seu sofrimento, trazendo à tona todas as outras perdas do passado, como se tivessem acabado de acontecer.

As mortes do pai e dos avós se deram por causas naturais, então ela conseguia, ao menos, aceitá-las. No entanto, Charlie morrera nas mãos de um monstro e a brutalidade de seu assassinato a deixou sem chão.

A busca que os policiais fizeram na fazenda não deu em nada. Também revistaram o apartamento de Melody, mas nada conseguiram além da descrição superficial feita por Cheryl.

Annie tentou convencê-la a ir para sua casa, mas Melody decidiu ficar na fazenda. Todas as pessoas que amara eram, de alguma forma, parte do lugar. Queria agarrar-se à fazenda e às memórias daqueles que tinham partido. Ainda sentia a presença da avó e, agora, também a de Charlie.

Melody andava de um lado para outro, atordoada, envolta em uma névoa surreal.

Para sua surpresa, fora designada inventariante de Charlie, o que não demandou nenhum esforço de sua parte: Charlie tinha sua vida e morte organizadas: fizera, inclusive, o pagamento antecipado das despesas do enterro. Melody ficou agradecida por ele ser um homem precavido.

Isabel foi a única pessoa para quem pensou em ligar durante aquele período. Tinham se encontrado apenas uma vez, mas Melody sentiu a mesma conexão imediata que tivera com Mãe Marie. A energia de Isabel e a de Mãe Marie eram parecidas, apesar de uma ser mais moderna e a outra, mais tradicional.

Sentiu-se mal por ligar com notícias tão desagradáveis, mas Isabel foi muito gentil e solidária. No entanto, Melody teve a impressão de que Isabel não ficara surpresa e aceitou seu convite para visitá-la na noite seguinte.

Logo ao entrar, ficou impressionada com a decoração do apartamento. As paredes, de um roxo profundo, tinham a cor realçada por ornamentos de cobre; o sofá e a namoradeira eram cor de vinho e sobre eles havia almofadas roxas.

Isabel explicou que as cores eram de seu Orixá de frente, Iansã, regente das tempestades e dos ventos. Mostrou seu altar a Melody, montado em um pequeno armário da lavanderia. Ela fizera bom uso do espaço: ali havia oferendas de berinjela, vinho tinto e várias moedas colocadas em tigelas de cobre.

Melody perguntou se Iansã tinha sempre sido o Orixá de frente de Isabel.

– Sim. Sempre senti que era levada pelos ventos e era atraída para ela. Mas o Orixá de uma pessoa pode mudar conforme ela passa por diferentes fases de vida.

Enquanto preparava algumas bebidas e salgadinhos, Isabel falou um pouco sobre a energia durante o Furacão Katrina, como ela era palpável.

– A energia de Iansã é formidável... Eu sabia que algo muito poderoso estava sobre nós.

Colocou um prato com queijos e bolachas sobre a pequena mesa de jantar, bem como várias garrafas de vinho e outras bebidas.

– Alguma vez já esteve no olho de um furacão? – Isabel perguntou enquanto se sentava e convidava Melody a fazer o mesmo.

– Não, graças a Deus.

– Existe um cheiro característico. Nunca consegui descrevê-lo, mas qualquer um que já tenha passado por isso conhece. Você está lá, em pé, imóvel, com um turbilhão de nuvens rodopiando à sua volta. Você sabe que esse turbilhão, cheio de partículas em suspensão e destroços, começou do outro lado do oceano, na costa da África. Tudo que ele arrasta pelo caminho permanece nele e viaja milhares de quilômetros. A maioria dos furacões carrega as sementes da África.

Enquanto Isabel falava, Melody provou um pouco de rum com especiarias e também gim com canela. A sensação que inundou seu corpo, o calor da bebida acalmando seus nervos em frangalhos, foi bem-vinda.

– Aqui estou eu de novo, não lhe dando chance de falar – Isabel desculpou-se. – O que achou das bebidas?

Melody ergueu seu copo para fazer um brinde.

– É impossível não amar o povo do Vodu; sempre oferecem boa bebida! – foi a primeira vez que Melody riu em muito tempo.

Sentiu-se à vontade para abrir o coração. Falou sobre a infância, o interesse prematuro pela espiritualidade e descreveu a visão terrível que tivera antes da morte do pai.

– Sabia que você tinha a visão – Isabel comentou.

Melody contou sobre a proximidade com a avó e a distância da mãe, falou de seus relacionamentos fracassados, da perda da avó e, agora, de Charlie.

Descreveu, então, a Isabel tudo o que acontecera como consequência do último desejo de Giselle; desde sua chegada a Nova Orleans até a volta à Carolina do Norte e a descoberta do diário de Yvette. Mencionou um misterioso livro sagrado, mas não deu mais detalhes. Por mais que gostasse de Isabel, não se sentia segura para falar sobre O Livro com ninguém. Nem por decreto, confiaria totalmente em alguém, ainda mais agora.

Como Isabel não fez nenhuma pergunta, ocorreu a Melody que ela, talvez, já soubesse alguma coisa sobre O Livro.

Terminou seu relato com os detalhes da tarde fatídica em que, após o almoço com Isabel, encontrou o corpo de Charlie.

Quando Melody terminou de falar, Isabel confessou que tivera uma premonição quando se encontraram. Disse que, com frequência, tinha "visões" sempre que sentia uma ligação profunda com alguém.

– Sabia que você enfrentaria alguma coisa terrível naquele dia – ela olhou para baixo e balançou a cabeça com tristeza antes de olhar de novo para Melody. – Mas eu disse a verdade quando comentei: o coração precisa se abrir por inteiro para que a luz entre.

Melody duvidava que qualquer luz entraria; naquele momento, duvidava de tudo.

– A essa altura, Isabel, não tenho certeza de nada. Estou apenas reagindo ao que acontece ao redor; não tenho controle de nada.

Isabel segurou a mão de Melody, apertando-a.

– Sei que está com raiva e sofrendo, mas a vida é como estar em um barco a remo. Você rema sabendo onde quer chegar, mas muitas coisas afetam seu curso. Outros barcos fazem marolas ou atrapalham seu caminho, a Mãe Natureza cria catástrofes. É muito difícil e cansa demais. Cabe a você saber como vai reagir a essas coisas. A escolha é sua; você continua no comando do barco.

Melody estava cansada demais para absorver o que Isabel dizia; de repente, sentiu-se tão exausta que teve de dar a visita por encerrada, pois ainda tinha um longo caminho até a fazenda.

Trocaram um longo abraço antes de Melody ir embora. Ambas pareciam ainda querer dizer alguma coisa, mas ficaram caladas.

O dia do enterro de Charlie foi um dos mais chuvosos de que se tinha registro. Foi uma cerimônia simples, bem própria dele, com poucos participantes, que foram embora logo após o sepultamento. Melody tinha uma vaga lembrança de ter visto o detetive Hernandez em pé, na chuva, enquanto os outros policiais permaneciam sentados sob um toldo, observando com atenção cada um dos que vieram prestar sua homenagem. Ela fizera o mesmo, examinando com atenção os rostos dos presentes; reconheceu todos que lá estavam, embora conhecesse alguns apenas de passagem. Sua raiva e determinação em pegar o desgraçado que fizera aquilo só se igualavam à dor terrível que sentia no coração.

Depois de todos terem ido embora e de ela ter se despedido da mãe e de Eric, o detetive Hernandez apareceu com um guarda-chuva e a acompanhou até o carro.

– Senhorita Bennet, não sei se serve de conforto, mas sinto muito por sua perda e prometo fazer tudo que estiver ao meu alcance para que o responsável seja levado à Justiça.

Melody ficou satisfeita por seu empenho em mantê-la informada sobre o caso. Na semana que se seguiu ao enterro, o detetive ligou várias vezes, fosse para fazer perguntas inócuas, fosse para dizer que não havia nada de novo. Certo dia, telefonou apenas para perguntar como ela estava passando. A preocupação dele parecia um pouco incomum, mas ficou grata por sua gentileza.

Ele até passou na fazenda, um dia à tarde, dizendo que estava por perto e queria saber como ela estava. Mesmo abatida, Melody não podia negar sua atração por ele. Ao se despedir dele com um aperto de mão, chegou a corar quando ele pareceu prolongar o contato físico um pouco mais que o normal.

Sue também foi maravilhosa, garantindo a Melody que seu emprego estava seguro e que se demorasse o tempo que fosse preciso. Também incentivou Melody a atuar sozinha, caso preferisse, e acrescentou que a empresa usaria seus serviços para que ela conseguisse se manter até formar a própria clientela.

Melody pouco falava com a mãe. Ela não conseguia evitar a sensação de que a maior preocupação de Annie era se o crime acontecido na fazenda dificultaria sua venda. Melody estava cada vez mais inclinada a ficar com a fazenda, mas ainda não se decidira.

Charlie deixara uma pequena reserva de dinheiro para ela e um bilhete, com certeza, escrito há bem pouco tempo, dizendo que ela deveria usar a quantia do pagamento inicial da fazenda, caso resolvesse comprá-la. Aquela atitude tão generosa só fez aumentar o desejo que Melody tinha de ficar com a propriedade.

Uma semana após o enterro de Charlie, Melody teve de se fortalecer para a missa em memória de Giselle. Por um lado, parecia que a avó morrera há muito tempo, por outro, que tinha sido ontem. Pensar em voltar à igreja e encontrar padre Robert outra vez a deixava inquieta; mais do que isso, estava apavorada com a missa em si. O clima refletia seu humor, a chuva implacável não parava de cair.

Sentou-se com sua mãe e Eric, na igreja. Padre Robert não a olhou nos olhos nem uma vez, nem mesmo ao cumprimentar a família. Melody, por sua vez, não tirava os olhos dele.

Apesar de satisfeita por sua mãe ter ficado feliz com a missa, Melody sentiu-se, durante toda a manhã, em uma peça de teatro; mal podia esperar para voltar para casa, para a fazenda.

Ao chegar lá, sentiu um nó na garganta quando abriu a porta. É estranho como rituais e cerimônias parecem tornar as coisas definitivas. Embora acreditasse que, de alguma forma, a avó e Charlie ainda estavam ali, Melody, de repente, sentiu-se mais sozinha do que nunca.

Colocou a chaleira no fogo e ouviu a chuva se transformar em um aguaceiro torrencial. *"Ainda bem que não preciso cuidar dos animais."* Um dos vizinhos gentilmente se ofereceu para comprá-los e os levou embora bem depressa, um dia depois de ela encontrar o corpo de Charlie.

*"Os gatinhos!"* Esquecera-se de ver como estavam no dia anterior e, de repente, sentiu um pânico irracional.

Apesar da chuva e de como estava vestida, precisava ter certeza de que estavam bem; sentia-se responsável por sua segurança.

Cobrindo a cabeça com uma capa de chuva, Melody correu até o galpão, os sapatos de salto afundando na lama. A conhecida sensação de pânico tomou conta de Melody quando chegou à porta.

Como sempre, abriu-a devagar para não assustar os filhotes; estava encharcada, apesar de a chuva começar a diminuir.

Eles não estavam lá. Todos tinham sumido!

Não havia sinal de que algo ruim tivesse acontecido a eles, mas, mesmo assim, seus joelhos bambearam. Ela não podia suportar a ideia de que algo de mal acontecesse àqueles filhotes.

Quando a cadência dos pingos da chuva no teto de zinco diminuiu, ouviu um miado suave.

Procurou dentro do galpão, na esperança de que a mãe tivesse apenas colocado os filhotes em um lugar mais seguro e silencioso. Estava certa. Encontrou a mãe e os gatinhos amontoados, em segurança, entre dois antigos armários, dormindo sobre uma pilha de panos velhos.

Melody cambaleou, caindo de joelhos.

O medo constante de que outra tragédia estivesse prestes a acontecer cobrou seu preço; o alívio de ter encontrado os gatinhos sãos e salvos foi tão forte que liberou uma torrente de emoções.

Permaneceu naquela posição, sem se importar com a lama e o desconforto físico, o corpo dilacerado por soluços silenciosos e os gritos abafados para não assustar os gatinhos.

Seu colapso nervoso perdurou até estar totalmente exaurida.

O apito estridente da chaleira podia ser ouvido da varanda. Apesar de fraca, Melody correu para desligar o fogo antes de tomar um banho e trocar de roupa.

Debatia-se com a ideia de voltar a ler O Livro.

Da última vez que o tocou, foi tomada por uma esperança que não sentia desde pequena. Saiu de casa otimista, acreditando que suas orações e intenções positivas viriam a se concretizar... não de imediato, mas no futuro.

Mais tarde, naquele mesmo dia, encontrou seu apartamento revirado e seu amado Charlie, morto.

– O que eu devo fazer com esse livro?! – ela gritou com toda sua força, os braços erguidos, as mãos abertas, implorando por uma resposta. Tinha dado dois passos para a frente, apenas para ser empurrada dez passos para trás. Parecia que o universo lhe dera uma rasteira de propósito.

Melody não queria ler O Livro. Não queria fazer absolutamente nada além de ficar encarando as paredes até adormecer. Queria ficar adormecida.

Mas achava que devia aquilo à avó. Ler aquele livro era parte de seu desejo; Melody não tinha escolha. Sabia que Giselle não gostaria que ela sentisse tanto ódio, em especial por Deus ou pelo Livro, mas ela não conseguia evitar.

*"Vou tentar manter a mente aberta, vovó, mas está muito difícil agora."*

## "Feitiços e Rituais"

*Uma vez que todos compartilhamos da mesma mente subconsciente, nossa existência pode, às vezes, ser afetada pelas escolhas ou intenções dos outros. O curso da vida cai nas garras da mente do ego, que tentará dominar a mente do Criador, gerando circunstâncias ou acontecimentos indesejáveis. Embora seja verdade que aprendamos mais por meio do conflito e das provações, a mente consciente é um recipiente limitado, capaz apenas de suportar pouca pressão antes de cair na cegueira total e começar a se autodestruir com a fabricação de imagens e pensamentos negativos. Para aliviar tal pressão, podemos recorrer a rituais e feitiços, que têm o poder de criar em nossa mente consciente uma imagem do que estamos tentando alcançar e, desse modo, preparando a base para que nossa mente subconsciente crie uma realidade melhor.*

Apesar da barreira que criara, Melody identificou-se, com relutância, com o último parágrafo e reconheceu que a mente humana é "capaz apenas de suportar pouca pressão antes de cair na cegueira total e começar a se autodestruir".

"Pois é, eu mesma estou quase lá."

*Os rituais abrem as portas da mente, criando um canal entre a mente consciente e a mente atemporal do Criador.*

*Os feitiços são importantes porque geram uma ligação entre o consciente e o subconsciente. Enquanto a mente consciente do ego trabalha para criar, fisicamente, algo semelhante àquilo que se deseja, ela envia a imagem do que se quer à mente subconsciente, para que o crie.*

*O praticante também deve buscar formar uma imagem clara do que deseja, como se já o tivesse alcançado, e nunca tentar determinar o curso dos acontecimentos. Ao fazer isso, ele permitiria, na realidade, que a mente do ego tentasse controlar a perfeita inteligência do Eu verdadeiro.*

*Antes de começar qualquer feitiço, o feiticeiro...*

Melody ficou paralisada. *"Bem, espera aí: A palavra "feiticeiro" parece tão estranha."* Lembrou-se, então, do que Isabel dissera sobre percepção e estar aberta; o mesmo conselho também foi dado por Mãe Marie. *"Tudo bem, Mel, é só uma palavra, um rótulo, escrito muito tempo atrás. Não deixe que as palavras a desanimem." Antes de começar qualquer feitiço, o feiticeiro deve observar um período de meditação para atingir o silêncio interior, mudando a energia predominante do ego para a do Eu verdadeiro.*

*Por exemplo, se você fizer um feitiço para atrair um homem ou uma mulher e, depois, passa o dia inteiro olhando pela janela, esperando que a pessoa apareça, estará atrapalhando o desenvolvimento do feitiço. Estará permitindo que o ego assuma o controle ao aceitar apenas o que pode perceber por meio de seus limitados sentidos humanos.*

*Ao usar qualquer instrumento que acredite ser poderoso para atingir seu objetivo, crie em sua mente uma imagem clara do que deseja. Fixe essa imagem tanto tempo quanto possível e, então, deixe-a ir, seguro de que seus sonhos, logo, serão realidade.*

Melody ergueu os olhos e colocou o foco no mesmo alvo invisível que expressara com um grito, mais cedo.
– Que bobagem! Estou cansada dessas promessas! Fale para as pessoas que "qualquer coisa que seja para seu bem maior" será realidade e não aquilo pelo que elas rezaram.
*"Com certeza, não aquilo pelo que rezaram."*
Era mais fácil canalizar sua raiva para *Obeah* do que para os últimos acontecimentos, então continuou a ler.

*Uma parte importante da realização dos trabalhos é acrescentar objetos pessoais de quem se busca atingir no próprio trabalho. Se o objeto for uma peça de roupa, ela não deve estar lavada, pois os estímulos sutis aos sentidos do feiticeiro e as vibrações do alvo indicarão a pessoa certa à mente do Criador, em vez de todos aqueles que têm o mesmo nome e talvez a mesma data de nascimento do alvo.*

*A última recomendação é que, se tiver feito um trabalho para o mal, deixe que a pessoa-alvo saiba, mas não fale nada se tiver feito um trabalho para cura ou amor. O motivo é muito simples. Se você conta a uma pessoa que um trabalho foi feito contra ela, não importa se ela acredita ou não, a semente dessa revelação iniciará uma reação em cadeia de sintomas que ela acreditará estar sofrendo.*

*O medo subconsciente do desconhecido ativará o medo consciente e a pessoa começará a se sentir doente. Ao sentir os primeiros sintomas, os descartará como mera coincidência, mas, a partir de então, a semente já estará plantada e só lhe restará crescer.*

Melody fechou O Livro e o colocou de lado.
*"Então, é aqui que a magia negra entra em cena."*

Ficou de pé para se espreguiçar e começou a andar de um lado para o outro, falando sozinha.

– Por que alguém que acredita na essência positiva do Vodu daria instruções de como prejudicar os outros, em especial com tantos detalhes? Quem escreveu isso?

Melody também se perguntou por que a avó teria se envolvido com essas coisas. Ou será que se envolveu mesmo?

Apesar de saber pouquíssimo sobre magia negra, tinha a impressão de que o que estava escrito ali, não importa o quanto a tivesse perturbado, não era nem revolucionário nem surpreendente. Feitiços para prejudicar os outros eram feitos por povos de diferentes crenças há milênios.

*"Mas talvez essas coisas nunca tenham sido escritas dessa forma... ou existe algo oculto neste livro que faz com que estas palavras e este conhecimento sejam, de alguma maneira, mais perigosos? Será que O Livro foi escrito para testar a pessoa que o possui?"*

Melody girava, de forma inconsciente, entre o polegar e o indicador da mão direita, a pequena chave em forma de esqueleto que trazia em sua corrente enquanto sua mente trabalhava, frenética. O toque do celular interrompeu seus pensamentos.

– Olá, Melody. Aqui é o detetive Hernandez.

Ficou surpresa por ele tê-la chamado pelo primeiro nome.

– Olá, detetive. Descobriu alguma coisa? – esperançosa, segurou a respiração por um segundo.

– Infelizmente não, Melody. Mas estamos com o resultado da autópsia, se quiser, posso relatá-lo.

– Não... não, obrigada – respondeu, com a voz fraca. A causa da morte tinha sido bem óbvia.

Melody fechou os olhos e engoliu em seco, tentando afastar a imagem de como encontrou Charlie.

– Bem, temos um assassinato, mas nada que nos leve ao assassino. Vasculhamos o local, mas não encontramos nada. Foi a mesma coisa com relação ao seu apartamento. Se não fosse cético, diria que um fantasma foi o responsável.

Melody não se surpreendeu.

– Ouça, Melody. Estava pensando se você não gostaria de jantar comigo hoje à noite. Nada de extravagante, mas que nos daria a oportunidade de nos sentar e conversarmos. Quem sabe você possa me contar um pouco mais sobre o livro que mencionou antes. Talvez seja nossa única esperança de encontrar o assassino. Você disse que recebeu ameaças por causa do livro.

Melody foi pega de surpresa.
– É muita gentileza sua, mas hoje foi um dia difícil. A missa da minha avó foi essa manhã... – ela não terminou a frase, supondo que ele entenderia.
– Desculpe. Não deve ter sido fácil, mas você precisa sair.
Melody estava pronta para recusar o convite educadamente quando ele disse:
– Que tal às 7 horas?
Ela riu, ainda sem saber o que dizer.
– Perfeito, vou considerar isso como um sim. Busco você na fazenda?
– Nossa, você é mesmo persistente – ela se sentia péssima, sabia que estava horrível e não tinha certeza se maquiagem alguma resolveria o problema.
– Por favor, me chame de Mário. Bem, onde devo buscá-la?
– Tudo bem, às 7 horas então – disse, cedendo – posso encontrá-lo a caminho do restaurante.
– Mas que tipo de cavaleiro pede a uma donzela que o encontre a caminho?
Melody ficou encantada com seu senso de humor.
– Certo, senhor cavaleiro. Espero você às 7h, aqui na fazenda.
Quando Melody desligou, sentiu uma pontada inesperada de entusiasmo. Olhou para o relógio e viu que eram apenas 14h da tarde, portanto, tinha tempo de sobra.
A avó não tinha TV a cabo e a última coisa que queria fazer era assistir ao noticiário; voltou, então, à leitura.
O capítulo seguinte chamava-se "Símbolos Sagrados".

*O lado direito do ponto de Exu mostra uma chave em forma de esqueleto, mas a característica mais importante do ponto é o padrão recorrente de cruzes com braços de igual tamanho. Elas simbolizam as encruzilhadas que encontramos em nossa jornada pela vida, assim como o ponto de encontro das quatro forças elementais, que é o lar do Espírito. As encruzilhadas representam os acontecimentos conflitantes que exigem uma tomada de decisão de nossa parte, colocando em ação, dessa forma, o poder de usarmos a dádiva do livre-arbítrio.*

Melody sempre se sentira atraída por símbolos. Sabia que representavam coisas distintas para povos diferentes; mesmo a cruz, ao longo dos tempos, teve diversos significados para diferentes povos. Há muito tempo aprendera a prestar atenção quando se deparava com um símbolo repetidas vezes.

Várias semanas antes de seu aniversário de 16 anos, sentiu-se atraída por cruzes celtas – cruzes equiláteras – com cada braço reunindo-se em um único ponto. Ao mesmo tempo, parecia ver rosas brancas onde quer que estivesse. Certo dia, desenhou a imagem que há tempos estava em sua cabeça: uma cruz celta, verde-esmeralda, com uma rosa branca no centro. Emoldurou o desenho e o pendurou acima da cama. Quando sua mãe viu o quadro, empalideceu.

Annie saiu do quarto, foi até o sótão e voltou com uma grande caixa de presente. Dentro havia uma bela colcha bordada. Quando Annie a desdobrou, Melody viu a imagem que desenhara: estava bem no centro da colcha.

A mãe explicou que se tratava de uma relíquia da família, passada de geração para geração pelos ancestrais irlandeses do pai de Melody. Poucos dias antes de morrer, John disse a Annie que planejava incluí-la no enxoval de Melody, uma surpresa para seu próximo aniversário. Annie se esquecera daquilo por completo até ver o desenho.

Melody considerou o fato um sinal de que seu pai continuava a olhar por ela.

Essa lembrança fez Melody desejar outro sinal que a confortasse ou guiasse. Ansiava por alguma intuição grandiosa. Reprimira seu lado espiritual por tanto tempo; agora, a dúvida e o ódio tinham se apossado dela, corroendo sua alma. Sentia-se vazia e perdida.

*"Quando você perde a esperança, perde tudo..."*

Melody pediu um sinal ao Espírito. Sabia que "testar" Deus era, de alguma forma e provavelmente, uma blasfêmia, mas precisava ter certeza de que alguém estava olhando por ela.

Apertou o amuleto com força e pediu a Exu que lhe desse um sinal incontestável, algo que não pudesse ignorar. Não tinha nenhum pedido específico, queria apenas um motivo para ter esperança na vida outra vez.

Dando por terminada a leitura do dia, precisava de um lugar seguro para esconder O Livro e pensou no local perfeito.

Foi até a despensa e abriu uma pequena porta na parede do fundo. Vovó Giselle escondia o dinheiro lá, já que vô Henry não confiava nos bancos. O avô e Charlie construíram o esconderijo juntos e ele era, de fato, uma obra de arte. Feito sem emendas visíveis, na parede atrás do pote de farinha, seu pequeno trinco ficava escondido pela prateleira de baixo, onde a avó guardava açúcar e gordura. Era praticamente impossível descobri-lo, a não ser que se soubesse de sua existência. Melody tinha certeza de que O Livro estaria seguro ali.

# Capítulo XXII

Em Nova Orleans, outra jovem pedia um sinal. Olívia Beauchamp tentava, em vão, há três dias, falar com o pai. Imaginava se algo teria acontecido durante sua viagem para a Carolina do Norte.

Maurice Abudah continuava a se afundar em um abismo de ódio e ressentimento. Mesmo antes de sua demência se agravar, estava obcecado pela ideia de se vingar daqueles que haviam roubado O Livro e aniquilado sua amada mãe e sua família; daqueles que estavam manchando seu *bayou* sagrado; daqueles que mataram seu filho e impediram seus netos de realizar seus sonhos.

Nos últimos dias estivera febril, tremendo sem controle com muita frequência. O ódio havia tomado seu corpo.

Sua mente estava quase sempre enevoada como uma manhã nos *bayou*, exceto durante as visitas da mãe, que aumentaram nos últimos tempos. Ela usava sempre o belo vestido amarelo e tinha a mesma aparência do dia do casamento, cheia de juventude. Sempre que vinha vê-lo, Maurice se acalmava e a escutava com atenção. Ela sempre o tranquilizava e ele se apegava às suas palavras.

Ela lhe dizia para não desistir, pois a hora em que ele salvaria a família estava próxima. Era importante não deixar ninguém interferir em seu caminho, pois ele estava destinado a resgatar O Livro.

Helena também dizia ser uma desgraça que brancos estivessem de posse da herança dele e que ele havia de corrigir aquilo.

# Capítulo XXIII

Mário Hernandez, em uma caminhonete Ford Explorer preta, pegou o caminho de acesso à fazenda e estacionou ao lado do carro de Melody. Quando a viu na varanda, abriu seu sorriso encantador.

— Meus cumprimentos, *milady*. Desculpe-me, mas como não tive tempo de polir minha armadura; espero que Vossa Majestade aceite dar um passeio com um pobre cavaleiro em trajes civis — seu jeito brincalhão fez Melody sentir-se à vontade.

— Não há problema algum, *sir*.

Melody odiava ser frívola, mas não conseguia parar de pensar em como ele era incrivelmente atraente. Tinha em torno de 1,80m de altura, o corpo firme, delineado de maneira sutil pela malha justa e o jeans. Seu sorriso tinha um brilho que contrastava sobremaneira com os olhos escuros e o cabelo negro como a noite.

— E para onde meu cavaleiro me levará esta noite?

Agora foi a vez de Mário rir.

— Se não for simples demais para seu paladar real, gostaria de levá-la a um de meus lugares favoritos. A senhorita aprecia comida mexicana?

— Parece-me maravilhosa. Vou pegar minha bolsa e estarei pronta para partir.

Quando voltou à varanda, Melody encontrou Mário sentado em uma das cadeiras de balanço, visivelmente relaxado, apreciando o cenário iluminado ao fundo pelo pôr do sol que se aproximava. Nas árvores, os pássaros brigavam por um lugar para desfrutar da brisa suave.

— Você tem um lugar e tanto, Melody. Faz eu me lembrar da casa de meus avós, quando eu era garoto.

— Você cresceu por aqui?

— Não, fui criado na Flórida e vim para a Carolina do Norte para fazer faculdade. Durante anos, odiei aquela vida na fazenda, mas, hoje, sinto falta. Era tão descomplicada... – sua voz foi desaparecendo, com um ar de melancolia. – Vejo tantas coisas terríveis no mundo, todos os dias. Ter um lugar tranquilo onde me refugiar seria um alívio. Você é mesmo abençoada.

– Obrigada, mas a fazenda ainda não é minha. Preciso ver se consigo dar conta dela e tomar uma decisão.

Já que ele parecia não ter pressa para sair, ela tentou puxar conversa, o que não era seu forte.

– Em que se formou?

– Em direito, com especialização em direito e processo penal.

– O que o levou a estudar isso?

Uma sombra sutil atravessou seus belos traços.

– É uma longa história. É melhor irmos antes que fique muito tarde – ele a levou até a caminhonete e abriu a porta para ela com toda a gentileza.

Durante o curto trajeto até o restaurante, conversaram descontraidamente sobre a região em geral. Chegaram ao Nuestra Casa em 20 minutos e foram recebidos por uma bela jovem que os levou até um salão mais ao fundo do restaurante.

– Este lugar está bom? – a recepcionista perguntou a Mário. Melody notou o olhar da jovem e percebeu seu interesse. Ele era muito atraente.

– Está perfeito. Obrigado.

A recepcionista deu um cardápio a cada um deles e disse que o garçom logo viria atendê-los. Após um desconfortável instante de silêncio, Mário perguntou:

– Como está a situação da fazenda? Você está morando lá, agora?

– Sim, desde que minha avó faleceu. Ainda nem guardei suas coisas. Estou começando a achar que nunca vou conseguir.

Mário sorriu como quem tinha conhecimento de causa.

– Vai conseguir na hora certa. Depois que meu pai morreu, demorei anos para guardar as coisas dele.

– Vocês eram próximos? – Melody perguntou.

– Infelizmente, não. Ele e minha mãe se divorciaram quando eu e meu irmão éramos muito pequenos e nos anos seguintes pouco o vimos.

O garçom apareceu trazendo *tortillas* e molho salsa mexicano e anotou os pedidos. Mário a encorajou a experimentar sangria.

– Quando tinha 15 anos, descobri que meu pai era traficante de drogas. Três dias antes do meu aniversário de 17 anos, descobri que ele tinha sido baleado. Dizem que foi por causa de uma negociação que deu errado. O assassino nunca foi pego.

– Sinto muito – Melody sussurrou.
– Quando terminei os estudos, decidi entrar para a polícia. Acho que, no fundo, sempre tive esperança de pegar o assassino de meu pai.
– Você tem contato com o restante da sua família?
– Minha mãe morreu alguns anos atrás; meus avós, há muito tempo já. Não sobrou ninguém.

Ele não falou sobre o irmão, mas Melody teve a clara impressão de que aquilo fora intencional, então não tocou no assunto.

– Você já foi casado? Tem filhos? – Melody perguntou sem pensar, surpresa consigo mesma.
– Não, nenhum filho, mas fui casado. Nós nos separamos dois anos atrás; o divórcio saiu no ano passado – ele tomou um grande gole da bebida. – Para dizer a verdade, esse é meu primeiro contato social em dois anos.

*"Contato social? Será que é o mesmo que um encontro?"* Melody não tinha certeza se ele estava considerando aquela ocasião como lazer ou trabalho. De qualquer forma, estava apreciando sua companhia... e a sangria.

– Já estou entediando você? – Mário perguntou.

Mastigando um pedaço de *tortilla* com salsa, Melody levantou o indicador, pedindo um instante para engolir. Depois de um grande gole de vinho, disse:

– Minha nossa, claro que não, você não está me entediando nem um pouco. Adoro saber sobre as pessoas! Sou toda ouvidos!
– Acredito mesmo que tudo isso fez com que eu me tornasse um detetive melhor. Consigo sentir empatia pelas famílias, tanto a do criminoso como a da vítima.

Enquanto ele falava, parando de vez em quando para comer ou beber um pouco, os olhos de Melody não se desviavam dele, prestando atenção a cada mínimo detalhe de seus movimentos. A simples maneira como ele mergulhava a *tortilla* no molho despertava nela algo que não sentia há muito tempo.

– E você? Só eu falei até agora. É sua vez, *milady* – quando ele deu uma piscadela, ela sentiu um tremor cálido.
– Na verdade, não há muito o que dizer. Tenho uma vida bem comum... comecei a fazer administração na NC State, daí decidi fazer direito e, então, percebi que não era para mim. Trabalho como assistente de advocacia há vários anos e, agora, estou pensando em abrir meu próprio negócio como consultora em pesquisas.
– O que a fez perceber que não queria ser advogada?

— Aceitei o fato de que não sou muito boa no trato com pessoas... todo aquele jogo – tomou um gole de água, parando com o vinho. – Por isso gosto de pesquisar. Somos só eu, os livros e o computador. Quase nunca tenho de interagir com os outros. Dá bem certo – ela disse, rindo.

— E seus pais? Você tem irmãos?

— Perdi papai quando tinha 12 anos. Minha mãe se casou de novo e mora aqui em Raleigh. Sou filha única.

*"Bem, pelo menos sempre achei que fosse."* Descobrir que tivera uma irmã gêmea, mesmo que natimorta, ainda a incomodava.

— E você está pensando em comprar a fazenda?

— Sim. Minha mãe quer vendê-la, então precisarei comprar a metade dela se decidir ficar com a propriedade. Tenho de decidir logo, porque não tenho condições de manter duas casas.

— Quantas mudanças em sua vida.

Melody suspirou, revirando os olhos.

— Você não faz ideia. Minha avó morreu há pouco mais de um mês e isso virou meu mundo de cabeça para baixo. Ainda estava tentando aceitar sua morte e aí Charlie...

— É, são coisas demais para lidar em tão pouco tempo – Mário tomou a mão de Melody. – Não quero deixá-la ainda mais chateada, Melody, e, se preferir falar sobre isso outra hora, eu vou entender. Mas você pode me dizer por que acha que corre perigo por causa de um livro?

O garçom chegou com os pedidos, o que deu tempo a Melody para que organizasse seus pensamentos.

— Quando minha avó faleceu, deixou instruções para que eu fosse a Nova Orleans... na verdade, para os *bayou*... para espalhar suas cinzas. Isso me levou a uma jornada bem interessante, *exatamente* o que minha avó pretendia. Descobri que minha bisavó lidava com Vodu e que existe uma espécie de lenda sobre um livro sagrado. Dizem que minha família está, de alguma forma, envolvida com isso – Melody manteve a voz tranquila e o olhar fixo nele, na tentativa de disfarçar que não estava contando tudo o que sabia. – Um velho louco me ameaçou duas vezes enquanto eu estava na Louisiana, dizendo que o livro tinha sido roubado de sua família e que o queria de volta.

— Você contou a alguém sobre a ameaça? – Mário perguntou.

— Apenas para as pessoas com quem eu estava, os amigos de minha avó. Não falei com a polícia, se é isso que quer saber.

O olhar dele era de crítica e Melody sabia que ele estava pensando por que ela não informou a polícia imediatamente sobre a invasão de seu apartamento.

– Quando voltei para Raleigh, comecei a pensar se havia algum pingo de verdade nessa história e se minha avó falou sobre isso com alguém. Perguntei, casualmente, ao padre da família se ele já tinha ouvido alguma coisa sobre esse livro misterioso e ele disse que não e que minha avó nunca disse nada a respeito. Achei que o assunto estava encerrado.

– Mas não estava?

– Não. No dia seguinte, um cardeal e dois padres apareceram na fazenda sem qualquer aviso.

Mário olhou para ela, incrédulo.

– Padres foram procurar você? O que disseram?

– Apenas o cardeal falou. Ele era tão arrogante! Disse que, se esse livro existisse mesmo e eu o encontrasse, tinha a obrigação de contar para ele. Falou que poderia acontecer uma tragédia mundial se ele caísse em "mãos erradas" – revirou os olhos, enfatizando o absurdo do que o cardeal sugerira. – Não foram essas exatamente as palavras que ele usou, mas é a mensagem básica.

Pararam de falar para degustar o jantar, ambos imersos em seus pensamentos. Mário quebrou o silêncio, com delicadeza.

– Reza a lenda que esse livro contém verdades místicas... verdades além do alcance da mente humana.

Melody ficou visivelmente tensa.

– Como pode saber disso?

Mário riu.

– Melody, cresci em uma família ligada ao Vodu. Fui iniciado como filho de Xangô. Fazíamos várias cerimônias na fazenda. Até hoje, adoro dirigir por aqueles campos... ainda dá para sentir a energia. Ela está impregnada na terra, nas árvores e, em especial, no pequeno riacho onde minha mãe levava oferendas para Oxum.

– Que mais se pode dizer... um respeitado membro da sociedade, a serviço da lei, envolvido com o Vodu – Melody brincou.

Durante o restante do jantar conversaram sobre comida, viagens, sobre o que gostavam ou não. Melody estava, de fato, gostando da companhia de Mário.

Após o jantar foram até a cafeteria Starbucks e voltaram à fazenda. Enquanto dirigia, Mário retomou a conversa de onde tinha parado antes.

– Você encontrou qualquer coisa de sua avó que seja relevante? Alguma coisa sobre o livro?

– Não, nada – Melody cruzou os dedos ao mentir de forma descarada.

– E se sentiu ameaçada por esse homem de Nova Orleans e pelo cardeal?

– Muito. A ameaça do homem de Nova Orleans foi explícita; a dos padres foi mais sutil.

Quando chegaram à fazenda, Melody estava tão absorta em seus pensamentos que deu um pulo quando Mário falou.

– Desculpe, Melody. Não queria assustá-la.

– Não, não se desculpe. Meus nervos estão à flor da pele, é só isso – ela respondeu.

Enquanto subia as escadas à frente dele para abrir a porta, uma parte dela queria que ele ficasse mais um pouco. Arriscando-se a ser rejeitada e humilhada, Melody o convidou para entrar.

– Sei que já tomamos café, mas posso lhe oferecer alguma outra coisa?

*Que raio de alguma outra coisa ele acha que você está oferecendo, Melody?* Ela se encolheu com sua falta de jeito, mas ficou aliviada quando ele aceitou o convite.

– Outra xícara de café antes de dirigir de volta para a cidade seria ótimo. Trabalhei até tarde ontem à noite e dormi pouco.

Ao entrarem, ele logo pediu licença para usar o banheiro, enquanto ela foi preparar o café. À medida que colocava o pó na cafeteira, sua mente começou a vagar, de novo, por um território mais erótico, agora sem o efeito da sangria. Ela imaginava sua boca na dele, as mãos fortes dele acariciando-a...

– Então, conseguiu concluir alguma coisa de sua pesquisa?

Mário aproximou-se dela, por trás, sem fazer barulho.

– Pesquisa? – Melody perguntou.

– Pesquisa sobre o Vodu – ele esclareceu, com um olhar preocupado. – Você está bem, Melody?

Melody riu, nervosa, envergonhada de seus pensamentos.

– Estou bem. É que há tantas coisas passando pela minha cabeça.

Sentaram-se à mesa enquanto o café ficava pronto.

– O que aprendi sobre o Vodu? Se contasse tudo que sei, você provavelmente acharia que estou bastante envolvida.

– Vamos ver – a expressão dele era séria. Ela, então, recostou-se na cadeira e começou a falar.

Melody contou tudo o que descobriu na Louisiana e presenciou na noite em que ficou na casa de Mãe Marie, inclusive a visão da alma da avó partindo com uma figura sombria, perto do ponto de Exu.

Mário a escutava com atenção. Afinal, crescera em um lar onde se paraticava o Vodu, passando, ele mesmo, por situações e experiências inusitadas. Mário contou sobre a primeira vez em que teve permissão para participar de um ritual, em vez de apenas observar a distância. Ele ficou aterrorizado e, por fim, não conseguiu ver nada, já que estava nervoso demais para relaxar. Na vez seguinte, meditou durante duas horas antes da cerimônia.

– Naquela noite, senti a energia... senti a energia espalhando-se pelo meu corpo. Foi a experiência mais incrível que tive em toda minha vida.

Ele, agora, olhava para o peito de Melody. Ela sentiu os mamilos se enrijecerem e rezou para que não estivessem salientes sob a fina blusa de algodão.

– Você ainda pratica? – ela perguntou, pigarreando.

– Sim, com certeza. Normalmente, pratico sozinho, mas, algumas vezes com amigos.

– Você faz trabalhos?

Achando a pergunta engraçada, falou:

– Você quer saber se eu espeto alfinetes em bonecos para enfeitiçar as pessoas?

– Já nem sei mais que raios quero dizer – ela respondeu, nervosa.

Mário inclinou-se para a frente, sorrindo, estendendo a mão para o peito de Melody. Ela segurou a respiração.

– Onde conseguiu isso? – ele perguntou, enquanto sua mão envolvia a dela, que agarrava o amuleto da chave de esqueleto. – Você percebeu que o ficou segurando quase a noite toda?

– Não, não percebi. Acho que essa chave se tornou uma espécie de talismã da sorte para mim.

– Onde a conseguiu?

– Na loja de Vodu de Nova Orleans, da qual comentei com você.

– Você sabe que é um símbolo de Exu, não é?

– Sim – ela respondeu, notando que o rosto dele estava a centímetros do dela. O corpo de Melody implorava pelo toque dele, enquanto seu coração e sua mente resistiam.

Mário tirou sua mão da dela e a levou a seu próprio braço esquerdo.

– Acho que vai gostar disso – ele ergueu a manga da camisa, mostrando uma chave de esqueleto preta e vermelha tatuada em seu bíceps.

*"Caramba!"* Melody ficou aturdida. Ela pedira um sinal, vindo do próprio Exu ou relacionado a ele, e ali estava. Não havia como negar.

No mesmo instante, algo dentro dela mudou. Era como se uma geleira estivesse derretendo; uma barreira que construíra há muito tempo começava a ruir. Receber aquele sinal, a prova de que algo ou alguém a ouvia, abrandou seu coração.

A atração física que sentia por Mário era inegável, mas havia algo além e a tatuagem confirmava isso. Eles tinham um vínculo; um vínculo íntimo e incomum, por meio de Exu e do Vodu. Em sua mente, aquilo soava estranho: *um vínculo por meio de Exu e do Vodu*.

– Dá para acreditar? Qual seria a probabilidade de nós dois termos um símbolo de uma chave de esqueleto? – ele parecia feliz, como uma criança na manhã de Natal.

Ela ficou contente de que aquilo também fosse importante para ele.

Ambos menearam a cabeça e riram, sem acreditar. Mário estendeu o braço sobre a mesa e acariciou o rosto de Melody com as pontas dos dedos.

– Você é tão linda, Melody. Adoro quando você ri.

Deixá-lo chegar assim tão perto foi um grande passo. Apesar de ansiar por seu toque, a intimidade a apavorava; teve de refrear o instinto de se afastar.

Ele percebeu sua hesitação.

– Você não sente nenhuma atração por mim?

Ela não conseguia olhá-lo nos olhos.

– Nunca me senti tão atraída por alguém em toda minha vida.

– Então, qual é o problema? Fiz alguma coisa errada?

– Não, por Deus, claro que não! O problema não é você, sou eu – a voz dela estava tensa. – Vou contar uma coisa que não falaria para a maioria das pessoas. Mas sinto que você vai entender.

Ele a ouvia com atenção.

– Sou o tipo de pessoa que precisa *acreditar em algo* – disse, de forma enfática. – Algo além do que experimentamos por meio dos nossos cinco sentidos.

Seus olhos, cheios de lágrimas, ficaram verde-esmeralda. Mário estendeu as mãos em silêncio, colocando-as sobre as dela, incentivando-a a continuar.

– Li uma coisa hoje que me fez querer *tentar* ter esperança. Resolvi me arriscar e pedi um sinal; um sinal de que estou no caminho certo e de que tudo, de alguma forma, ficará bem – ela ergueu o rosto e seus olhos se encontraram, cravando-se uns nos outros; ela sentiu um calor que subia do coração até a garganta. – Pedi a Exu que me desse um sinal.

Mário levantou-se, puxou-a para si com delicadeza, levantando o rosto dela com carinho; seus lábios tocaram os dela com muita suavidade.

Ele a levou até a sala, colocando-a a seu lado no sofá. Melody estava enfeitiçada pelos olhos deles: dois profundos lagos cristalinos, nos quais se afogaria com prazer. Ele tomou seu rosto entre as mãos e, dessa vez, seu beijo foi mais ardente. Suas bocas se abriram, buscando uma à outra.

Melody sempre reprimira sua sexualidade, nunca se soltando de modo a explorá-la a fundo. Sentiu-se inundada pela excitação, como uma barragem que se rompia. Enquanto a língua dele brincava com a sua em uma dança sensual, Melody ficou tonta. Cada centímetro de seu corpo estava em chamas.

Ela se afastou para recuperar o fôlego; ele começou a beijar seu pescoço, a língua movendo-se, rápida, em suas orelhas, enquanto o hálito quente dele a levava às raias da loucura. Ele se levantou para tirar a camisa, revelando o torso musculoso que brilhava com uma fina camada de suor.

Mário ajoelhou-se à frente de Melody e contemplou seus olhos, nos quais viu um desejo que refletia o seu. Enquanto desabotoava a blusa dela, ele a beijava de modo quase imperceptível. Melody ansiava por sentir os lábios dele nos seus, mas ele se afastava, provocando-a. De maneira fácil e natural, tirou a blusa que Melody vestia e, então, recostou-se para olhá-la.

– Meu Deus, Melody. Como você é linda.

A boca dele possuiu a dela; permaneceram grudados enquanto tiravam o restante das roupas. Quando seus corpos nus se tocaram pela primeira vez, a sensação os fez arfar.

Saboreando cada beijo, cada toque, enredaram-se no antigo ritual de duas almas que se transformam em uma pela união física.

Melody gemeu quando ele a penetrou, movendo-se de leve para que ele pudesse ir mais fundo. A princípio, Mário movia-se devagar, acariciando seu rosto e seios, beijando-a com paixão, de forma ritmada. Logo, começou a penetrá-la com mais intensidade, com seu corpo tomado por uma paixão maior do que podia controlar.

Os movimentos de ambos tornaram-se mais rápidos, mais intensos. Quando Melody atingiu o clímax, sentiu um raio atingir a base de sua coluna e de sua pelve, o coração de seu centro sexual; a eletricidade espalhou-se por seu corpo, fazendo-a tremer de maneira quase convulsiva.

Mário atingiu o êxtase logo depois, agarrando-se com força à parte de trás das coxas dela, com os dedos penetrando a carne.

Por fim, foram para o quarto e fizeram amor várias vezes naquela noite, explorando um ao outro cada vez mais devagar, com mais intimidade. Mário a introduziu à arte do tantra; fazendo amor sem pressa, adiando o clímax, tornando-o assim mais forte e levando-o além do nível físico.

Horas depois, exaustos, deixaram-se vencer pelo sono.

# Capítulo XXIV

Melody acordou com o aroma de café fresco.

Ao abrir os olhos, viu a luz do sol insinuar-se pelas cortinas, projetando um brilho etéreo no quarto. A manta azul e branca estava jogada aos pés da cama, mas não havia nenhum sinal de roupas, em lugar nenhum. Lembrou-se, então, de que suas roupas ficaram espalhadas pela sala. Depois de tirar seu roupão do armário, escovou os dentes e o cabelo e desceu.

Mário estava andando pela cozinha todo atrapalhado, apenas de cuecas. Ao ver a porta da despensa aberta, Melody entrou em pânico. *"Será que ele sabe do esconderijo da vovó na despensa? É só por isso que está aqui?!"*

Assim que o pensamento passou por sua cabeça, ela o descartou, achando que estava paranoica.

Ao ouvi-la, ele se virou e abriu aquele seu sorriso que fazia os joelhos tremerem.

– Bom dia, meu amor.

Ela caminhou até o fogão, beijando, com suavidade, seus lábios úmidos e macios. Ele largou a espátula e a segurou pela cintura, transformando o beijo tímido dela em um beijo ardente, impetuoso. O roupão dela se abriu e Melody sentiu o membro rígido dele contra seu corpo, fazendo desaparecerem todos os pensamentos sobre o café da manhã.

Ele desligou o fogo, de onde se ouvia o crepitar de bacon frito, e empurrou-a contra a mesa; suas mãos ardentes percorreram o corpo nu de Melody.

– Nada de tantra hoje de manhã? – ela disse, provocando-o.

A resposta dele foi pressionar seu corpo contra o dela com urgência e paixão. Aquela era a única resposta de que ela precisava.

## Capítulo XXIV

Fizeram amor de modo instintivo, apaixonado, chegando ao clímax em poucos minutos.

Ao retomarem o ritmo normal de sua respiração, Mário voltou à espátula e Melody encheu duas grandes xícaras de café. Em poucos minutos, estava pronto um café da manhã com bacon, ovos e torradas, que devoraram com grande prazer.

Para Melody, era difícil não estar com um sorriso estampado no rosto naquela manhã. Mesmo que a história deles terminasse naquele dia, quando Mário fosse embora, Melody estava agradecida pelo que tinham compartilhado. Naquele momento, estava feliz.

Ela sabia que tudo aquilo era mais do que libertar uma paixão aprisionada há anos. Mário fora um catalisador, possibilitando a Melody, caso ela se permitisse, deixar ir a raiva e o medo que a tinham paralisado por anos.

Sentia-se bem; viva e feliz. Pegou mais uma xícara de café e saiu para a varanda, enquanto Mário subia, apressado, para tomar banho e preparar-se para o trabalho. Em vez de ficar na parte coberta, sentou-se nos degraus da varanda para sentir o calor do sol em sua pele. A manhã estava deslumbrante, o céu azul eclipsava tudo o mais com seu brilho. Várias nuvens, com o aspecto macio do algodão, pontilhavam o céu, trazendo à tona uma lembrança da infância.

Melody, quando pequena, adorava procurar formas de animais; ficava deitada no campo por horas, olhando o céu, até encontrar nas nuvens animais suficientes para criar um zoológico imaginário.

Mário, com chaves na mão e um lindo sorriso no rosto, encontrou-a fazendo a mesma coisa quando saiu.

– Preciso correr para passar em casa e trocar de roupa. Obrigado pela noite maravilhosa, *milady*.

– Não, não... eu é quem agradeço a *você* – Melody respondeu com um largo sorriso e segurando a mão que ele estendia. Ele a ergueu e deram um longo abraço e um beijo de despedida.

Enquanto olhava a caminhonete de Mário desaparecer, trouxe o amuleto de chave aos lábios e agradeceu Exu pelo sinal e pela coragem de agir diante dele.

Melody estava ansiosa para contar a Isabel sobre o sincronismo da tatuagem e do amuleto, bem como sobre o restante da noite. *"Ela vai ficar tão orgulhosa de mim!"*

Com um sorriso de satisfação, entrou para esquentar um pouco de café e planejar o restante do dia. Apesar da tristeza ainda estar presente, conseguia reconhecê-la sem ser tomada pela dor. Hoje, queria deixar-se envolver pelo mar de bem-estar em que mergulhara na noite anterior.

Ela, provavelmente, não tiraria o roupão tão cedo, se é que o faria; queria sentir a sensualidade do cetim em sua pele, seu corpo ainda formigando de prazer.

Melody abriu a pequena porta escondida na despensa e pegou O Livro.

O dia estava perfeito para sentar-se e ler com tranquilidade. Sabia que logo teria que voltar ao mundo normal, mas queria adiar esse momento um pouco mais. Munida de uma caixa de chocolates Godiva e uma xícara cheia de café, foi até o sofá e abriu o livro no ponto em que havia parado no dia anterior.

Antes de começar a leitura, resolveu acender uma vela, invocando o Espírito, para que a guiasse. Também sentiu vontade de ouvir um pouco de música ao fundo. Melody dera à avó um aparelho de som para a cozinha. Havia CDs na gaveta e ficou encantada ao ver um que tinha uma foto do *Mardi Gras*, o carnaval de Nova Orleans, na capa: "Coletânea dos melhores Blues de Nova Orleans". *"Ótimo! É isso aí, vovó."*

Agora, o ambiente estava perfeito; o blues melancólico com uma mistura de jazz fizeram-na recordar a liberdade que sentira em Nova Orleans.

*Alguns seres humanos tornaram-se tão iluminados que são capazes de servir de canal para a mensagem de amor, luz e verdade perfeitos do Criador. Tais palavras iluminadas, de inspiração divina, foram registradas em livros como a Bíblia e o Alcorão, mas têm sido mal interpretadas ou usadas por algumas pessoas para controlar outras, alimentando, dessa forma, a necessidade do ego de estabelecer a supremacia.*

*Quando uma oração é feita após atingirmos o silêncio interior, uma imagem do objeto pelo qual se orou deve permanecer clara na mente. Os sons que vêm do coração e chegam à garganta de forma espontânea – aqueles que não fazem parte de nenhuma linguagem humana e que se esquivam à compreensão do ego – são a verdadeira linguagem do Espírito.*

*O adepto, então, percebe que, quando permite que se manifestem espontaneamente, esses sons criam uma harmonia que provoca vibrações místicas. Assim como o pássaro que não é treinado para desenvolver seu canto melódico, mas, mesmo assim, gorjeia, a mente humana que decide se unir verdadeiramente à Mente Suprema do Criador pode fazê-lo pelo poder do som. O resultado é uma vibração melódica angelical, cujas notas estão em sintonia com o ritmo da própria natureza.*

*Sem dúvida, essa é uma importante ferramenta para o adepto, pois, uma vez estabelecida essa união com a Mente do Criador por meio da linguagem do Espírito, o adepto sente uma poderosa onda de calor surgir nas palmas das mãos e consegue usar a Energia do Criador para mudar seu mundo.*

Não passou despercebido a Melody o fato de ter sido inspirada a ouvir música antes de ler sobre a linguagem do Espírito.

Linguagem do Espírito. Vibração. Energia. Ela sempre soube, de maneira intuitiva, que a vibração do som, inclusive das palavras, tem um tremendo impacto em tudo. Por não ser cientista, não sabia qual era o princípio físico disso, mas a intuição lhe dizia que a vibração do som tinha o poder de curar.

Mesmo quando criança, sempre que seu corpo era afligido pela febre, ela gemia... ou algo parecido. Na realidade, não era um gemido; ela inspirava profundamente e expirava devagar, produzindo um som até encontrar uma vibração ou tom específico, ou o que quer que "sentisse" ser o correto. Sua mãe ficava irritada, mas aquilo relaxava Melody e a ajudava a dormir.

A parte seguinte, "O Poder Mágico dos Salmos", continha uma longa lista de salmos e orações correspondentes, que terminava dizendo: *Cada salmo é uma mensagem codificada, transmitida pela mente consciente do ego para a mente subconsciente do Criador.*

Melody lembrou-se que Mãe Marie e Stephanie lhe falaram sobre o Salmo 23. De acordo com elas, rezá-lo com concentração e mente limpa ajudava a dispersar a negatividade. Ela virou a página e encontrou várias folhas em branco. Supôs que estivessem lá para que novas informações pudessem ser acrescentadas ao Livro com o passar do tempo.

*Isso é tudo?*

Sentiu-se um pouco desapontada por não haver ali nenhuma revelação incontestável e irrevogável. Por outro lado, resignara-se à realidade de que, qualquer que fosse o poder de *O Livro de Obeah*, é provável que pudesse ser reconhecido apenas por pessoas muito mais sábias que ela.

Deixou-se levar pela música sensual que tocava ao fundo, pensando, de novo, na estranha página no início do Livro, com aquela estranha escrita antiga. Sonolenta demais para pensar, pôs *Obeah* de lado, fechou os olhos e mergulhou em sonhos nos quais fazia amor com Mário.

# Capítulo XXV

Quando o telefone da recepção tocou, Olívia Beauchamp levou um susto. Estava ocupada recolhendo as fichas de entrada de hóspedes que já tinham deixado o hotel, mas sua mente estava em outro lugar. Sentia-se apreensiva há dias, perguntando-se por que não recebia notícias do pai. Paul partira para a Carolina do Norte há mais de uma semana e telefonara ao chegar, mas, desde então, Olívia não teve mais notícias dele.

Ao contrário do pai, Olívia não acreditava nesse livro secreto. Crescera em Nova Orleans, rodeada pelo Vodu, mas passou a considerá-lo apenas uma coisa para turistas. Paul a convidara para participar de um ritual com ele, dizendo que ela precisava se envolver com o Vodu para entender do que se tratava. Olívia, educadamente, recusou o convite, pois não tinha o mínimo interesse naquilo. Ela compreendia que o Vodu era parte de quem ele era, mas não de quem ela era.

Atendeu o telefone assim que este tocou, na esperança de ouvir a voz do pai, mas era apenas um hóspede que precisava saber como voltar para o hotel. Olívia fez o melhor que pôde para parecer profissional, esperando que a decepção que sentiu não se refletisse em sua voz.

Desligou e voltou às fichas de entrada, mas se surpreendeu ao ver James, o motorista da *van* e carregador de malas de plantão, atrás do balcão olhando as fichas. Ela gostava de James, era um bom rapaz, um pouco inculto para seu gosto, mas, com certeza, um jovem simpático.

– Oi, James. Posso ajudá-lo? – Olívia perguntou com um sorriso.

– As fichas de entrada da semana passada ainda estão aí, senhorita Olívia?

– Sim, estão ali, já arquivadas – ela respondeu, apontando para o canto do balcão que ficava ao fundo da recepção. – Está procurando algo em particular?

Olívia notou que James parecia ansioso, mas ele sempre ficava sem jeito e inquieto quando estava perto dela.

– Eu queria muito ver a ficha de Melody Bennet. Ela esteve hospedada aqui duas semanas atrás.

Olívia sentiu uma onda de calor subir da nuca até o topo da cabeça.

– Ah, sim. Lembro-me da senhorita Bennett. Por que você quer a ficha dela?

James parecia não saber como responder.

– Ela me deu uma gorjeta tão boa antes de ir embora e outra quando carreguei sua bagagem. Só queria mandar um bilhete, agradecendo.

Olívia achou estranho que James quisesse escrever para uma hóspede, mas sabia que ele não faria mal a ninguém.

– James, você vai ficar me devendo um café e um *croissant*. Você sabe que não podemos dar informações sobre os hóspedes desse jeito.

– Vou trazer dois, senhorita Olívia.

Ela encontrou a ficha de Melody e ia escrever as informações, mas resolveu tirar uma cópia. Não seria sensato deixar mais nenhuma informação sobre hóspedes sair do hotel, escrita com sua letra. Entregou a cópia a James, que a enfiou no bolso de sua jaqueta.

– Obrigado, senhorita Olívia. A senhorita não existe.

Assim que James foi até a porta para ajudar um hóspede, o telefone tocou de novo.

– Bom dia...

– Oi, minha filha – Paul interrompeu o cumprimento habitual de Olívia.

– Pai, é você?!

Do outro lado da linha, Paul soava jovial, como sempre.

– Claro que sou eu. Quantos pais ligam para você?

– Estava morrendo de preocupação! Liguei tantas vezes, mas seu celular só tocava e nada. Pensei que tivesse acontecido alguma coisa.

– Deixei aquela geringonça irritante em casa.

Olívia sabia que não adiantava censurá-lo por causa disso; o pai não tinha televisão, nem mesmo telefone fixo.

– Certo, certo. E então, o que aconteceu, por que não ligou?

– Não consegui ligar antes.

Ela percebeu pelo tom de sua voz que não adiantaria insistir no pedido de explicações.

– Bem, encontrou o livro?

– Não, ela deve ter levado para outro lugar – Paul não queria contar a Olívia sobre o assassinato na fazenda. A notícia saíra nos jornais da Carolina do Norte, mas ele duvidava que tivesse chegado em Nova Orleans. Não havia por que deixar a garota ainda mais preocupada.

– Quando você volta?

– Não sei. Ligo para você daqui uns dois dias e falo.

– Tudo bem, pai... por favor, tome cuidado. Obrigada por ligar. Amo você.

– Também amo você.

Olívia desligou, com lágrimas nos olhos. Ela não queria o maldito livro; queria seu pai de volta, são e salvo.

# Capítulo XXVI

Quando o toque do telefone a despertou de um sono profundo, Melody esticou o braço até a mesa de centro para pegar seu celular. Ao atender a chamada, a voz de Mário fez seu coração acelerar e o corpo foi tomado por uma onda de calor.

– Oi, meu amor. Acordei você?

– Parece impossível, mas acordou sim – ela não acreditava que já fossem 9 horas da noite! Eram 5 horas da tarde quando fechou O Livro e se deixou levar por devaneios eróticos.

Sentou-se e se espreguiçou, soltando um bocejo sensual.

– E meus sonhos não poderiam ter sido mais deliciosos e apetitosos.

– Sonhou comigo?

– Claro que foi com você! Você me fez libertar algo muito forte – em parte, brincava; em parte, falava sério.

– Bem, sinto-me honrado. E *muito* feliz.

Ela riu com suavidade.

– Não, acho que você não entende...

– Acredite ou não, eu entendo – disse, em tom bem sério. – Eu também tinha minhas barreiras, mas nós acabamos com elas na noite passada. Já jantou?

– Não, não comi nada desde que você foi embora hoje de manhã e estou faminta.

– Está muito tarde para eu ir até aí? – Mário perguntou. – Posso levar comida chinesa.

– Adoraria que você viesse para cá, o mais rápido possível. Com ou sem comida!

Como ele estava saindo do trabalho, combinaram que ele chegaria em uma hora.

Melody pulou do sofá, revigorada e ansiosa para vê-lo de novo.

Em vez de entrar no chuveiro, tomou um demorado banho de banheira, desejando ter alguma *lingerie* sensual para usar. Não que tivesse muitas em seu apartamento; não precisou delas por um longo tempo. De qualquer forma, teria de decidir logo onde iria morar, pois estava começando a ficar cansada de ter suas coisas guardadas em dois lugares diferentes.

Enquanto estava mergulhada no banho com essência de lavanda deu-se conta de que nunca tivera um momento íntimo com ninguém na casa dos avós antes da noite anterior. A princípio, ficou um pouco envergonhada ao pensar no que fizeram e onde; mas, então, relaxou, sabendo que aquilo não tinha importância. Estava certa de que a avó teria aprovado – e de que o avô não teria ficado por perto, observando. Melody deu uma risadinha por seus pensamentos.

Acabara de descer quando a campainha tocou.

Ver Mário a deixou sem fôlego. Quando ele entrou, ela lançou os braços ao redor de seu pescoço, recebendo-o com um beijo ardente.

– Nossa! *Isso que é* cumprimento!

Tiveram um jantar tranquilo, conversando sobre o dia dele e coisas corriqueiras. Era como se já tivessem feito isso centenas de vezes.

– O que fez hoje? – ele perguntou.

– Quase nada, mas, amanhã, volto à rotina – Melody bateu de leve o punho na mesa, brincando demonstrar determinação.

– Vamos, você tem de ter feito *alguma coisa*.

– Estou só colocando a leitura em dia nos últimos dias.

– O que está lendo?

Melody não sabia o que responder. E se ele quisesse ver o que estava lendo? Não havia livros na casa da avó e ela não podia dizer que estava lendo alguma coisa *online*; ele sabia que não havia conexão com a internet ali.

– Salvei várias coisas em meu *laptop* para ler quando tivesse oportunidade.

– Você ainda não deu uma olhada nas coisas de sua avó?

Melody sentiu-se um pouco envergonhada por parecer tão preguiçosa e improdutiva, ela não era assim.

– Não estou tentando pressionar você, mas é algo que vai incomodar todos os dias, até fazer isso. Mas sei que não é fácil – ele debruçou-se sobre a mesa e beijou sua testa.

Comeram em silêncio por alguns minutos.

– Mel, odeio tocar neste assunto de novo, mas acho importante você olhar as coisas de sua avó, em parte, por causa da investigação.

Pode ser que você encontre alguma coisa que ajude no caso, algo que explique por que as pessoas pensam que ela tinha algo de valor, como aquele livro.

Ela não queria mentir para ele, mas também não queria falar a respeito. A essa altura, não tinha a menor intenção de revelar a existência de *Obeah* a ninguém. Estava determinada a não fazê-lo. Como poderia ajudar a polícia a pegar o assassino de Charlie enquanto mantinha O Livro em segredo era algo que ainda não sabia.

Mário achou que a tinha chateado; aproximou-se dela por trás da cadeira e começou a massagear seus ombros, desculpando-se com um sussurro. Ele soltou o roupão dela, deixando à vista sua nuca e ombros, e, em segundos, suas mãos deslizavam pelo corpo dela enquanto beijava sua nuca com suavidade.

Esse foi o início de outra noite de prazer.

Depois que Mário foi embora, bem cedo, na manhã seguinte, Melody preparou-se para um dia cheio. Terminara de ler o livro, portanto, era hora de tocar a vida real.

Fez uma lista das coisas que precisava pegar em seu apartamento, incluindo documentos sobre suas finanças; sua prioridade inicial era tomar uma decisão sobre comprar a fazenda baseada em suas reais possibilidades. Com o dinheiro que Charlie deixara, conseguiria fazê-lo sem grandes sacrifícios.

Definir quais eram suas opções em termos de trabalho era outra prioridade, portanto, ligaria para Sue a fim de tratar dos detalhes.

Melody sabia que Mário era o responsável por seu ânimo renovado. Ele aparecera na hora certa, evitando que ela caísse em uma depressão profunda, embora nunca viesse a lhe revelar isso. Não queria que ele se sentisse pressionado e não desejava ser vista como fraca ou vulnerável.

Sua atitude com relação a Mário era direta e simples; estava agradecida por sua presença, mas estava vivendo um dia de cada vez, sem esperar nada. Apesar de estar mergulhando, sem restrições, no lado físico do relacionamento, estava determinada a manter o lado emocional sob controle.

Quanto ao Livro, não havia nada que pudesse fazer no momento. Precisava de tempo para absorver o que lera e não buscar nenhuma nova informação.

No início da tarde, Melody já havia feito tudo que planejara. Suas finanças estavam organizadas e sua situação profissional começava a tomar forma. Durante a longa conversa com Sue, ambas concluíram que o benefício seria mútuo se Melody trabalhasse como consultora da empresa, em vez de funcionária. Sue também a indicou, gentilmente, a outras empresas que talvez precisassem de seus serviços.

Combinaram que ela retomaria o trabalho, nessa nova função, em duas semanas, o que lhe daria tempo de reorganizar sua vida: fazer a mudança do apartamento para a fazenda, preparar-se para trabalhar na fazenda e, por fim, organizar e guardar as coisas da avó.

Depois de organizar as finanças e sentindo-se mais confiante quanto a sua renda, Melody queria comemorar. Sabia que tinha condições de comprar a fazenda sem sacrifícios, graças, em boa parte, a Charlie.

Como que adivinhando sua intenção, Isabel telefonou para Melody, convidando-a para um jantar no fim de tarde.

Ela chegou à casa de Isabel com tudo que era preciso para uma ótima sessão de bate-papo: uma grande garrafa de vinho tinto, uma garrafa de rum com especiarias Captain Morgan, um litro de Coca-Cola e duas grandes porções de salada *caesar* com frango, de uma de suas *delicatessens* favoritas.

– *Acho ótimo* que você saia do trabalho antes das 5 horas! – Melody exclamou, com um largo sorriso, quando Isabel abriu a porta.

Deixaram tudo no balcão da cozinha e preparam uma dose de cuba-libre para cada.

– Parece tão decadente tomar uns drinques às 3h30 da tarde, no meio da semana, não é? – Melody perguntou.

– Você se esquece de que sou de Nova Orleans; decadência é um estilo de vida – Isabel respondeu, com uma piscadela.

Melody sabia que Isabel sentia saudades de casa e admirava sua capacidade de seguir em frente, construindo uma nova vida enquanto lamentava a vida que ficara para trás.

– Mas nós, que viemos de Nova Orleans, estamos hoje espalhando amor – e, com um grande sorriso perspicaz, acrescentou: – Isso inclui espalharmos nosso amor pelo Vodu por todo o país, não importa onde estejamos.

– Nossa, nunca tinha pensado sobre isso – Melody imaginou pequenos grupos de praticantes do Vodu espalhados por todo o território dos Estados Unidos. – Adoraria visitar Nova Orleans com você. Iríamos nos divertir tanto.

Melody parou e limpou a garganta de modo dramático.
– Por falar em decadência... – deixou intencionalmente a frase em aberto, enquanto tomava um gole de sua bebida.
Isso atiçou a curiosidade de Isabel.
– Sim?
– Vamos nos sentar. Quero contar uma história para você... e ela tem sexo!
– Eu quero detalhes!
Excitadas como colegiais, foram para a sala e se acomodaram.
Melody revelou os detalhes, desde o primeiro telefonema de Mário, convidando-a para jantar, até aquela manhã, quando fizeram amor, sem pressa.
– Você parece bem mais leve, Melody. Como se sente em relação a Mário?
– Acho que você vai ficar orgulhosa de mim. Estou vivendo cada momento, sem expectativas. E o engraçado é que... não é tão difícil. Aproveito *cada minuto* com ele, mas ficaria bem se nunca mais o visse. Não é como se estivesse procurando minha alma gêmea ou coisa assim.
– Você deveria estar orgulhosa de si mesma – Isabel comentou.
Melody assentiu, com um sorriso de satisfação.
Em seguida, mudou completamente de assunto, falando que lera alguma coisa que a deixara curiosa sobre o poder das palavras, o poder do som: o conceito de vibração. Contou sobre o sincronismo de ter ligado o som e, segundos depois, ler uma passagem sobre a vibração do som.
– Esse é um dos motivos pelo qual me tornei uma bibliotecária, além de ser uma espécie de... tradição de família – Isabel disse, com certo ar de mistério. – Adoro o poder das palavras. Mas uma das coisas que aprendi é que a intenção é fundamental. Posso falar um palavrão de um jeito engraçado ou com raiva. Não é apenas minha *intenção* que conta, é como ela é *interpretada*. Acho que foi isso o que aconteceu com a palavra "Obeah".
Melody parou de comer, o garfo no ar; colocou-o sobre a mesa e ofereceu toda sua atenção a Isabel.
– Minha bisavó era uma mãe de santo, vinda do Haiti, mas as origens da minha família estão na África Ocidental. Lembro-me de escutar, por acaso, as conversas entre ela e minha tia, uma freira que trabalhara como missionária no Haiti. Foi quando ouvi a palavra "Obeah" pela primeira vez. Não consigo me esquecer delas falando que os anciões usaram essa palavra para plantar uma semente, alguma coisa sobre a

palavra desencadear algo. Sinto que a vibração dessa palavra é poderosa. Deve ter sido usada, a princípio, com uma determinada intenção e foi distorcida com o tempo.

Isabel levantou-se para pegar mais vinho e deu de ombros.

– Mas não sei de nada, é apenas uma sensação que tenho.

Melody travava uma batalha íntima. Queria contar a Isabel sobre O Livro, em especial depois do que ela dissera.

Isabel sentou-se de novo e encarou Melody.

– Sabe, a última vez que esteve aqui, você estava em um espaço muito diferente, tanto emocional quanto vibracional. Sugiro que aproveite este sentimento; agarre-o com força e pelo maior tempo que puder. Faça dele um hábito. Parece óbvio, mas o que quero que saiba é que quanto mais conseguir se agarrar a ele menor a possibilidade de se deixar vencer pelos obstáculos.

Isabel terminou seu vinho e disse, com um jeito brincalhão:

– Assim como não tenho dúvida de que sou uma negra sentada neste sofá, tenho certeza de que alguma coisa vai acontecer que a deixará de quatro!

A maneira como ela disse isso fez Melody quase engasgar de tanto rir.

– Tudo bem, chega de falar sério – Isabel anunciou. – O que você acha de uma leitura?

– Sério?

– Claro! – Isabel foi até o quarto e voltou com um baralho e uma grande vela branca, que colocou sobre a mesa da cozinha. Acendeu a vela e pediu a Melody para limpar a mente e respirar fundo. Tirou as cartas da caixa e recostou-se na cadeira para limpar a própria mente e controlar a respiração. Depois de vários minutos, pediu a Melody que embaralhasse as cartas e tirasse cinco, uma de cada vez. Segurando, por sua vez, cada uma das cartas, Isabel, com os olhos fechados, colocou-as sobre a mesa à sua frente.

O baralho era diferente de todos os que Melody já havia visto – não que tivesse visto muitos baralhos de Tarô. Não fazia a menor ideia do que cada carta representava, mas sabia que seria inútil pedir que Isabel explicasse. Assim como a primeira página de *Obeah*, Melody não conseguia decifrar o significado das cartas.

De modo bem teatral, Isabel engoliu em seco, embora não parecesse estar brincando. Examinou as cartas por um longo tempo e, então, fechou os olhos outra vez. Seu rosto continuava sem expressão. Melody esperava que ela estivesse brincando e começasse a rir a qualquer momento, mas, quanto mais Isabel permanecia em silêncio, mais nervosa Melody ficava.

Sentiu-se aliviada quando Isabel, por fim, abriu os olhos, mas seu alívio logo se transformou em apreensão.

– Não vou dizer que isto é sem sentido, que as cartas estão brincando. Também não vou medir as palavras.

– O que está vendo? – Melody não tinha certeza de que queria ouvir a resposta.

– Eu... eu não consigo nem começar a explicar o que vou dizer, mas espero que confie em mim. Não são só as cartas, é... o que estou sentindo e vendo.

Melody ficou preocupada com Isabel quando ela começou a falar, com os olhos dela se fechando outra vez. Não parecia que era ela quem falava: balbuciava de forma desconexa. Melody chegou a pensar que ela talvez estivesse tendo um derrame.

– Ele está vindo atrás do Livro.

Melody ficou paralisada.

– Você deve protegê-lo, Melody – a respiração de Isabel ficou mais rápida e difícil. – As coisas não são como parecem... as pessoas não são quem parecem ser. – Ela levantou a cabeça e virou-a para o lado como se escutasse alguém. – Alex?

Seus olhos se arregalaram e ela parecia assustada, confusa. Melody ainda tinha a esperança de que Isabel sorriria e diria que era só uma brincadeira, mas isso não aconteceu.

– Desculpe, mas eu não conseguiria parar, mesmo que quisesse. Isso não acontecia há muito tempo e nunca foi assim. Eu realmente não esperava por isso.

*"Pelo menos parece a Isabel falando de novo."*

Isabel pediu licença, claramente perturbada pelo que acabara de acontecer.

Melody continuava imóvel. *"As coisas não são como parecem. Por que as pessoas não param de me dizer isso?"*

Quando Isabel retornou, tinha voltado a ser ela mesma e sugeriu que tomassem outra taça de vinho.

Ela contou mais uma vez tudo o que vira e sentira, tentando não interpretar nada, apenas relatar o que ocorrera. Melody confiava em Isabel e acreditava que estava sendo sincera.

Apesar de não entender grande parte do que viu, Isabel continuou, descrevendo com perfeição a capa de *Obeah*. Melody nem confirmou, nem negou estar de posse do Livro; manteve-se em silêncio.

Isabel tinha a clara impressão de que Melody corria perigo, o qual vinha de várias direções.

– Você conhece alguém que se chama Alex?

– Não, não conheço ninguém com o nome de Alex.

– Eu pude ouvir. Tudo o mais foi uma impressão, mas escutei um homem chamar esse nome. Havia muito medo. Não consigo interpretar isso, nem sei como ajudá-la, Melody. Desculpe – Isabel meneou a cabeça, cada vez mais chateada. – Eu convido você para vir aqui, relaxar e se afastar dos problemas, e olha só o que fiz.

– Por favor, não peça desculpas. Tenho certeza de que isso aconteceu por alguma razão, só não sabemos ainda qual.

– Melody, você tem mesmo de tomar cuidado, de verdade. Não entendo o que acabou de acontecer, mas sei que senti o medo e o perigo, e você era o foco.

Ela inclinou-se e segurou a mão de Melody – tome cuidado quando encontrar alguém que se chama Alex.

Isabel não fez nenhuma pergunta sobre O Livro.

# Capítulo XXVII

Durante as duas semanas seguintes, Melody tentou fingir que o incidente com o Tarô não tinha acontecido. Isabel parecia fazer o mesmo. Conversaram algumas vezes e almoçaram juntas. Melody continuava a contar sobre Mário e sobre o progresso de sua mudança para a fazenda.

Os papéis para a compra da propriedade já estavam sendo providenciados. Annie e Eric saíram de férias mais uma vez, então, Melody combinou com a mãe que ela lhe enviasse os documentos assinados por fax.

Encontrava-se com Mário com frequência e continuavam a ter prazer explorando um ao outro, tanto dentro quanto fora do quarto. Mário não perguntou mais nada sobre O Livro, apesar de saber que ela estava organizando as coisas da avó, cômodo por cômodo.

Melody sentia-se no controle de sua vida. As decisões mais importantes já haviam sido tomadas, e ela estava, agora, produtiva e eficiente, progredindo. Sua rotina enfim entrava nos eixos e voltava à normalidade.

Era o fim de um longo dia. Cardeal Bonelli estava sentado à sua mesa, rabiscando um pedaço de papel em branco, tentando decidir o que fazer. Seus superiores no Vaticano, cada vez mais impacientes, continuavam a exigir que ele enviasse relatórios diários.

Anos atrás, haviam trabalhado sem parar para abafar o escândalo que não só o destruiria como seria também mais uma mácula na então combatida Igreja; essa seria sua última oportunidade de recompensá-los pelo desgaste que seus atos passados causaram.

Em um ataque de histeria, uma jovem freira de sua diocese confessou ter afogado seu bebê recém-nascido, acusando-o de ser o pai. O advogado dela pediu um teste de DNA de paternidade; quando o resultado foi positivo, planejaram processá-lo, apontando-o como responsável pelo infanticídio.

A freira revelou que cardeal Bonelli a molestara várias vezes quando ela era uma criança e descreveu como ele a convencera de que ele trazia em si a essência de Deus e que para unir-se espiritualmente a ele, teria de fazer os votos. Ele lhe disse que, dessa forma, poderiam ficar juntos aos olhos de Deus, apesar de, legalmente, terem de manter seu relacionamento em segredo.

O estado mental dela tornou-se tão frágil pelos anos de abuso mental e físico que a gravidez causou uma crise psicótica, terminando em tragédia e em mais um potencial escândalo para a Igreja.

Agora, ele tinha a oportunidade de se redimir, de mostrar que não pouparia esforços para salvar sua amada Igreja. Se encontrasse O Livro, poderia retribuir os clérigos por terem ocultado o escândalo e o salvado de ser processado.

Havia entrado em contato várias vezes com o padre Rudino, mas ele insistia que não tinha notícias da garota. O cardeal estava convencido de que ela tinha O Livro e o estava escondendo. Movido pelo impulso, pegou o telefone e discou o número da avó, que o padre Rudino lhe passara. O telefone deu quatro toques antes que uma voz feminina atendesse.

– Senhorita Bennet, aqui é monsenhor Bonelli.

A irritação na voz de Melody era evidente.

– Pois não, Monsenhor. Em que posso ajudá-lo?

– Você já sabe como pode me ajudar.

Nenhum dos dois tinha paciência para amenidades.

– Cardeal, como já afirmei, não tenho nenhuma informação para lhe oferecer. Agora, se me dá licença, tenho que trabalhar.

Melody desligou.

Ele ficou furioso. Iria confrontá-la de novo. Considerando-se um especialista em descobrir o que as pessoas pensavam e manipulá-las, jurou que descobriria se ela estava mentindo ou não.

O espectro desse livro execrável era um espinho fincado em seu corpo há anos. Ele deplorava os pagãos que o tinham escrito e aqueles que o protegiam, e faria o que fosse preciso para impedir que ele viesse à luz e destruísse o que a Igreja trabalhara durante anos para construir e manter.

O cardeal sabia que seria um risco ser visto na fazenda. Tinha conhecimento do assassinato que acontecera no local e, como o crime ainda não havia sido resolvido, a região ainda era foco dos noticiários locais. A última coisa de que precisava era se envolver em outro escândalo. Se alguém o visse nas redondezas e perguntasse o que fazia ali, diria que tinha ido oferecer orientação espiritual, após ter sido chamado pelo padre da família.

Convocou padres Gervasi e Lawson para comparecerem a seu escritório e informou-lhes que o acompanhariam na manhã seguinte para erradicar aquela ameaça. Tinha certeza de que teria sucesso; estava trabalhando para seu Deus.

# Capítulo XXVIII

A muitos quilômetros de distância, Marie Devereux secava as gotas de suor da testa enquanto ligava para Melody do telefone do empório. Ela se perguntava onde Paul estaria. A loja era o seu xodó; nunca a deixara por mais de um dia. Aquela era a segunda vez, nos últimos dias, que notava sua ausência. Tinha ido ao empório dois dias antes para fazer algumas compras. Ao voltar naquele dia e descobrir que ele ainda estava fora, Marie ficou imaginando se, por acaso, estaria doente.

Ela sentia no ar que alguma coisa estava errada.

Na noite anterior, pouco dormira. Imagens nebulosas de Melody correndo, com sangue vertendo de várias feridas, assombraram seus sonhos. De repente acordou, coberta de suor, com Giselle aos pés de sua cama, implorando que ajudasse Melody.

Levantou-se e tirou o cabelo de Melody que guardara no pote, colocando alguns fios em uma vasilha com água limpa e nove gotas de azeite de oliva, para afastar o mal. Após recitar o encantamento, recostou-se devagar e retirou-se ao silêncio interior. Foi então que a visão começou a assombrá-la.

Melody estava deitada em um altar, cercada de velas. Um homem estava em pé, curvado sobre ela, segurando uma faca; a luz das velas era refletida na lâmina.

Marie sabia que precisava proteger Melody. A garota tinha de voltar aos *bayou imediatamente.*

Quando o empório abriu, às 5h30 da manhã, Marie estava lá para usar o telefone.

Melody deixara o número de seu celular, de seu apartamento e da fazenda. Marie ligou primeiro para o apartamento, mas ninguém atendeu. Em seguida, ligou para o celular, rezando para que Xangô a ajudasse a encontrá-la. O telefone tocou três vezes antes de ela escutar a voz sonolenta de Melody.

– Melody, aqui é Mãe Marie.
– Mãe Marie?! Que surpresa! Como vai?
O coração de Marie começou a bater mais rápido e ela não conseguia respirar. A vibração que sentia apenas ao falar com Melody pelo telefone confirmava seu pressentimento de que ela corria perigo.
– Minha querida, você tem de me ouvir com muita, muita atenção. Não posso dar detalhes agora, mas sinto que você corre perigo, minha filha; um grande perigo. É tudo que posso dizer.
Melody ficou aterrorizada.
– Que tipo de perigo, Mãe Marie?
– Não sei. Mas estou certa de que não temos tempo a perder, você tem de vir para cá, Melody, imediatamente. Eu disse a Giselle que protegeria você.
– Ir até aí? Você quer que eu vá para sua casa? – Melody estava desorientada.
Ela sabia que algo terrível estava acontecendo. Mãe Marie era uma das pessoas mais equilibradas que já conhecera; seu descontrole era sinal de perigo.
Do outro lado da linha, Marie respirou fundo, aliviada por ter conseguido falar com Melody.
– Giselle me apareceu em um sonho e implorou que eu protegesse você. Não posso ir até aí, querida; estou velha demais. Você precisa vir para cá – parou por um instante, claramente exausta por tentar falar com ênfase suficiente para dar o recado.
– Em outro sonho, você estava apavorada. Você corria e...
– E o quê?
– E você sangrava. Alguém a estava perseguindo, Melody. Alguém está perseguindo você.
Melody acreditou nela; o aviso de Isabel fazia um eco às palavras de Marie.
– Tenho certeza de que posso pegar um avião hoje ou amanhã.
Marie insistia.
– Você tem que vir para cá o mais rápido possível. *Hoje.* Consegue vir de carro?
A mente de Melody era um turbilhão. Pressionou a mão na testa para contrabalançar a pressão crescente.
– Sim, acho que sim. Preciso pensar...
– Não há tempo para pensar... Você tem que sair daí AGORA!
Marie não conseguia esconder seu medo. Há anos não sentia algo com tanta força; nunca ficara tão assustada. Mal conhecia Melody e

mal conhecera Giselle, mas aquela conexão era algo que nunca sentira antes.

Melody deixou a lógica de lado e concordou, dizendo que partiria de imediato.

– Estarei a caminho daqui uma ou duas horas. Acho que consigo chegar aí hoje, tarde da noite – Olhou para o relógio, eram quase 6 horas da manhã e o sol despontava.

– Ótimo, ótimo. Vou acender uma vela para protegê-la. Você se lembra como chegar aqui?

Melody hesitou.

– Vou pedir para que Samuel espere você no armazém. Lembra como chegar lá?

– Não se preocupe, Mãe Marie, eu chego. Deixe-me pensar um pouco, por favor.

Melody sabia que demoraria por volta de 13 horas para chegar a Nova Orleans, saindo de Raleigh. Chegaria lá, com certeza, no máximo até a meia-noite. Assim teria tempo de sobra, caso se perdesse ou se demorasse durante a viagem.

– Peça para o Samuel me encontrar por volta da meia-noite e para, por favor, me esperar.

– Vejo você hoje à noite. Quando chegar aqui, tudo estará pronto.

De repente, Melody se sentiu apavorada como uma criança e teve de controlar uma crescente sensação de pânico.

– Por favor... reze por mim.

– Não se preocupe, querida, vou rezar. Apenas se preocupe em chegar aqui... e não fale com ninguém.

– Certo. Até logo.

Por um instante, Melody sentou-se na cama, tentando acalmar a torrente de pensamentos que inundavam sua mente. Mãe Marie lhe disse para não falar com ninguém, mas precisava avisar *alguém,* não?

Sabendo que não tinha tempo para pensar, ao contrário, precisava agir, vestiu-se depressa e pegou o mínimo necessário. Apanhou a bolsa, o telefone e O Livro e colocou tudo em segurança no carro antes de cuidar dos gatinhos. Depois disso, trancou a casa e entrou no carro, colocou *O Livro de Obeah* no piso do assento do passageiro e a mochila, cuidadosamente, sobre ele, impedindo que fosse visto.

Partiu depressa da fazenda, visualizando na mente o caminho que seguiria. Poderia chegar até Atlanta sem ter de olhar no mapa. Ocupada com esses pensamentos, não viu o sedã preto que se aproximava da entrada da fazenda.

Monsenhor Bonelli observou o Ford Taurus branco sair, rápido, da fazenda e perguntou-se aonde a jovem iria com tanta pressa, deixando Raleigh.

Ordenou a padre Gervasi que a seguisse; tinha a forte sensação de que, não importava o que ela estivesse fazendo, aquilo estava relacionado ao Livro. Ninguém poderia tirar aquilo de sua mente. Na noite anterior, convencera-se de que Melody Bennet estava de posse do maldito livro; todos os sinais apontavam para isso. Com um lenço, secou de leve o suor que começava a surgir em sua testa, mantendo seu olhar fixo na jovem.

Ela desviava do tráfego, aparentemente com muita pressa, sendo um desafio para padre Gervasi acompanhá-la. Conseguiram segui-la por várias horas, pela estrada Interstate 40, depois pela I-95 South e, então, pela I-20 West. O tempo passava depressa enquanto seguiam seu alvo. Ao se aproximarem da cidade de Augusta, na Geórgia, padre Gervasi avisou que estavam ficando sem gasolina, apesar de supor que a garota também teria de parar logo.

Trinta minutos mais tarde, a luz do motor se acendeu no painel. O medidor de temperatura mostrava que o motor estava quente. Perceberam que estavam em apuros quando ouviram um chiado e sentiram cheiro de óleo queimado, sinalizando que a mangueira do radiador rompera. Antes de conseguirem sair da estrada para encontrar um posto, um vapor começou a sair pelo capô. Não tiveram escolha a não ser parar no acostamento e chamar o socorro.

Nesse meio-tempo, o carro de Melody Bennet desapareceu no horizonte, no mormaço que subia do asfalto.

Cardeal Bonelli admitiu que aquela batalha estava perdida, mas não tinha a mínima intenção de perder a guerra. Sabia, mesmo sem conseguir segui-la, que seu destino era a Louisiana.

Providências foram tomadas para que os dois padres voltassem para Raleigh; cardeal Bonelli seria levado para o aeroporto mais próximo a fim de pegar um voo para Nova Orleans. De algum modo, ele encontraria aquela garota naquele lugar amaldiçoado.

# Capítulo XXIX

Maurice Abudah tentava fugir do calor abrasador da tarde nos *bayous*. Fechara todas as persianas e se deitara no meio da sala, sob o ventilador de teto. Alívio físico era a única coisa que desejava no momento. Seus pensamentos, estivesse ele acordado ou dormindo, eram aterradores, repletos de imagens terríveis e maus presságios. Helena viera a ele na noite anterior e o advertira de que o tempo se esgotava. Tinha raiva na voz, não mais aquele suave tom encorajador. Ordenou que ele fosse à Carolina do Norte e tomasse O Livro da garota.

Maurice estava perturbado demais para fazer tal viagem. Ela exigiria planejamento, e sua mente, no momento, não estava em condições de lidar com esse tipo de detalhes. Pensava que Melody logo voltaria para a Louisiana, mas agora estava preocupado. A frustração de Helena o deixava cada vez mais ansioso; a última coisa que desejava era desapontar a mãe.

Acendeu uma vela preta e sentou-se diante dela com os olhos fechados. Estava tão confuso. De algum modo, tinha de encontrar seu caminho em meio à névoa de preocupações e medos que nublavam seu pensamento. Conforme a vela queimava, seus músculos aos poucos relaxavam e, em alguns instantes, entrou em transe profundo.

Viu Melody Bennet, de novo. Naquele momento, ela dirigia. Podia sentir que estava tensa e perturbada. Também viu um carro preto que a seguia e tinha certeza de que, não importa quem estivesse nele, essa pessoa procurava a mesma coisa que ele. Sentia tanta raiva, frustração e medo ao mesmo tempo, que começou a transpirar em profusão, sentindo-se febril outra vez.

A visão mudou e agora Maurice via uma velha de cabelos grisalhos, cuja aura também estava coberta de ansiedade. Mas havia algo diferente nela: era mais forte do que os outros, sua luz interior era muito intensa. Ele a viu juntar pedaços de madeira e formar um círculo do lado de fora de uma casa. Havia água e ciprestes, então teve certeza de que a casa ficava nos *bayou*. Já vira aquela casa antes, mas onde?

Quando a visão terminou, Helena apareceu de novo, mas dessa vez estava com uma aparência diferente: mais velha, muito mais do que quando fora para o astral. Sorriu com suavidade e, antes de desaparecer, apontou para o punhal ritualístico que ele deixava na mesa de canto.

Quando voltou à consciência, sabia o que precisava fazer. Tinha de resgatar O Livro e vingar o espírito da mãe e de seus ancestrais, matando a mulher branca.

Sabia, agora, com certeza, que Melody Bennet estava voltando. A visão foi muito clara. Também sabia que a velha lhe tinha sido mostrada por alguma razão. Saiu da casa e entrou em seu velho Camaro, deixando a vela preta queimar até o fim e, junto a ela, quaisquer dúvidas que, por ventura, tivesse.

Onde vira aquela casa antes? Odiava não conseguir mais se lembrar das coisas e a frustração o levava à fúria, tornando o problema ainda pior.

Dirigiu por algum tempo, chegando, por fim, ao armazém, onde comprou um pacote de essência de mentol e um charuto, que usaria depois. Enquanto estava na loja, ouviu o jovem que estava atrás do balcão contar a um amigo que encontrara, mais cedo, com uma senhora a quem chamava de "Mãe Marie". Disse que ficara surpreso ao vê-la ali assim que a loja abriu. Ela viera usar o telefone e ele a ouviu conversar com aquela senhorita que tinha vindo espalhar as cinzas da avó, algumas semanas antes.

Maurice fingiu que estava procurando por alguma coisa e ficou prestando atenção à conversa. Os jovens brincavam, dizendo que a velha já devia ter uns 200 anos agora e que seria um prazer ver a bela jovem por ali de novo. Ele decidiu dar uma chance à sorte e foi até o balcão com alguns enlatados.

– Ei, foi impossível não ouvir sobre aquela senhorita. Da última vez em que ela esteve aqui, disse que estava interessada nas minhas peças de arte. Tem ideia de como posso entrar em contato com ela?

O rapaz deu de ombros.

– Não tenho a mínima ideia, mas pode ser que Mãe Marie saiba.

– Sabe onde posso encontrar essa Mãe Marie?

– Claro, todo mundo conhece Mãe Marie. Nunca ouviu falar dela?

Maurice fez que não.

– Nossa, achei que todo mundo conhecesse aquela velha dama do Vodu.

Maurice, de repente, lembrou-se de onde conhecia a casa da visão e teve certeza de quem Mãe Marie era. Ela era uma das irmãs Devereux. Sua mãe apontara a casa delas, certo dia, quando saíram de barco pelos pântanos procurando ervas e trepadeiras.

Ele pagou a conta e se controlou para não correr até o carro, pois não queria chamar a atenção sobre si. Dirigiu como um louco até sua casa e correu até o barco.

Conhecendo os *bayou* como a palma da mão, desligou o motor do barco muito antes de chegar a seu destino. Não queria que a velha nem ninguém mais o ouvisse se aproximar. Amarrou o barco a cerca de 500 metros da casa e caminhou em meio à densa vegetação que cobria o caminho até a casa da mulher. Quando, por fim, viu a casa, seu coração acelerou; tinha a aparência exata da casa de sua visão.

Tomando cuidado para não ser visto, escondeu-se atrás de um alto arbusto perto do quintal. A princípio, Mãe Marie não estava por ali, mas ela logo saiu pela porta dos fundos. Levava vasilhas até um grande círculo feito de toras de cipreste. Ao redor do círculo de madeira havia outro, maior, feito de pedras. No centro, havia um tecido vermelho grande o suficiente para que alguém se deitasse sobre ele.

De repente, tomado por uma febre e um forte calor no plexo solar, Maurice sentiu as pernas bambearem e teve de lutar contra uma vontade intensa de urinar. Esperou até a velha voltar para dentro da casa antes de esvaziar a bexiga, receoso de que qualquer ruído pudesse alertá-la. Maurice observou a casa por mais alguns instantes e, então, resolveu voltar para sua casa e ficar lá por um tempo.

Essa Mãe Marie estava, com certeza, preparando-se para uma cerimônia com Melody Bennet e ele apostava que tinha a ver com O Livro.

De volta, mal conseguia conter a ansiedade e não via a hora de poder contar a James e Alex que tudo tinha acabado.

Serviu-se de uma dose generosa de rum e bebeu-a em poucos goles, sabendo que precisava descansar o máximo possível. Notou que a vela preta que acendera antes de sair acabara de queimar naquele instante e a fumaça cinza ainda estava subindo em espiral.

A bebida fez efeito rápido e ele logo estava dormindo um sono profundo, sonhando que era um garoto andando pelas ruas de Nova Orleans com sua mãe. Helena estava radiante, sorrindo para ele e dizendo como ele era um bom garoto.

Maurice Abudah dormiu em paz, sabendo que, por fim, a justiça estava próxima.

# Capítulo XXX

Enquanto dirigia, Melody deu alguns telefonemas de seu celular, mas ninguém respondeu. Deixou mensagens para sua mãe, para Mário e para o advogado que cuidava dos últimos acertos sobre a compra da fazenda. Em todas as mensagens disse que precisava sair da cidade por alguns dias, sem mais explicações. Falou, rapidamente, com Isabel, mas a ligação caiu antes de conseguir dar detalhes.

Enquanto cruzava o Estado do Mississípi, por uma longa estrada onde o sinal do celular era fraco, Mário ligou. Ela conseguiu sentir a preocupação na voz dele, mas a ligação estava tão ruim que foi praticamente impossível conversarem.

Antes de o sinal desaparecer por completo, tinha de gritar ao telefone.

– Vou ficar na Louisiana por alguns dias. Não se preocupe, ligo quando voltar – Melody não tinha certeza se ele a tinha ouvido.

Sentia-se culpada por revelar seu destino, contrariando o pedido específico de Mãe Marie, mas não queria mentir para Mário outra vez. Não ter falado a ele sobre *Obeah* já a incomodava o bastante, mas não estava pronta para isso e não sabia por quê. Ainda tinha a sensação de que algo estava errado. Levava tempo para que Melody confiasse nas pessoas; estava surpresa por se sentir tão próxima de Isabel e Mãe Marie em tão pouco tempo.

Durante o restante da viagem, fez a única coisa que sabia quando se sentia desamparada e com medo: rezava o Pai-Nosso, repetidas vezes.

Eram quase 11 horas da noite quando seu carro entrou no estacionamento com piso de cascalho do armazém de Paul. Treze horas inteiras de viagem, com apenas três rápidas paradas, deixaram-na exausta.

Desligou o carro e olhou ao redor, mas não viu nenhum outro veículo. Samuel ainda não havia chegado.

Ao sair do carro, penetrando na noite tranquila, ficou feliz por pisar em terra firme, embora ainda ouvisse o ruído do motor em seus ouvidos. Caminhou um pouco, para clarear a mente e fazer o sangue voltar a circular pelo corpo tenso. Ao acompanhar um dos cantos do armazém, quase pulou de felicidade quando viu Samuel dormindo em sua caminhonete.

Melody bateu de leve na janela; queria acordá-lo sem o assustar. Como de hábito, assim que abriu os olhos, ele sorriu. Saltou da caminhonete e lhe deu um abraço apertado.

– Você está aqui, senhorita! Que bom ver você!

Melody não queria soltá-lo. Sentia-se como uma criancinha, precisando do consolo de alguém mais forte e sábio.

– É bom ver você, também. Como está Mãe Marie?

O sorriso, sempre presente, desapareceu.

– Está preocupada, Melody. Está muito preocupada com você.

– Eu sei. Ela me deu a impressão de estar muito agitada ao telefone. Vim para cá o mais rápido possível.

– O instinto dela em geral está certo. Conheço Marie há muito tempo e posso garantir que é difícil ela entrar em pânico. Para ela ter saído e vindo direto para a loja logo cedo para ligar para você e depois me procurar... bem, não é um bom sinal.

Melody ficou ainda mais ansiosa.

– Bem, vamos. Quanto antes chegarmos lá, melhor.

Mãe Marie vira as luzes dos faróis aproximando-se e estava no jardim à espera deles.

Melody tentou não demonstrar o susto que levou ao ver como Mãe Marie envelhecera desde a última vez que a vira, semanas atrás.

Ela abriu os braços para receber Melody, que correu para ela assim que saiu do carro.

– Você está aqui, minha querida! Agora, tudo vai ficar bem.

Samuel já tinha entrado e colocado água no fogo para o chá. Ao chegar à porta, Melody pediu licença e correu até o carro para pegar O Livro e a mochila. Não podia perder O Livro de vista. Minutos depois, os três estavam sentados ao redor da mesa da cozinha.

– Teve algum problema durante a viagem, querida? – Mãe Marie perguntou.

– Não, só parei quando foi realmente necessário.

– Você contou para alguém que estava vindo para cá?

– Para duas pessoas, Mãe Marie. Sei que pediu para eu não dizer nada, mas tinha de contar a alguém... caso acontecesse alguma coisa. Falei para uma amiga, Isabel, ela é da Louisiana, e... para outro amigo.

Embora visivelmente preocupada, Mãe Marie não censurou Melody.

– Está tudo preparado para o ritual, mas acho melhor esperar até amanhã. Hoje foi um longo dia e estamos todos exaustos. Vou espalhar um pouco de pó do lado de fora para você ficar protegida.

Melody ficou feliz de poderem esperar até o dia seguinte para fazer o que quer que precisasse ser feito. Mal conseguia ficar acordada, os olhos ardiam e o corpo inteiro doía.

Mãe Marie olhou para as coisas de Melody no meio da mesa. Em seguida, olhou para Melody, com sobrancelhas erguidas, em um questionamento silencioso. Melody colocara a mochila sobre o manuscrito, portanto, tudo que Marie conseguia ver era a lateral de um livro com capa preta de couro. Melody, então, levantou a mochila, revelando *Obeah*.

Ela observou Mãe Marie e Samuel com atenção, curiosa para saber como eles reagiriam. Ambos pareciam um pouco chocados; Samuel deu um assovio suave.

– Então ela *o tomou* mesmo de Helena – a voz de Samuel era um misto de admiração e surpresa.

– Tomou, mas não pelos motivos que todos acreditavam. Encontrei o diário de Yvette também.

Melody tirou o diário da mochila e o mostrou a Mãe Marie, que parecia estar mais interessada nele do que no Livro. Mãe Marie percebeu o olhar perplexo de Melody e explicou.

– Estou velha e sei que tenho pouco tempo. Não preciso deste livro. O poder autêntico vem da comunicação verdadeira com o Espírito. Um voduísta de verdade aprende como usar o poder do Espírito para seu crescimento interior, para criar um mundo de paz *dentro de si*, onde habita a Verdade. Não desperdiçamos energia tentando mudar aquilo que está *fora de nós* e que é apenas parte da ilusão.

– Você já leu o Livro? – Melody perguntou, com um sorriso.

Mãe Marie conseguiu dar um riso fraco e meneou a cabeça.

– Não, minha filha, mas quando se chega à minha idade, você percebe que a maior parte do conhecimento vem de viver a vida e prestar atenção. Nenhum livro pode ajudá-la nessa caminhada. Você simplesmente tem de fazê-la. Você aprenderá que mesmo aquilo que considera obstáculos são, na verdade, oportunidades, dádivas do Espírito, para que você cresça e aprenda.

Samuel concordou, assentindo.

– Marie está certa, Melody. Os jovens acham que não vale a pena ouvir os mais velhos. Podemos não entender de computadores e essas coisas como vocês, mas temos mais conhecimento sobre como esta vida funciona; sobre como estar neste mundo. Quando seu corpo envelhece e você não é tão impulsionado por necessidades físicas, desenvolve uma compreensão diferente das coisas. Uma compreensão mais profunda.

Melody estava tão tocada por Mãe Marie e Samuel. Enquanto cada um deles transmitia sua sabedoria e observava o outro fazer o mesmo, seus rostos brilhavam de modo mágico. Nunca viu uma aura, mas podia jurar que via luz emanando de ambos. O respeito e a devoção que tinham um pelo outro era quase palpável; Melody sentiu o coração pleno ao presenciar tamanho amor.

– Parece mesmo arrogância achar que a tecnologia moderna nos ajuda a controlar ou compreender alguma coisa. Cada vez mais, vejo que a maior parte das coisas não passa de mera ilusão.

– Você está aprendendo a manter a mente aberta, a aprender com a vida. Isso é bom, é o que precisa fazer. Por isso O Livro está com você – Mãe Marie olhou nos olhos de Melody, sorrindo. – Mais uma coisa sobre ilusões, minha filha: a não ser que você transcenda o ego, transcenda a forma como vê as coisas, terá medo de tudo. Quando começa a se considerar uma vítima... bem, aí se torna uma. E não é culpa de ninguém, só sua.

Apesar da gravidade da situação, Melody estava satisfeita por estar ali. Ela reconhecia a importância daquele momento, estar sentada no conforto da cozinha de Mãe Marie, escutando o que ela e Samuel tinham a dizer. Eles a faziam se lembrar da avó e de Charlie.

Percebeu que nem Mãe Marie nem Samuel sabiam do que tinha acontecido desde que ela voltara a Raleigh. Não tinham conhecimento da visita dos padres, da invasão de seu apartamento ou da morte de Charlie. Não sabiam sobre Mário, e apenas mencionara o nome de Isabel de passagem. Havia muito a dizer, mas não naquela noite.

O efeito relaxante do chá a atingiu de imediato e Melody mal conseguia manter os olhos abertos.

– Vá dormir, minha filha. Seu quarto está pronto. Ainda vou fazer algumas coisas por aqui para ter certeza de que você estará protegida até amanhã à noite.

Após dar boa-noite e um beijo em Mãe Marie e Samuel, Melody foi para o mesmo quarto em que ficara antes.

Algum tempo depois, Mãe Marie foi até o quarto para ter certeza de que ela estava confortável e a encontrou dormindo profundamente. Em seguida, queimou sálvia pela casa e espalhou pó de tijolo vermelho nos peitoris das janelas e nas soleiras das portas. Jogou sal marinho em todos os cantos da casa, com atenção especial ao quarto de Melody.

Quando chegou à cozinha, sorriu ao ver que Melody deixara suas coisas sobre a mesa, inclusive O Livro e o diário; isso significava que ela confiava neles e se sentia segura.

– Isso é bom. – Mãe Marie disse para si mesma. – É preciso que ela tenha confiança para que eu possa ajudá-la. Não podemos deixar que o medo atrapalhe, não agora.

Pensou em mais algumas coisas que seriam úteis e perguntou a Samuel se ele poderia ir até a cidade para comprá-las, no dia seguinte. Antes de ele partir, ambos se sentaram em silêncio, de mãos dadas, por vários minutos, apenas desfrutando da companhia um do outro.

Depois de deixar a casa segura, Marie Devereux foi para a cama. Estava exausta aquela noite, muito mais do que o normal.

Marie, com certeza, não tinha medo da morte, pois sabia que era apenas um renascimento. Desde cedo, sentia um profundo respeito pelo processo de envelhecimento, conhecendo parentes que viveram mais de cem anos. Testemunhou suas habilidades físicas e mentais diminuírem, até eles voltarem a ter o comportamento de uma criança.

Para ela, os idosos eram "bebês velhos", prontos para renascer na outra dimensão, apesar de algumas vezes terem dificuldade de passar pelo "canal da morte". Uma vez do outro lado, o processo de crescimento começava de novo, conforme a alma relembrava de todas as lições de sua vida terrena. Após rememorar e avaliar todas as suas experiências, a alma se permite o esquecimento, a fim de estar pura e receptiva em sua encarnação seguinte.

Marie compreendia isso e sentia-se tranquila com a ideia de passar pelo canal da morte, sabendo que, assim, renascia. Também sabia que isso estava prestes a acontecer, mas não antes de ajudar Melody. Ela não entendia como deveria ajudá-la, apenas que seu papel, agora, era estar com Melody e fazer o melhor possível para protegê-la. Marie, há muito tempo, já aceitara que não precisava saber os comos ou os porquês. Esta era sua última tarefa e morreria realizando-a.

Sentindo-se em completa paz com esse conhecimento, dormiu profundamente até a manhã seguinte.

Melody teve um pesadelo. Estava sendo perseguida pelos *bayou*, cercada de árvores cobertas de musgo, caminhando com dificuldade por águas escuras, à altura da cintura. Cobras, jacarés, abutres e figuras sombrias aproximavam-se dela, vindos de todos os lados. Um velho barco vinha, em marcha à ré, em sua direção, ameaçando passar por cima dela; o sinal de alerta ressoava em seus ouvidos e ela estava prestes a gritar.

Naquele instante, acordou com o incessante toque de seu celular. Levou um minuto para se lembrar de onde estava.

Pegou o telefone e viu que tinha mensagens.

"Que estranho." Sabia que não havia sinal ali e que nem podia fazer nem receber chamadas, mas quem sabe pudesse acessar mensagens. Quando saiu do torpor do sono, viu que havia uma mensagem de voz e uma de texto.

Melody acessou a caixa postal, viu a mensagem de texto e ficou perplexa. O remetente era desconhecido; a única coisa que identificou foi o código de área 504, que indicava que a mensagem fora encaminhada de um número de Nova Orleans.

Em seguida, leu a mensagem: Cuidado com Alex.

*"Alex?! Quem diabos é Alex?!"*

Lembrou-se, de imediato, do aviso de Isabel. Confusa e assustada, ouviu logo a mensagem de voz. Era Mário. Ele parecia tenso e preocupado, dizendo que estava indo para a Louisiana e que descobrira algo sobre o caso de Charlie, falando também alguma coisa sobre um suspeito na região de Nova Orleans. Passou as informações sobre o voo e disse:

– Acredito que você receberá esta mensagem, Mel. Espero ver você no aeroporto amanhã. Se não estiver lá, não se preocupe... Vou encontrar você de alguma forma. Cuide-se.

Melody encarou o telefone, incrédula. *"Será outra coincidência?"*

Estava dividida entre o alívio de saber que algo fora descoberto sobre o caso, apesar do medo de que o assassino estivesse por perto agora, e descrença, achando que Mário estivesse vindo encontrá-la por outros motivos. Tentou descartar a dúvida, colocando a culpa em sua atitude condicionada em relação aos homens, que a fazia se manter a distância, por medo de se machucar.

Foi, então, que Mãe Marie entrou no quarto.

Melody começou a contar tudo o que aconteceu desde a última vez em que estivera ali. Ficou surpresa por conseguir falar sobre tudo aquilo sem chorar, em especial a parte de ter encontrado Charlie, mas supôs que, a essa altura, já estivesse entorpecida. Era como relatar algo que aconteceu a outra pessoa.

Quando confidenciou como se sentia próxima a Isabel e Mário, Melody notou que Mãe Marie ficou tensa. Disse, então, que Mário estava vindo para a Louisiana e viu uma sombra de preocupação cobrir o rosto de Mãe Marie.

– Isabel me lembra muito você, Mãe Marie. Ela fez uma leitura de cartas, cerca de uma semana atrás, e viu coisas parecidas com seu sonho, que eu corria perigo, que pessoas vinham atrás do Livro. Ela ouviu, especificamente, o nome Alex. Você conhece alguém que se chama Alex?

– Não, minha filha. Não consigo me lembrar de ninguém com esse nome.

– Eu poderia ir até o armazém e ligar para o número...

– NÃO! – A força com que Marie disse isso surpreendeu a ambas. – Não, Melody, você não pode sair daqui, ainda não.

*Mário vai conseguir rastrear o número. Talvez o celular dele funcione aqui. Será que esse tal de Alex é a pista que ele está seguindo?*

Mãe Marie balançou a cabeça para clarear os pensamentos. Levantou-se com grande esforço, suspirando profundamente.

– Estou ouvindo a caminhonete de Samuel. Vou pedir que ele apanhe seu amigo no aeroporto quando for até a cidade.

Após pegar as informações do voo de Mário, Mãe Marie voltou-se para Melody e disse, em tom sério:

– Tenha cuidado, minha filha. Não conheço ninguém em quem você possa confiar, além de mim e Samuel.

Enquanto Melody tomava banho, Mãe Marie contou a Samuel o que acabara de saber. Pediu que ele buscasse Mário no aeroporto quando chegasse a Nova Orleans, dando-lhe as informações do voo e a descrição de Mário. Melody tinha saído do banho e estava se secando quando os ouviu.

– Não tenho um bom pressentimento sobre isso, Marie. Não tenho um bom pressentimento sobre nada disso – Samuel disse antes de partir.

Melody sentiu um peso no coração. Nunca ouvira Samuel tão preocupado.

O dia tinha a atmosfera de um estranho sonho. Parecia que acontecimentos além de sua compreensão tinham sido desencadeados, como se estivesse assistindo a um filme que mudava, de repente, de uma cena para outra, de um personagem para outro. Havia personagens demais neste filme para que conseguisse acompanhar o que acontecia. De maneira estranha, sentia-se desligada de tudo que estava ao redor; render-se aos conselhos de Mãe Marie era seu único plano naquele momento.

Vestiu-se e foi até a cozinha, encontrando *Obeah* sobre a mesa, exatamente como o deixara na noite passada. Melody viu seu próprio cansaço refletido no rosto da velha senhora quando entrou.

– Ah, minha querida – Mãe Marie deu um suspiro profundo e afagou a mão de Melody.

– Tenho tantas perguntas, mas aquelas mensagens desta manhã foram a última gota para meu pobre cérebro – Melody disse, tentando rir, mas sem conseguir fazê-lo.

– Entendo, sinto a mesma coisa – Mãe Marie foi até o armário onde guardava as ervas para os trabalhos. – Mas precisamos conversar. Quem sabe isso nos dará energia.

Enquanto falava, Mãe Marie preparava uma espécie de poção, que colocou em uma chaleira.

– Afinal de contas, magia é energia e a energia é um fluxo constante, de uma pessoa para outra, certo? Vamos energizar uma à outra – disse, dando uma piscadela. – Caso contrário, talvez este chá nos ajude. Não tenho muito tempo, mas vou usar o que me resta para trabalhar você, minha filha.

Este último comentário, semelhante ao que fizera na noite passada, deixou Melody abalada. *"O que* Mãe Marie *está querendo dizer?"* Ela não podia perdê-la, também. Cobriu o rosto com as mãos, pois não queria que Mãe Marie visse sua angústia. A pobre mulher já estava preocupada e era claro que não estava bem; Melody não queria fazê-la sentir-se ainda pior.

Mas Mãe Marie sabia que Melody sofria. Aproximou-se, colocou a mão sobre a cabeça de Melody e, com delicadeza, afagou-a desde o topo até a base da nuca, como se faria a uma criança. Foi um gesto maternal e amoroso que permitiu que Melody deixasse suas emoções fluírem e se libertarem completamente.

# Capítulo XXXI

Cardeal Bonelli estava, enfim, na Louisiana. Passou a noite em Atlanta após a pane no carro, mas, no dia seguinte, pegou o primeiro voo para Nova Orleans. Tudo ocorreu como previsto e, na hora do almoço, já havia chegado a seu destino.

Depois de se registrar no hotel, telefonou para padre Robert Rudino.

– Alô, aqui é padre Rudino. Em que posso ajudá-lo?

– Padre, quem fala é monsenhor Bonelli.

– Pois não, senhor. O que deseja? – Padre Robert ficou tenso ao ouvir o cardeal, mas manteve a voz tranquila e cordial.

– Estou em Nova Orleans e me esqueci de perguntar antes se, por acaso, o senhor se lembra de nomes de pessoas daqui... alguém que essa tal de Melody Bennet tenha mencionado durante a conversa que tiveram. Algum dos amigos de sua avó, por exemplo?

Padre Robert refletiu por um instante.

– Não tenho certeza... teria que pensar a respeito.

– Tente mesmo se lembrar. É muito importante, para todos nós.

A ameaça velada não passou despercebida ao padre.

– Lembro-me bem de um nome. Ela só mencionou uma pessoa, uma mulher conhecida como Marie, amiga de infância da avó. Tenho a impressão de que ela mora nos *bayou*.

Monsenhor Bonelli bufou. Era como procurar uma agulha no palheiro.

– Tem certeza de que ela não mencionou algum lugar específico?

– Sinto muito, monsenhor. Isso é tudo que sei. Acho que a mulher em questão é uma praticante do Vodu bem conhecida na região.

– Uma feiticeira?! Sabia que aquela garota estava envolvida em alguma coisa maligna. É possível sentir o Demônio em ação aqui.

Monsenhor Bonelli falava e falava, mas padre Robert já não o ouvia. Ele conhecia Melody e sabia que ela não era uma pessoa má. Um pouco confusa talvez, precisando retornar a suas raízes católicas, mas com certeza não era má.

Após desligar, monsenhor Bonelli sentou-se na cama, tentando arquitetar um plano viável.

Voltou à recepção e perguntou como poderia conseguir informações sobre uma mulher que morava em uma região remota dos *bayou*. A recepcionista disse que a maioria dos passeios era realizada pela Bacia de Atchafalaya e que algum dos moradores da região talvez conhecesse a mulher. Sem ter muita escolha, pediu que lhe fizesse uma reserva em um passeio naquela mesma tarde. Educadamente, ela informou que a saída para o passeio era às 5 horas da manhã e que, após esse horário, não havia nada disponível.

– Eu preciso ir até lá ainda hoje, senhorita. O que sugere?

– Bem, é um pouco caro, mas o senhor pode pegar um táxi até o local de onde sai a maioria dos barcos de turismo e ver se há alguém que possa ajudá-lo.

– Ótimo. Por favor, providencie isso imediatamente. Ficarei esperando na porta.

O cardeal ficou impressionado com a postura e profissionalismo da recepcionista. Antes de sair, olhou para seu crachá: Olívia Beauchamp. Que garota adorável, muito provavelmente uma boa católica; uma dentre os poucos valorosos filhos de Deus daquele lugar amaldiçoado.

Fora do hotel, a calçada estava repleta de pessoas, sons e inúmeras distrações. Aquele lugar era, com certeza, um verdadeiro paraíso para os pecadores.

# Capítulo XXXII

No fundo de seu coração, Melody sabia que Mãe Marie estava certa: restava-lhes pouco tempo juntas. Mas ouvi-la dizer isso era triste demais.

– Desculpe. Achei que estava conseguindo colocar as coisas nos eixos, mas, então, alguma outra coisa acontece...

– Não precisa se desculpar, querida. Não fazia ideia do que você estava passando depois que foi embora. Sentia a energia cada vez mais forte, mas não conseguia ver com clareza.

Ela tomou um gole de chá e incentivou Melody a fazer o mesmo.

– Quem sabe isto nos ajude a aguentar o resto do dia.

– Preciso que me escute, minha querida – o olhar de Mãe Marie estava distante, quando começou a falar outra vez. O tom de sua voz mudou de forma drástica, como se estivesse se preparando para fazer o sermão mais importante de sua vida, extraído das profundezas de sua sabedoria.

– É difícil aceitar a morte, principalmente para aqueles que ficam. Nosso medo da morte e do sofrimento vem do ego, que sempre tenta controlar as coisas. Mas se amamos alguém de modo verdadeiro e incondicional, não precisamos estar unidos a essa pessoa no plano físico; podemos nos unir no nível da alma.

– As pessoas confundem, em geral, medo com amor. Alguns têm medo de perder os outros porque temem ficar sozinhos. Outros temem a perda porque precisam cuidar dos outros para não pensar em si; precisam se sentir necessários. Em qualquer dos casos, tudo é uma questão de controle, que vem do ego, não da alma.

Mãe Marie olhou para Melody e voltou a falar com sua voz aveludada e tranquilizadora.

– A união de dois seres espirituais é sempre um milagre. É palpável. E nós estamos unidas, Melody. Se nosso propósito de ensinar e aprender uma com a outra não se completar nesta vida, vamos nos encontrar de novo, mas acredito que somos tão próximas que nunca vamos mesmo nos separar. Cada um de nós está aqui com um propósito e todos temos de realizar várias tarefas para atingir tal propósito da forma que escolhermos. Acredito que ajudá-la seja minha última tarefa na Terra, neste corpo.

Melody assentia, com o coração cheio de gratidão por ter conhecido essa mulher maravilhosa e ao mesmo tempo pesado pela ideia de perdê-la.

– Entendo o que quer dizer, Mãe Marie. Em um mundo perfeito, todos nós conseguiríamos ver as coisas desse modo e nunca sofreríamos. Mas é parte da natureza humana ter medo de perder aqueles que amamos e sofrer a dor dessa perda – sua voz ficou embargada enquanto tentava justificar seu pesar. – É confortador saber de que nunca nos separamos de ninguém no nível da alma e que aqueles que amamos estão bem, mas as pessoas anseiam por um abraço apertado, um contato físico. Sei que é egoísmo, mas é humano.

*E a dor de perder aqueles que amamos pode ser absolutamente insuportável.*

– Melody, onde está seu foco? – Mãe Marie perguntou, deixando Melody confusa.

– Foco?

– Em que estava pensando?

– Estava pensando em como é terrível perder alguém que amamos, como meu coração fica dilacerado cada vez que isso acontece.

– Ótimo, perfeito. Tente mudá-lo. Em vez de focar na dor da perda, concentre-se nos bons momentos que passou com aqueles a quem amava. Quando pensa na perda, você fica triste; quando pensa nos momentos juntos, sente-se feliz, não é?

Melody concordou.

– Mude seu foco de atenção para aquilo que lhe faz feliz, querida. É uma questão de vibração. Tente manter pensamentos que a encham de alegria. É preciso empenho para mudar a mente dessa forma, mas, para superar a dor, não apenas colocá-la de lado, mas *superá-la*, você precisa aprender a mudar seu foco de atenção.

– Reconheça também como aqueles que você ama estão felizes depois de passar para o outro plano. Tudo bem, você sente falta dos abraços, mas, quando sentir saudade deles, pense em suas almas, a verdadeira essência deles que você sempre amou e amará. Pense que estão completamente livres da dor e do desassossego... *estão* livres.

– É importante que façamos isso como um presente aos que amamos. Às vezes, nosso sofrimento prolongado atrapalha a passagem da alma para o Astral. A atração energética da pessoa que reluta em se desprender dos que partiram é como uma corrente que os prende aqui.

A ideia de que o sofrimento profundo poderia ser um obstáculo à alma de um ente querido tocou fundo em Melody. Nunca desejaria isso. Por acreditar em energia, compreendia como esse vínculo emocional poderia afetar alguém, estivesse essa pessoa no plano físico ou não.

– E, minha filha, tem mais uma coisa que você deve levar em consideração quanto à dor: às vezes, de forma subconsciente, as pessoas continuam a se prender à dor, mesmo tempos depois de o luto ter passado. Alguns se agarram à dor por tanto tempo que passam a identificá-la com o ser amado, como se a dor do luto fosse a única coisa que tivesse restado da alma que partiu. Temem que, ao se libertar da dor, perderão o vínculo com aquela pessoa.

Mãe Marie estava certa. Melody fizera o mesmo quando o pai morreu. Agarrou-se à dor terrível, identificou-se com ela. Lembrou-se de que achava que se libertar do sofrimento seria, de certa forma, uma traição.

Melody pousou a mão sobre *O Livro de Obeah*.

– O que é *Obeah*, Mãe Marie?

– Obeah é o conhecimento que vem do interior; o único poder e a única força verdadeiros e eternos que ninguém, nem livro nenhum, pode ensinar.

Melody abriu um largo sorriso.

– Nem mesmo este livro?

– Não o li, mas tenho certeza de que mesmo um livro especial como este só pode lhe mostrar o caminho. Talvez ele indique vários caminhos para que você escolha um, mas não pode percorrê-lo por você.

– Então, *Obeah* é uma coisa positiva?

– Não é uma *coisa*, minha filha, e não é nem positivo nem negativo. É apenas o poder puro e concentrado da Fonte. Qualquer coisa pode ser positiva ou negativa; tudo depende da intenção.

– Por que você acha que associam *Obeah* à magia negra? Até mesmo Mário.

Mãe Marie arqueou as sobrancelhas, confusa.

– Mário sabe sobre *Obeah*?

Melody explicou que tinham se conhecido em uma livraria alternativa e que o relacionamento deles não era apenas profissional, mas também pessoal. Disse que conversaram muito sobre Vodu e espiritualidade.

– Mas não contei para ele sobre O Livro.

– Que bom, Melody. *Obeah* é mantido em segredo há tempos porque guarda a chave para um poder imenso. Apenas poucas pessoas conhecem seu verdadeiro significado. Esse mistério tem um duplo propósito. Um deles é que, ao manter Obeah em segredo, a essência de seu poder se mantém pura, intacta; o outro é revelar um aspecto crucial do ego. Os homens rotulam tudo que não entendem, não compreendem, como negativo, até mesmo maligno. Colocam um estigma sobre tudo que está fora do alcance de sua mente consciente.

– Por isso lhe digo, querida: o verdadeiro poder está no desconhecido. A *palavra Obeah* pode ter sido corrompida por causa das limitações da consciência humana em entender certos conhecimentos, mas a *energia*, a *essência* de *Obeah*, permanece pura e inalterada.

– E quanto à magia negra, feitiços e trabalhos para prejudicar as pessoas? O Livro chega a dar detalhes sobre isso.

– Bem, sugiro que não se esqueça de que todos os livros, mesmo os sagrados, foram escritos por homens; homens que, de maneira consciente ou não, influenciaram o resultado final de alguma forma – Mãe Marie falava mais devagar agora, com o intuito de colocar as palavras de modo que Melody pudesse compreender. – Pense na canalização. Você sabe o que é isso, não?

Melody assentiu.

– Mesmo quando um poderoso adepto canaliza uma mensagem do Espírito, é quase impossível que o resultado esteja livre de sua marca pessoal. Cada pessoa interpreta palavras, visões e sons de modo único, traduzindo-os a seu próprio modo. Assim, uma mensagem canalizada é, em geral, expressa de uma forma que é compreendida pela pessoa que a canalizou. Outra pessoa pode interpretar a mensagem de maneira diferente. Mesmo que a diferença seja muito pequena, essas pequenas diferenças são como bolas de neve e a mensagem final pode acabar sendo completamente diferente da original. Entendeu?

– Sim, senhora – Melody pensou que essa era a perfeita descrição da Bíblia. O texto original fora traduzido incontáveis vezes ao longo dos séculos e havia inúmeras interpretações do texto traduzido.

– Outras coisas que se devem considerar são a intenção e a percepção da pessoa que está escrevendo e como elas influenciam o texto. O mesmo é válido para a pessoa que lê: sua perspectiva e intenção afetarão sua interpretação. É raro que uma pessoa seja um receptáculo puro

de qualquer coisa. Quanto ao Livro, imagino que o verdadeiro poder está naquilo que não pode ser compreendido de forma clara.
– Quer dizer que o texto tem um duplo sentido, como um código secreto ou algo parecido?
– Não sei, querida. Não tenho nenhuma outra orientação além do que acabei de falar.
Mãe Marie tomou outro gole de chá, seguido de um suspiro profundo e purificador.
– Voltando aos feitiços e à magia negra. Poder é energia, Melody, e energia nem é positiva nem negativa, é ambas as coisas. Todos os elementos e, portanto, todos os Orixás, têm uma natureza dual e podem ser usados para curar ou destruir.
– É mais fácil fazer trabalhos eficazes de magia quando temos um propósito positivo, pois precisamos apenas nos manter alinhados à mente do Criador. Para fazer trabalhos para o mal, e não fazer mal a si mesmo durante o processo, o indivíduo precisa estar alinhado com a verdadeira mente interior, tanto para gerar poder quanto para usá-lo como proteção para si. Ao mesmo tempo, a mente consciente precisa separar uma parte de si para se concentrar na intenção de fazer o mal. É preciso ter uma habilidade tremenda para fazer isso e poucas pessoas conseguem.
Melody não entendeu a última parte por completo, mas permanecia atenta a cada palavra. Mãe Marie continuou.
– O meio mais fácil de um feiticeiro fazer o mal usando um suposto feitiço é levá-lo ao conhecimento de seu alvo, plantando a semente do medo. Se a semente se instalar, o trabalho do feiticeiro estará completo. O alvo se autodestruirá ao prever a dor, o dano ou a perda. Os verdadeiros praticantes de *Obeah,* aqueles que têm acesso ao verdadeiro poder, não precisam enfeitiçar ninguém. Sabem que os obstáculos são apenas ilusões, criadas pelo ego para turvar a verdadeira percepção da realidade.
– Nunca se esqueça de que as coisas acontecem por alguma razão que talvez não esteja clara para nós. A situação pode trazer uma lição para você ou para os outros; pode ser uma encruzilhada em que você precise decidir abrir mão de algo ou de alguém, até mesmo algo dentro de você, antes de poder seguir adiante na viagem de sua alma. Permita que a mente do Criador, *não* o ego, tenha poder sobre os detalhes e circunstâncias. Caso seu desejo deva se manifestar, ele acontecerá. O processo de desejar alguma coisa pode não ser nada além de um trampolim que a levará em

direção ao seu propósito de vida. Sabendo disso, seja grata pelo desejo, mesmo que ele nunca se manifeste.

Mãe Marie, por fim, sentou-se para descansar.

Melody ficou em silêncio, absorvendo e processando o conhecimento transmitido pelas palavras de Mãe Marie. Parecia surreal, como se Mãe Marie tentasse partilhar a sabedoria de toda uma vida em uma manhã. Melody se sentiu honrada, embora aquilo a deixasse ansiosa e angustiada.

– Nossa, minha filha, olha a hora! Precisamos preparar algumas coisas antes de Samuel e Mário chegarem. Tem certeza de que podemos confiar nele?

Pensar em Mário fez Melody sentir-se aquecida por dentro.

– Acredito que sim.

Mãe Marie não tinha tanta certeza, mas sabia que Melody teria de descobrir isso por si mesma, de um jeito ou de outro.

# Capítulo XXXIII

Samuel Marlowe acendeu um cigarro do lado de fora do terminal da American Airlines.

Já que o voo de Mário Hernandez estava atrasado, Samuel resolveu sair, em vez de esperar no terminal. Calculou que tinha tempo suficiente para apreciar não só um cigarro, mas também a distração oferecida pela multidão apressada do aeroporto. Com ou sem poluição, Samuel sempre preferia o ar livre a ambientes com ar-condicionado. Chegara a um ponto da vida em que se deixava levar pela corrente, sem se importar aonde chegaria, e sorria ao longo do caminho.

Mas nem sempre tinha sido assim.

Muitos anos atrás, Samuel Marlowe fora um banqueiro habilidoso e respeitado que parecia ter um sexto sentido para questões financeiras.

Ele cresceu em uma família "tradicional" de Nova Orleans, extremamente materialista. O Dólar Todo-Poderoso era o único deus em seu lar e Samuel aprendeu a servir a esse deus a qualquer custo. A fantástica reputação que criara trazia em si a promessa de uma carreira longa e bem-sucedida. Seu instinto para investimentos tinha se provado inestimável. Infelizmente, seu tédio o levou a assumir riscos cada vez maiores.

Uma decisão catastrófica em particular, tomada em virtude de sua arrogância juvenil, arruinou sua carreira.

Ao se tornar responsável pela carteira de investimentos de um dos clientes mais ricos da empresa, fez uma transação que sabia ser arriscada, convencido de que era infalível. Em menos de 48 horas, o investimento perigoso desmoronou como um castelo de cartas, levando consigo toda a carteira do cliente.

Samuel logo descobriu que se tornara *persona non grata*. Incapaz de conseguir emprego e não tendo o hábito de restringir seu estilo de vida esbanjador, logo ficou sem nada.

Movido pelo impulso, empacotou o pouco que lhe restava e deu as costas para Nova Orleans, indo de carona até os *bayou*. Certo dia, enquanto pescava, conheceu Marie Devereux, que estava apanhando ervas para sua irmã. Samuel ficou impressionado, de imediato, por sua beleza; seus lindos olhos azuis eram dois oceanos sem fim, em cujas misteriosas profundezas ele passaria, com prazer, o resto da eternidade. Conversaram por um tempo e, para sua alegria, ela o convidou para tomar chá em sua casa.

Samuel nem ao menos gostava de chá, mas tomaria lama para ver Marie de novo.

Na primeira vez em que foi à casa dela, ficou surpreso ao ver toda a parafernália do Vodu à mostra. Além de não estar familiarizado com o Vodu, teve de se acostumar à ideia de que mulheres brancas o praticavam.

Com o tempo, o relacionamento deles desabrochou. Quando se acostumou à ideia de ter um envolvimento romântico com essa bela mulher, Samuel também já apreciava a beleza do Vodu. Marie e sua irmã, pouco a pouco, lhe mostraram a verdade de seu caminho. Ele se mudou em definitivo para os *bayou* e transformou-se em um voduísta declarado.

Ele e Marie tornaram-se amantes e tudo o que mais queria era selar seu relacionamento com o matrimônio. Entretanto, Marie lhe disse que seu primeiro compromisso era com o Vodu e achava que não seria uma boa esposa. Samuel discordou em silêncio, mas respeitou sua decisão sem discutir.

O relacionamento sexual deles aos poucos chegou ao fim, mas suas almas se uniram. Samuel não sabia quanto tempo lhes restava nesta Terra, mas estava certo de que o vínculo entre eles nunca se romperia; estariam juntos para sempre.

Ao terminar o cigarro, voltou ao terminal. Ele gostava de observar as pessoas; esse era um dos poucos motivos por que voltava, de vez em quando, a Nova Orleans, a fim de tocar sua gaita no Bairro Francês.

Enquanto caminhava, notou quantas pessoas corriam de um lado para o outro, com medo de perder o voo, temerosas de perder sua bagagem, preocupadas em não encontrar aqueles que esperavam.

Os homens passam três quartos de sua vida se preocupando. Arrependem-se do que aconteceu no passado e preocupam-se com o futuro, com medo do que ele trará. Graças a Marie, Samuel aprendera a viver no presente; ao mesmo tempo que achava engraçado, entristecia-se ao ver quantas pessoas ainda não tinham descoberto essa simples verdade.

Ele examinou a multidão de passageiros que chegava e viu um homem que se encaixava na descrição de Mário: hispânico, por volta de 35 anos e cerca de um 1,80 de altura. Ergueu uma pequena placa que fizera e esperou para ver se o homem respondia. Mário ficou surpreso ao ver um estranho em vez de Melody, mas abriu um sorriso caloroso ao estender a mão.

– Olá, sou Mário Hernandez.

– Samuel – o homem mais velho apertou a mão de Mário. – Prazer em conhecê-lo. Tem de pegar alguma bagagem?

– Sim, desculpe. Tive de embarcar minha mala... não pude trazê-la comigo.

Samuel esperou do lado de fora enquanto Mário pegava sua bagagem na esteira. Ambos estavam agitados, pensando no dia que teriam pela frente.

# Capítulo XXXIV

A febre de Maurice Abudah estava cada vez mais forte. Ele enxugou a testa com a camisa e examinou a mochila que levaria à casa de Marie Devereux. Ele fora até lá no início da manhã e tentara entrar, mas se sentiu mal todas as vezes que se aproximou das janelas e das portas. Não sentiu nada ao caminhar pelo jardim, portanto, tinha certeza de que a velha fizera alguma coisa para proteger a casa. Sabia que não conseguiria pegar O Livro ou a garota enquanto não saíssem de lá. Mas Maurice não estava preocupado, estava certo de que sairiam; era óbvio que se preparavam para um ritual.

Depois de deixar a própria casa pronta para a cerimônia de sacrifício, seu coração batia acelerado, imaginando o sangue da garota vertendo sobre a urna com as cinzas de sua mãe. O punhal do sacrifício repousava no pano vermelho ao lado da mochila. Maurice o pegou e colocou com cuidado dentro da mochila. Planejava sacrificar a mulher branca ali, em sua casa, mas, caso precisasse mudar de planos, queria estar preparado.

Colocou as mãos com suavidade sobre a urna e fechou os olhos, tentando conectar-se com a mãe. Ela surgiu quase que de imediato, sorrindo com serenidade e assentindo em sinal de aprovação. Ela esteve a seu lado durante a noite, enxugando sua fronte enquanto ele queimava de febre, dizendo-lhe que logo tudo estaria terminado.

— Maurice, você sabe que a garota está voltando. Você sabe o que tem de fazer. Agora, tudo depende de você; pegue O Livro para seus netos, para que possam ter uma vida melhor, a vida que merecem.

Quando voltou da casa de Marie Devereux, logo após o amanhecer, ficou surpreso ao encontrar James esperando por ele. O garoto estava assustado com os instrumentos ritualísticos espalhados pela sala e preocupado com Maurice, implorando que fosse ao hospital.

— Por favor, vô, o senhor vai acabar se machucando ou machucando alguém! Ficou louco?!

O garoto simplesmente não compreendia. Não considerava a febre do avô uma possessão do Espírito, que lhe dava a força dos justos. Maurice não precisava da ajuda nem da bênção de ninguém para fazer o que tinha de ser feito, exceto as da mãe. Na hora certa, convenceria James da justiça do que estava prestes a fazer. Alex não tinha tempo para o velho ultimamente e preferira se afastar, mas parecia entender.

Samuel e Mário deixaram o aeroporto e foram em direção a uma pequena loja de ervas próxima ao Bairro Francês, o único lugar onde Samuel poderia encontrar tudo o que estava na lista de Marie. Era meio da tarde, a hora do *rush* ainda não começara, portanto, esperavam chegar à casa de Marie antes da hora do jantar.

Após comprar o que precisavam, saíram do Bairro Francês e se dirigiram para Atchafalaya, cortando caminho por um bairro que fora tremendamente afetado pela ruptura dos diques, durante o Katrina. Uma *van* de um hotel chamou a atenção de Samuel. Ele vira a mesma *van* e o mesmo motorista voltando do armazém de Paul, naquela manhã. O motorista estava do lado de fora de uma casa de madeira e discutia calorosamente com uma jovem negra. Ela parecia tão familiar que deixou Samuel chocado. Ele freou de forma abrupta. Mário falava ao telefone, mas olhou com curiosidade, pensando por que Samuel diminuíra tanto a velocidade.

Samuel encarava a garota, tentando lembrar-se de onde a conhecia. Sua memória ainda era boa, mas não tão boa para reconhecer o rosto de imediato. Quase saiu da caminhonete quando viu o jovem motorista agarrar o braço da moça, mas ela desvencilhou-se dele e correu para dentro da casa. Samuel viu o jovem voltar para a *van*, perturbado e claramente ansioso com alguma coisa.

Maurice esperava que a velha não estivesse lá; não queria derramar o sangue de uma pessoa inocente, e a velha senhora não tinha nada a ver com o que acontecera tantos anos antes. Ele levou seu barco até a pequena enseada onde o deixara antes, seguindo a mesma trilha em direção à casa.

Pouco depois de ele se esconder atrás de um grande arbusto, a velha senhora saiu, carregando uma cesta. Ela a colocou no meio de um círculo de toras de madeira e olhou para o céu. O sol começava a perder sua força e a brisa da noite já brincava com as folhas. O crepúsculo era o momento de se deslocar entre os mundos e Maurice sabia que Helena logo estaria com ele. Quando a luz diminui e as sombras surgem, os *bayou* ficam repletos de ilusões, mas um verdadeiro voduísta vê a verdade por trás da ilusão.

O coração de Maurice batia acelerado. Sabia que, quando a Lua estivesse no alto do céu, o espírito de Helena teria sido vingado e ele estaria de posse do que precisava para libertar sua família.

Ouviu a velha chamar Melody e aproximou-se, sem fazer barulho. Maurice pouco se moveu, mas foi o suficiente para chamar a atenção de Marie que, ao ouvir um barulho atrás de si, virou-se para ver o que era.

Seus reflexos não foram rápidos o suficiente. Antes que pudesse gritar e avisar Melody para não sair, duas mãos fortes apertaram sua garganta, tirando a vida de seus olhos azul do mar.

Como a luz do dia desaparecesse depressa e pesadas nuvens se aproximassem, Melody esperava que Samuel e Mário chegassem logo. Estava ansiosa para ouvir sobre a nova pista do caso de Charlie; também ansiava por sentir os braços de Mário a envolverem. Ele nunca conheceria Giselle ou Charlie, mas estava satisfeita por ele poder conhecer Mãe Marie e Samuel.

O tempo que passara um pouco antes com Mãe Marie a acalmou temporariamente, mas, com o correr da tarde, foi se sentindo cada vez mais angustiada. Estava nervosa, até mesmo com medo.

Era claro que Mãe Marie estava perdida em seus pensamentos enquanto preparava as coisas para o ritual. Melody não sabia ao certo qual o propósito da cerimônia, mas supôs que era para protegê-la e a *Obeah*.

Melody não gostava de interrompê-la, mas realmente queria saber a opinião de Mãe Marie sobre a primeira página do Livro, aquela escrita no que parecia ser uma linguagem indecifrável. *"Pode ser que ela consiga reconhecer alguma coisa sobre os símbolos, ou perceber algo intuitivamente."*

Ela pegou O Livro de cima da mesa e saiu à procura de Mãe Marie.

Maurice deixou o corpo inerte de Marie Devereux no chão e se escondeu depressa. Encostou-se na lateral da casa, para que a garota não o visse; ouviu-a andando de um lado para outro na casa, e sabia que logo sairia.

Como esperado, Melody Bennet abriu a porta instantes depois, segurando *O Livro de Obeah* contra o peito, como que o protegendo. Dera apenas alguns passos além da escada da varanda quando viu algo estranho no chão, mais à frente. A luz do dia e a escuridão convergiam, criando sombras que enganavam, tornando difícil ver com clareza. Melody achou ter visto um roupão amarrotado no chão, mas ao se aproximar e perceber que era Mãe Marie, foi sacudida por um grito contido.

Largou O Livro e correu até ela. A cabeça de Marie estava virada de modo grotesco, perpendicular a seu corpo sem vida; seus olhos miravam o nada e a cor já havia desaparecido de seu rosto envelhecido. Quando Melody se debruçou sobre o corpo, uma sombra surgiu, encobrindo-a. Ela sentiu uma súbita dor na parte de trás da cabeça que turvou sua visão, e, então, tudo escureceu.

# Capítulo XXXV

Samuel não conseguia apagar o rosto da jovem da mente, tentando se lembrar de onde a conhecia. Mário falou ao telefone com seu colega de trabalho durante a maior parte da viagem até os *bayou*, discutindo dois casos em que trabalhavam. A cerca de 45 minutos da saída para Whiskey Bay, ficaram presos em um congestionamento.

Impaciente por causa do trânsito que não se movia, Mário ligou para Melody de novo. A ligação caiu direto na caixa postal.

– Falei para você, não funciona lá.

– Como vocês conseguem viver sem telefone? E se acontecer alguma emergência? – Mário não queria parecer grosseiro, mas estava frustrado com a situação. Era insuportável não conseguir falar com alguém. Ele não sabia ao certo por que Melody estava ali, mas tinha certeza de que devia ser algo urgente para ela ter partido com tanta pressa.

– Você se acostuma com isso, meu filho.

Samuel lembrou-se de que Marie lhe contou sobre uma estranha mensagem que Melody recebera em seu celular naquela manhã e sabia que Mário não tinha conhecimento disso. Seu instinto lhe dizia que era uma informação importante e que podia contá-la a Mário, sem mais detalhes.

– Olha, Melody recebeu outra mensagem esta manhã. Não era uma mensagem de voz como a que você deixou, era escrita.

– Você quer dizer uma mensagem de texto? – Mário perguntou.

– Sim, acho que é assim que vocês dizem. De qualquer forma, Melody ficou bastante perturbada. Tudo que dizia era algo sobre tomar cuidado com Alex.

– Alex?

– É, foi isso que ela contou para Marie. Melody disse que era um aviso sobre uma pessoa chamada "Alex", e o código de área era 504,

Nova Orleans – Com o trânsito parado, ele se virou e olhou para Mário.
– Você acha que pode ser aquele velho que a ameaçou quando ela esteve aqui da última vez? Você sabe disso, não?

– Sim, sei. Talvez... é difícil dizer – Mário repassava na mente tudo que se relacionava ao caso de Melody: a invasão, o assassinato de Charlie; mas não havia ninguém com o nome Alex envolvido.

O trânsito se arrastou por mais cerca de 30 minutos, mas pelo menos estava avançando.

– Já estamos perto da nossa saída – Samuel disse.

Quando o tráfego começou realmente a fluir, Samuel viu uma confusão pelo retrovisor. Havia um pequeno Nissan vermelho, desbotado e batido, costurando pelo trânsito, buzinando sem parar e causando um tumulto na estrada. Quando uma das faixas, por fim, ficou livre, o carro entrou nela, acelerando de maneira perigosa.

O que Samuel viu em seguida disparou um sinal de alerta.

A *van* do hotel, com o mesmo motorista que vira mais cedo, estava, sem dúvida, seguindo o carro vermelho. Samuel não viu quem dirigia o carro, mas pensou se não seria a jovem que ele vira discutindo com o rapaz da *van*. Alguma coisa estava acontecendo entre aqueles dois, algo que não era bom. Samuel podia sentir isso em seu íntimo. De repente, percebeu quem a garota lhe lembrava: ela era a própria imagem de Helena Abudah, a mulher que fizera o trabalho maldito tantos anos antes.

Samuel soube que aquilo era um mau presságio e começou a rezar.

Quando voltou para a cidade, no fim da tarde, Paul foi direto para sua loja. Estava muito frustrado por não ter encontrado O Livro na Carolina do Norte, mas sabia que nada acontecia por acaso. Joe o viu se aproximando e o encontrou à porta, relatando tudo o que acontecera durante sua ausência. O fato mais estranho foi um "padre empolado" que viera fazer um passeio pelo pântano poucas horas antes. De acordo com Joe, ele parecia mais interessado em saber onde as pessoas daquela "região maldita" viviam.

Paul sentiu um arrepio na nuca. Seu palpite de que havia algo errado ficou mais forte quando Joe disse que o velho padre perguntou sobre o paradeiro de Marie, a "voduísta pagã".

Então, Joe contou a verdadeira bomba.

– Ah! O padre também perguntou se eu sabia onde estaria uma garota da Carolina do Norte.

Paul apoiou a mão na parede para se manter firme.

## Capítulo XXXV

– Ela está aqui?
– Caramba, Paul, não sei. Não vi a moça.

Depois que Joe foi embora, Paul fechou a loja para poder pensar em paz. Ficou ali, esperando que a tempestade passasse logo; odiava estar no barco durante tempestades. Quando a pior parte passou, a luz do dia também já havia desaparecido. Paul soltou a piroga que ficava amarrada à estaca atrás da loja e remou até que a água fosse profunda o suficiente para ligar o motor. Ele, então, partiu em direção à casa de Mãe Marie, cercado por árvores que se erguiam como sentinelas na noite, protegendo os antigos segredos dos *bayou*.

Enquanto Maurice carregava o corpo desacordado de Melody para seu barco, Helena apareceu. Disse que Xangô era mais forte na casa da velha senhora e que, portanto, o sacrifício tinha de ser realizado ali.

Supôs que a tempestade que se aproximava ao longe era um sinal de que ele precisava começar. Colocou Melody no centro do círculo, tirou as roupas dela e pôs-se a fazer os preparativos.

Ao voltar à consciência, Melody percebeu que sua cabeça doía e que suas mãos estavam amarradas. Quando tentou se mover, a dor aumentou. Indo mais devagar e deixando seus olhos ganharem foco, viu o homem que a ameaçara na casa de Paul e uma segunda vez em Nova Orleans. Ele fazia um círculo de fogo com toras de madeira ao redor dela.

Dentro do círculo, Maurice, em pé diante dela, erguia os braços para o céu, entoando palavras estranhas. A tempestade aproximava-se deles com rapidez; Melody sentia o chão tremer cada vez que um raio caía em um lugar próximo. Ouviu o homem invocar Xangô e estremeceu à medida que os raios caíam mais próximos.

E então, começou a chover.

No começo eram apenas algumas gotas grandes, que aumentaram até se tornar uma tempestade torrencial. Deitada de costas, com o rosto para cima e temendo se afogar, lutava, em desespero, para se mover. A água amoleceu o que prendia suas mãos; ela conseguia mexer os pulsos de leve, mas não o suficiente para soltá-los.

Desesperada por se libertar, viu a lâmina de uma faca logo ao lado do círculo, refletindo um raio que caíra. Reuniu todas as forças e conseguiu ficar de joelhos. Cambaleou em direção à beira do círculo, onde as toras encharcadas mal continuavam a queimar. Antes de chegar à beira, o homem agarrou seu braço, apunhalando-a às cegas com a faca menor que segurava. A essa altura, o que ele queria era apenas impedi-la de sair do círculo.

Os rituais de sacrifício demandam precisão.

Melody deu um grito, tropeçou em uma tora e caiu de novo dentro do círculo. O homem caminhou em sua direção. Erguendo-se sobre o corpo nu e ensanguentado de Melody, ele levantou a faca acima de sua cabeça e preparou-se para apunhalá-la.

Em uma fração de segundo, um raio atingiu a ponta da faca e Melody viu fagulhas saírem do corpo do homem. Ele caiu de joelhos, as mãos sobre os ouvidos, comprimindo a cabeça em agonia.

A chuva misturada ao suor, por fim, afrouxou a fina corda que prendia seus pulsos e Melody conseguiu soltar as mãos. Movida pelo medo, apanhou *O Livro de Obeah* e correu para a mata. Sua perna estava machucada; ela mancava muito, mas a adrenalina, por enquanto, não a deixava sentir dor. Sem saber se o homem estava vivo ou morto, Melody seguiu em frente, com seus ferimentos deixando uma trilha de sangue.

Suas mãos estavam escorregadias, por causa do sangue que descia por seus braços, e a capa de couro do livro estava toda ensanguentada. Com a dor se espalhando por todo o corpo, sua mente girava sem controle; Melody sabia que estava prestes a desmaiar. Ainda com medo de que o homem com a faca a alcançasse, sentiu que precisava esconder O Livro.

Uma imagem de Yvette Baton escondendo o livro na abertura de uma árvore passou por sua mente. Procurou, de forma frenética, por uma abertura semelhante em uma árvore, mas não encontrou nada que servisse. Então, em vez disso, colocou o livro sobre uma pedra achatada que não podia ser vista da trilha e o cobriu com galhos e folhas de árvore até estar completamente escondido.

Após ter visto os carros em alta velocidade na estrada e alertar Mário de que suspeitava que algo estivesse errado, em relação a Melody e Marie, Samuel fez o possível para seguir os veículos. Mário achou que não devia chamar a polícia estadual; até então, era apenas um pressentimento. Mas, com certeza, estava contente por ter trazido sua arma, mesmo que, por causa disso, tivesse tido de embarcar sua mala, em vez de levá-la consigo no avião.

O alarme interno de Samuel soou mais alto quando ambos os carros pegaram a saída para Whiskey Bay. A essa altura, a chuva era muito forte, tornando as condições da estrada perigosas. Ele conseguiu acompanhá-los até a saída para *Bear Bayou*. Era praticamente impossível continuar a dirigir ali, em virtude da pouca visibilidade e iluminação. O aguaceiro ocultava a estrada como uma cortina escura e impenetrável.

*Obeah* estava escondido. Melody tentou se levantar e continuar a correr, mas estava totalmente desorientada. Caminhou, trôpega, e depois de avançar apenas cerca de 30 metros, suas pernas não a obedeciam mais. Encostou-se em uma árvore, incapaz de se segurar, e caiu no chão.

Ali ficou, vagando entre a consciência e inconsciência, enquanto a chuva atingia seu corpo. Percebeu, de forma vaga, que a chuva havia parado. Em meio ao monótono som da água que pingava das folhas, ouviu algo. Eram passos, cada vez mais fortes e rápidos, esmagando as folhas molhadas. Ouviu a lama ser espirrada. Havia mais de uma pessoa e elas corriam, chegando cada vez mais perto.

Ao se aproximarem, Melody ouviu uma voz chamando sem parar:
– Alex!

A essa altura, nem tinha energia para lutar nem mesmo para ter medo. Melody encolheu-se em posição fetal e, sem forças, tentava cobrir os seios com um dos braços e com o outro a cabeça. Balbuciando, rezou em silêncio: *"Pai Nosso, que estais no céu, santificado seja o Vosso Nome..."*

Continuou a rezar, quase em estado catatônico, bloqueando tudo que acontecia ao redor.

A viagem de Paul pelos *bayou* foi traiçoeira; não conseguiu esperar que a tempestade passasse antes de partir.

Quando seu barco se aproximou da propriedade de Mãe Marie, escutou choro e, então, gritos. Viu pelo menos uma pessoa correndo, talvez duas. Tomavam uma das trilhas que levava para longe da casa. Achando que uma delas pudesse ser Melody, seguiu o mesmo caminho.

# Capítulo XXXVI

A chuva enfim parou quando a caminhonete de Samuel aproximava-se da propriedade de Marie. Quando fizeram a curva da estreita entrada que levava à casa, viram o Nissan e a *van* do hotel parados de lado no jardim. Samuel saiu da caminhonete e correu em direção à casa, quase antes de o veículo ter parado por completo; Mário o seguiu, após pegar sua arma e uma lanterna na mala.

Chegaram primeiro ao círculo de toras de madeira, onde notaram uma massa grande e escura no chão. Mário apontou a lanterna para o local e, quando iluminou aquela parte do chão, ambos deram um passo para trás ao mesmo tempo. À frente deles havia um homem morto.

Parecia que suas roupas tinham sido incendiadas e ele tinha marcas de queimaduras nas mãos e no rosto. Tinha a aparência de uma foto carbonizada que, quando tocada, se transformaria em cinzas.

– Meu Deus. Ele deve ter sido atingido por um raio – Mário sentiu repugnância pela imagem e pelo cheiro. Samuel não reconheceu o morto, mas sabia bem o tipo de cerimônia que fora interrompida ali: o círculo de toras de madeira que, em algum momento, estivera em brasas, um punhal ritualístico...

Com o coração tomado de pavor, Samuel correu até a casa. Mário o seguiu. A casa parecia intocada, sem qualquer sinal de luta. Percorreram rapidamente o local, mas não encontraram ninguém e voltaram para fora. Quando a luz da lanterna de Mário iluminou os arbustos do lado oposto do círculo, ele parou e fez um sinal para que Samuel o seguisse. Lá, encontraram o corpo de Marie Devereux.

Sua cabeça estava em tal posição que Mário logo percebeu que seu pescoço tinha sido quebrado. Seus olhos estavam abertos, vislumbrando reinos desconhecidos. A chuva encharcara seus cabelos e roupas, fazendo com que parecesse uma boneca de pano jogada fora.

Samuel caiu de joelhos e soltou um grito de agonia de partir o coração. Com delicadeza, levantou-a do chão, escondendo o rosto na roupa molhada, grudada ao corpo sem vida. Colocou uma das mãos sob a cabeça que pendia e carregou Mãe Marie, com ternura, para dentro da casa.

O primeiro instinto de Mário foi impedir Samuel de tirar o corpo da cena do crime, mas havia tantas coisas passando por sua cabeça que não conseguia se concentrar. Além disso, sentiu compaixão pelo velho homem e não queria se imiscuir em sua dor.

Tentou compreender o que havia acontecido. O homem morto com certeza fora atingido por um raio; era possível que a mulher tivesse quebrado o pescoço ao cair na escuridão. Toda aquela cena macabra poderia ser o resultado de dois acidentes incomuns. Se fosse esse o caso, então onde estaria Melody? Ele precisava encontrá-la, e depressa. E onde estavam os motoristas dos dois carros?

Voltando a inspecionar a propriedade, logo viu a blusa de uma mulher. Embora estivesse encharcada pela chuva, notou uma mancha fraca de sangue. Tentando encontrar alguma pista com sua lanterna, viu o leve, porém ainda visível, rastro de sangue.

Ao pegar a trilha que levava para longe da casa, ouviu a voz de um homem gritando, de modo claro:

– Alex!

Disparando a correr, pronto para pegar a arma, se necessário, Mário avançou pela trilha, seguindo o rastro, a voz e o som de mais de uma pessoa correndo.

Continuou a correr até que sua lanterna iluminou Melody.

Mas ela não estava sozinha.

A cena à sua frente era confusa. Estavam em uma encruzilhada na mata, onde várias trilhas se encontravam. Melody estava encolhida, inerte, aos pés de uma grande árvore; Mário não sabia se ela estava viva ou morta, mas viu sangue.

Um jovem negro e uma mulher estavam diante dela, gritando um com o outro, brigando por causa de uma arma.

Mário apontou a arma e a lanterna na direção deles. Mandou que largassem a arma e se afastassem, mas os dois estavam tão envolvidos em sua briga que nem perceberam que ele estava ali, ou não se importaram.

Mário ficou parado, mantendo os dois sob a mira da arma e da lanterna. Estava mais concentrado no rapaz, pois ouvira o nome Alex e sabia que alguém com esse nome era uma ameaça para Melody. A garota parecia louca, possuída por uma fúria maléfica; o garoto tentava trazê-la à razão, implorando que soltasse a arma. Ele jogou-se por cima da jovem, tentando arrancar a arma dela; e, então, o reavólver disparou.

Tudo acontecia tão perto de onde Melody estava caída que Mário sentiu-se impotente; não poderia interferir sem colocá-la em perigo. Antes de o garoto cair ao chão, indicando quem fora atingido, a garota saiu correndo pela escuridão da mata, com a borda de seu desbotado vestido amarelo ondulando atrás de si.

– Senhorita Melody? – o jovem suplicou, virando-se para Melody, que não reagia.

– Não toque nela! – Mário ordenou. – Mãos para cima!

O jovem obedeceu, mostrando que não estava com a arma. A garota fugira com ela.

Uma vez que o rapaz estava desarmado e ferido, Mário largou a arma e a lanterna e correu até Melody. Verificou seu pulso e sua respiração; ambos estavam fracos, mas vivos. Colocou a lanterna no bolso de trás, enfiou a arma na cintura e ergueu o corpo inerte de Melody.

Mário ficou paralisado ao ver a expressão de surpresa do rapaz, que tinha o olhar fixo sobre seu ombro, temendo que a garota estivesse de volta com a arma apontada para eles.

Em vez disso, uma voz de barítono se fez ouvir.

– Deixa eu ajudar – o Velho Paul saiu detrás de um amontoado de árvores, à parte do caos que acabara de acontecer.

Mário virou-se e viu um homem forte e corpulento, em pé, com as mãos na cintura e lágrimas rolando por sua face corada.

– Não sei quem você é ou o que estava fazendo aí atrás, mas tenho uma arma e vou ficar bem atrás de você – Mário disse. Ele não tinha tempo de fazer perguntas ao homem, não sabia qual era o estado de Melody.

Paul assentiu, mostrando que compreendera. Foi até o rapaz e ajudou-o a se levantar, apoiando-o contra seu corpo para que pudesse caminhar pulando em um pé só. A volta para a casa foi uma lenta procissão, com Paul ajudando o jovem ferido e Mário seguindo-os, carregando Melody, ainda inerte.

Ao se aproximarem da casa, os olhos de Melody começaram a tremular. Ela tentou falar, mas nenhum som saiu de sua garganta. Tentou mais uma vez e conseguiu soltar um murmúrio fraco, quase abafado pelo leve sussurro da brisa entre as árvores.

– Você está aqui.

– Shh... não fale, querida. Estou aqui agora. Vou levá-la para dentro da casa.

Quando chegaram ao jardim dos fundos e Melody viu o círculo de toras, seus olhos se arregalaram e seu corpo foi tomado por uma nova onda de pavor.

– Não! – ela gritou, embora seu grito ainda fosse um murmúrio rouco. – Aquele homem está tentando me matar! – uma imagem de Mãe Marie largada no chão apareceu em sua mente e ela ficou histérica. – Ele matou Mãe Marie, eu vi.

Mário parou, tentando acalmá-la antes de entrarem.

– Eu sei, eu sei. Calma... está tudo bem agora. O homem está morto, Melody.

– Tem certeza?

– Sim. Você está segura agora.

Mário carregou-a para dentro e, com delicadeza, colocou-a no sofá, envolvendo o corpo dela com uma leve manta para cobrir sua nudez. Acendeu uma lâmpada na sala e procurou por Samuel; encontrou-o no quarto de Marie, ajoelhado ao lado do corpo sem vida que ele, com amor, colocara sobre a cama. Mário achou melhor não incomodá-lo.

Preparou uma dose de rum de uma das garrafas que encontrou dentro de um dos armários da cozinha e levou para Melody. Foi, então, à procura de uma caixa de primeiros socorros e roupas. Enquanto caminhava pela casa buscando o que precisava, verificou se seu celular tinha sinal; nada.

– O que as pessoas daqui fazem quando há uma emergência? – ele pensou em voz alta.

Mário voltou com um roupão feminino e examinou os ferimentos de Melody, aliviado ao ver que eram apenas superficiais. Um dos cortes atingira uma veia secundária, o que explicava a perda de sangue; o sangue já havia coagulado por si só e, assim, ele o limpou e fez um curativo.

Tendo cuidado de Melody, que estava mais calma, foi verificar como estavam os outros dois homens.

Encontrou-os sentados do lado de fora, o jovem em uma cadeira de jardim e o mais velho enrolando a perna ferida do rapaz com uma atadura de um estojo de primeiros socorros. Paul ergueu os olhos quando ouviu Mário se aproximar.

– É um ferimento superficial; esse é um garoto de sorte. Mesmo assim, vai precisar de um médico – Paul hesitou antes de perguntar: – Como Melody está?

– De onde conhece Melody? – Mário perguntou, ainda sem saber ao certo qual o papel dos dois em toda aquela confusão.

– Vou explicar para vocês dois, assim que ela estiver bem. Mas acho que esse jovem quer explicar algumas coisas primeiro, quando ela puder ouvir – Paul disse, olhando para o rapaz sentado na cadeira.

Mário voltou para a casa para ver como Melody estava. Sentou-se no chão diante dela e deu um beijo em sua testa.

– Onde está Mãe Marie? E Samuel? – ela perguntou.

Mário fez um gesto com a cabeça em direção ao quarto.

– Ele a levou lá para dentro, Melody, mas acho que ainda precisa de algum tempo sozinho com ela.

Ela insistiu, então Mário ajudou-a a caminhar até que conseguisse olhar dentro do quarto, onde viu Samuel ajoelhado ao lado da cama, com os olhos fechados e a cabeça apoiada no ventre de Mãe Marie.

Ela começou a chorar baixinho, mas ficou do lado de fora. Mário levou-a de volta ao sofá; ela se sentou, tremendo, e tomou outro gole de rum.

– Mel, tem dois homens lá fora que testemunharam o que acabou de acontecer na mata. Um deles foi baleado e parece que ambos conhecem você.

Mário encostou-se na parede, em um lugar de onde podia ver tudo: o quarto em que Mãe Marie e Samuel estavam, Melody no sofá e a porta de entrada, caso alguém entrasse ou saísse. Ele observou o rosto de Melody quando os dois homens entraram na sala. O mais jovem mancava, o rosto contorcido pela dor.

Ela reconheceu ambos de imediato. Apesar de confusa, parecia feliz em vê-los. O Velho Paul sentou-se ao lado dela e segurou sua mão.

– Melody, devo uma explicação do motivo pelo qual estou aqui e vou fazer isso. Tenho muita coisa para contar, mas eu realmente acho que este rapaz precisa falar primeiro. Ele precisa contar sua parte na história e explicar o que aconteceu, pelo menos até onde sabe.

– James? – Melody olhou para o jovem, de modo inquisitivo.

Além da dor física que sentia, o jovem parecia desolado, prestes a chorar.

Melody explicou a Mário como conhecera aqueles dois homens. Contou que James trabalhava no hotel onde se hospedara em Nova Orleans e que a trouxe aos *bayou* pela primeira vez e que Paul era o dono do mercado e a apresentara a Mãe Marie.

James, então, falou o que sabia.

Começou dizendo que o homem morto do lado de fora da casa era seu avô, Maurice Abudah. James descreveu um homem muito diferente daquele que cometera um assassinato no início daquela noite. Contou como seu avô criara ele e sua irmã, Alex...

– Alex é uma garota?! – Melody exclamou.

— Sim. Fui eu que enviei a mensagem sobre Alex para você. Vou explicar...

James voltou ao passado, contando como ele e a irmã foram morar com o avô quando eram pequenos e como a morte do pai deles levara o avô à beira da loucura. O avô já não ficara bem desde a morte da própria mãe, Helena, e, a partir de então, piorou de forma gradual.

— Começamos a achar que os dois tinham algum tipo de doença mental, degenera... — o rapaz gaguejou, tentando encontrar a palavra correta.

— Degenerativa? — Mário ajudou-o.

— Sim, degenerativa. Ele costumava ter febres estranhas, igual à mãe dele, antes de morrer. E eles viam coisas, tinham alucinações e coisas do tipo.

James continuou, explicando que, quando ele e Alex visitaram o avô, cerca de seis meses antes, ele estava remexendo objetos antigos da família. O velho estava muito emocionado e mostrou-lhes alguns objetos de sua mãe, inclusive seu vestido amarelo de casamento. Então, começou a falar dela, de seu envolvimento com o Vodu e desse livro misterioso. Maurice lhes disse que O Livro fora roubado da bisavó deles e que a alma dela não descansaria enquanto ele não o trouxesse de volta para a família.

Nenhum dos dois prestou muita atenção na época, mas Maurice estava cada vez mais obcecado pela ideia de resgatar O Livro. O interesse de Alex aumentou aos poucos e ela passou a conversar com Maurice sobre O Livro, em detalhes. Ela começou a acreditar que tal livro existia de fato.

— A ideia de que havia alguma relíquia de família perdida por aí e, desculpe por ser tão franco, senhorita Melody, bem, Alex não suportava a ideia de que uma família branca estivesse com o livro e, principalmente, que o tinham roubado.

James parou por um instante, pedindo educadamente um copo de água, que Paul foi pegar para ele.

— Alex sente muita raiva. Sempre sentiu — James disse com tristeza. — Mas, quando nosso pai morreu e o vovô começou a enlouquecer, ela levou tudo isso a outro patamar. Ela inventou esse plano de usar o vovô para conseguir O Livro de volta, e assim ela ficaria com ele. Vovô tinha dito a ela que O Livro devia ser passado para as mulheres da família.

Chamou a atenção de Mário o fato de que Paul, talvez sem perceber, assentia como se soubesse do que o rapaz falava.

— De qualquer forma, eu não sabia o que ela estava fazendo até hoje de manhã; foi só então que percebi o que estava acontecendo e

como tudo isso era perigoso – James abaixou a cabeça, envergonhado.
– Por favor, senhorita Melody, acredite em mim. Juro por Deus que eu não sabia o que eles estavam fazendo até hoje de manhã.

Com cuidado, Melody levantou-se e foi até James, ajoelhou-se e segurou sua mão. Ela compreendia a dor pela qual ele passava; ele acabara de perder o avô e sua irmã fugira para Deus sabe onde.

Ela apertou a mão dele.

– Está tudo bem, continue.

Ele, então, contou que passara pela casa do avô, logo depois do amanhecer, naquele dia, e que ficara surpreso ao ver Alex indo embora de lá tão cedo. Ela não o viu, mas ele a notou; ela estava usando o vestido amarelo do casamento de Helena.

– Não podia ir àquela hora até a casa do meu avô porque tinha de levar um grupo de pessoas para duas empresas de turismo diferentes. Mas, assim que terminei o trabalho, voltei para ver o que estava acontecendo.

Maurice não estava lá, mas o que James viu quando entrou na sala o fez se sentir mal fisicamente. Sabia que o avô estava planejando alguma espécie de ritual. Viu facas e cordas, coisas usadas para prender e machucar pessoas, e teve certeza de que havia algo de errado. Quando confrontou o avô, os dois começaram a brigar. Maurice disse que Helena tinha aparecido a ele várias vezes nos últimos tempos, usando seu vestido de casamento, e parecia muito bela e jovem. Disse que ela o estava pressionando a pegar O Livro, e as pessoas tinham de pagar pelo que tinham feito.

– Foi aí que percebi que Alex estava manipulando meu avô.

Quando Maurice lhe contou que Melody estava de volta e sobre o plano que ele e "Helena" fizeram, James ficou com medo. Sabia que Melody corria perigo. Achou que a ameaça maior vinha de Alex e tinha certeza de que havia convencido o avô a não fazer nenhuma loucura.

– Foi quando mandei a mensagem para você – disse a Melody.

Ela se perguntou, por um instante, como ele conseguira seu número de telefone.

Após ajudar Melody a voltar para o sofá, Mário virou-se para James e disse:

– Preciso que conte à polícia o que acabou de relatar.

James concordou e, então, baixou a cabeça, soluçando.

Melody pensou quando alguém chamaria a polícia ou o legista; sabia que isso tinha de ser feito, mas relutava em ver Mãe Marie ser levada de sua casa e para longe de Samuel.

Mário quase não tirara os olhos de Paul por todo o tempo em que estiveram na sala; escolheu aquele momento para perguntar, com certo ar de mistério:

– Bem, qual é mesmo o seu nome?

O Velho Paul foi até o sofá e sentou-se ao lado de Melody. Ela olhou para ele, um pouco perplexa e temendo o que ele estava prestes a dizer.

– Todos aqui me conhecem como "O Velho Paul", mas meu nome verdadeiro é Paul François Baton.

Melody encarou Paul, boquiaberta, sem conseguir registrar direito o que ele dissera.

Paul sabia que ela estava chocada; levaria alguns minutos para que ela pudesse absorver a magnitude do que ele acabara de revelar.

– Quero perguntar uma coisa, Melody: você encontrou o diário de minha mãe?

– Você quer dizer, o diário de Yvette?

Paul assentiu em resposta à pergunta. Melody, por sua vez, também assentiu. A troca de gestos parecia se passar em câmera lenta, enquanto olhavam um para o outro.

Mário notou a singularidade da situação e os interrompeu.

– Melody, o que está acontecendo? Qual a sua relação com esse homem?

A princípio, ela não conseguiu falar nada. Gaguejou algumas vezes e, por fim, disse:

– Ele é o irmão de minha avó Giselle.

Ao dizer isso em voz alta, Melody ficou arrepiada; por um instante, era como se a avó estivesse ali, sentada com eles, orquestrando esta reunião bizarra e dramática.

Mário despencou no sofá, igualmente atônito. Não era isso o que realmente esperava ouvir. É claro que queria dizer alguma coisa, mas não encontrava as palavras. Um silêncio desconfortável se seguiu por vários minutos, interrompido apenas pelo tique-taque do velho relógio que reverberava pelo pequeno aposento.

Mário aproximou-se de Melody e ajoelhou-se diante dela.

– Tudo bem se você ficar aqui por enquanto, enquanto levo James e chamo ajuda? Também preciso deixar este lugar protegido – virando-se para Paul, acrescentou: – Acho que você sabe que precisamos conversar mais tarde. – Aquilo não foi uma pergunta.

Melody garantiu a Mário que ficaria bem. Paul disse que cuidaria dela e também prometeu a Mário que conversariam quando ele voltasse.

Melody achou a conversa entre os dois um tanto esquisita, mas preferiu não fazer nenhuma pergunta a respeito.

Enquanto Mário levava James até a porta, Melody abraçou o rapaz e agradeceu-o por tentar ajudá-la.

Depois que eles partiram, Paul tomou as mãos de Melody nas suas e disse:

– Sinto tanto por ter enganado você, Melody.

Como sabia que ela lera boa parte do que acontecera no diário de Yvette, ele não se deu ao trabalho de recontar aquela história da família. Contou-lhe como tinha voltado para os *bayou*, muito tempo atrás, para ficar mais perto de Bertrand.

– Ele ainda está vivo? – Melody perguntou, incrédula.

– Se você chamar aquilo de estar vivo – Paul respondeu com tristeza. – Ele é um trapo de homem, um alcoólatra. Eu quase não o vejo mais.

Contou como se apaixonara pelos *bayou* e ficara ali, escondendo sua verdadeira identidade para poder viver tranquilo, sem que as pessoas fizessem perguntas e desenterrassem fantasmas do passado. Ele estava ali há tanto tempo que já fazia parte do cenário.

– Mãe Marie sabia quem você realmente era?

– Acho que suspeitava, mas sempre respeitou minha escolha de não falar nisso. Mãe Marie era assim. Ela nunca bisbilhotava ou tentava impor sua vontade aos outros; sabia que as coisas aconteceriam do jeito que tinham de ser.

Melody sentiu as lágrimas aflorarem; piscou e sufocou o pranto.

– Você se incomoda de dar uma olhada neles, Paul?

Paul entrou no quarto e voltou depois de poucos e longos minutos.

– Como está Samuel?

Ele deu um suspiro profundo e entrecortado, fazendo um grande esforço para encontrar as palavras certas.

– Samuel está com Marie.

– Sei que ele está lá dentro com ela, mas será que devíamos deixá-lo sozinho por tanto tempo? O pobre homem deve estar arrasado.

Paul sentou-se ao lado dela mais uma vez, segurando suas mãos.

– Quero dizer que Samuel está *com* Marie, Melody. O coração dele não suportaria separar-se dela. Ele está deitado ao lado dela, em paz. Ela era tudo para ele.

– O quê?! Você está me dizendo que Samuel também está morto?

Melody já sabia a resposta.

*"Não acredito que tudo isso está acontecendo. Será que algum dia isso terá fim?"*

Fechando os olhos, tentou lembrar-se de tudo que Mãe Marie dissera antes sobre a morte e a dor. Mãe Marie e Samuel tinham um vínculo especial. Nenhum deles se sentiria completo nesta jornada sem o outro; agora, continuariam a caminhar juntos.

– O que vamos fazer com Marie e Samuel, Paul?

– Pelo que sei, nenhum deles deixou ninguém da família, minha filha. Tenho certeza de que gostariam de ser enterrados aqui, juntos.

Havia tantas perguntas que Melody gostaria de fazer a Paul, mas elas teriam de esperar. Sua cabeça começava a latejar; como a luz do abajur aumentava seu mal-estar, percebeu que uma enxaqueca se aproximava. Pediu a Paul que, por favor, encontrasse algum remédio para dor no armário de Mãe Marie. Após tomar uma aspirina, apagou a luz e tentou encontrar uma posição confortável no sofá. Paul, também exausto, desabou na cadeira mais próxima. Ambos permaneceram no escuro, em silêncio.

Melody acordou de um sono leve com o barulho de uma porta de carro batendo. Sentou-se, confusa, achando que acabara de acordar de um terrível pesadelo.

Quando viu Mário entrar, sua silhueta visível no brilho indistinto do fogão, e, em seguida, Paul, dormindo na cadeira próxima a ela, os acontecimentos do dia voltaram como uma avalanche. Mário entrou e sentou-se ao lado dela. No mesmo instante, Paul endireitou-se na cadeira, esfregando seus olhos vermelhos e cansados.

– Como James está? – Melody perguntou.

– Ele vai ficar bem. Dirigi até o telefone público mais próximo e chamei uma ambulância. Vou resolver as questões legais amanhã, com a polícia local – Mário esfregou o rosto com força, com as duas mãos, tentando espantar o cansaço que tomara conta dele enquanto voltava para a casa de Marie, e perguntou:

– Você quer alguma coisa?

– Eu adoraria fazer um café, mas sei que Mãe Marie não tem. Vou preparar um chá.

Enquanto colocava a chaleira no fogão e remexia os armários, ela escutou Mário e Paul conversando em voz baixa, mas não conseguia ouvir o que diziam.

Ela olhava distraída para a chaleira enquanto a água começava a ferver. Após vários goles de chá, sentiu que seu cérebro tentava retornar à vida.

Abriu um sorriso fraco quando Mário e Paul entraram na cozinha e sentaram-se à mesa ao seu lado, ainda mais introspectivos do que ela esperava.

*"Oh, meu Deus. O que vem agora?"*

– Escute, Mel, há mais coisas que você precisa saber. Também há algumas de que preciso cuidar – Mário tinha o mesmo olhar de compaixão misturado a profissionalismo que tinha no dia em que Charlie morreu. – Vim até aqui porque havia uma pista no caso...

Paul o interrompeu.

– Se não for problema para você, eu gostaria de contar para ela.

Mário concordou, segurando a mão de Melody, o que a deixou ainda mais nervosa.

– Quando conheci você, não contei quem eu era porque também queria O Livro. Sabia que Giselle estava com ele e imaginei que ela tinha passado ele para você – sua voz tremia, envergonhado. – Deus me perdoe, mas a ideia de conseguir O Livro me deixou cego, do mesmo jeito que deixou essas outras pessoas.

Paul foi até a pia pegar um copo de água e lá ficou, apoiando-se no balcão.

– Eu até fui para Carolina do Norte atrás dele. Fui eu quem invadiu seu apartamento.

Mário apertou a mão de Melody e falou antes que ela tivesse tempo de reagir.

– Por isso vim para cá. Nós, enfim, conseguimos identificar no banco de dados algumas das digitais deixadas em seu apartamento e elas correspondiam com as de Paul.

Havia tanto para sua mente absorver e ela já se sentia sobrecarregada. Mas um pensamento repentino fez com que Melody arquejasse.

*"Paul matou Charlie?"*

Ela olhou para Mário. Havia pânico em seu olhos e ele parecia saber o que ela estava pensando.

– Não! Não, Melody... Charlie, não. Havia digitais não identificadas lá, mas não eram de Paul. Ele nunca esteve na fazenda, apenas no seu apartamento. As digitais de Paul estavam no sistema por causa de uma pequena infração que aconteceu muito, muito tempo atrás.

Melody quase desmaiou de alívio. Paul aproximou-se e sentou-se em uma cadeira ao lado dela.

– Minha filha, você não imagina o quanto eu lamento e como estou envergonhado. Fiquei obcecado, mas quando vi você esta noite, na

mata, sua vida em perigo, voltei à razão. Eu só queria consertar as coisas. Você é a única família que tenho, além da Olívia.
– Olívia?
– Sim, a minha filha. Você já a conhece; é a garota que trabalha na recepção do hotel onde você ficou.

Melody conseguia lembrar-se com clareza da bela jovem que a ajudara semanas antes. Foi atingida pela mesma sensação que tivera antes, de que assistia a um filme no qual havia personagens demais.

Mário explicou que ele e Paul tinham falado sobre aquilo e que ele não via problema em fazer o caso da Carolina do Norte "desaparecer", contanto que ela retirasse a queixa.
– Sim, claro – ela respondeu, sem hesitar.

Estava chocada e confusa com relação a muitas coisas, mas sentia que Paul era um bom homem. Sua presença e a revelação de toda a verdade naquela noite foram muito importantes para ela. Não importa se estivesse certa ou errada, acreditava em suas boas intenções. Mãe Marie também parecia se importar com ele de verdade, o que fortalecia sua confiança nele.

Conforme se acostumava à ideia de seu real parentesco com Paul, ficava grata por ter uma ligação com o passado da avó e dava muito valor àquilo.

– Ainda tenho muitas coisas para contar, Melody, mas vamos fazer isso depois – Paul afagou o joelho dela, tranquilizando-a. – Nada de ruim, só alguns detalhes que talvez você queira saber... sobre Olívia, por exemplo.

– Agora –, Mário continuou a falar com seu tom autoritário, – precisamos pensar no que fazer com... – sua voz desapareceu ao apontar, com a cabeça, em direção ao quarto de Mãe Marie, bem como ao quintal, onde o corpo de Maurice continuava do jeito que o encontraram.

Os três discutiram vários aspectos da situação: as implicações legais, seus sentimentos e crenças pessoais e o que Mãe Marie e Samuel gostariam. Todos concordaram que o melhor seria enterrar Mãe Marie e Samuel juntos. Paul conhecia um médico da região que, com certeza, daria os atestados de óbito sem o envolvimento de qualquer autoridade local.

– O doutor Barrow sempre teve muita consideração por Marie e sei que vai considerar isso um privilégio.

Mário julgava importante informar a polícia sobre o caso Maurice-Alex. Como Alex estava à solta, ela ainda representava perigo. Ele cobriu o corpo de Maurice e deixou o restante do cenário do crime intocado, planejando chamar a polícia logo cedo, na manhã seguinte. Antes disso, pensaria em uma forma de explicar por que não ligaram durante a noite.

Mais tarde, naquela mesma noite, à luz de velas, Mário e Paul carregaram, respeitosamente, o corpo de Mãe Marie e de Samuel até uma clareira perto da mata, longe do quintal. Melody colocou a colcha vermelha de Mãe Marie no chão e os dois homens colocaram o casal sobre ela, um ao lado do outro, e envolveram-nos no amor de Xangô. Cavaram uma cova rasa, onde os colocaram, com delicadeza. Melody colocou a adorada gaita de Samuel sobre o peito dele e deu a Mãe Marie alguns pequenos objetos de seu altar, alguns de seus tesouros que seriam simbolicamente levados para o Astral. Após enterrar os corpos, Paul e Mário desenharam os pontos de Xangô e Exu sobre a terra ainda fresca.

Esse simples ato, realizado por aqueles dois homens fortes, estava repleto de tamanho amor e força que Melody sentiu-se abençoada por tê-lo testemunhado.

Na manhã seguinte, Melody e Mário acordaram com o aroma forte do café. Ficaram surpresos ao ver Paul remexendo pela cozinha, preparando salsichas com ovos. Sobre a mesa, duas grandes xícaras de café os aguardavam.

– Fui até a loja antes do amanhecer e peguei algumas coisas para vocês – Paul disse, com um sorriso satisfeito. – E combinei com o Joe para que ele tome conta das coisas enquanto vou falar com o doutor Barrow.

Melody foi tomada, mais uma vez, pela sensação indistinta que se segue a uma tragédia. Os três sentaram-se à mesa. Mário comia com voracidade, Melody saboreava o café e Paul os observava, feliz por poder ajudar de alguma forma.

Contou a eles sobre Olívia, que era, com certeza, a menina de seus olhos, e Melody entendia por quê. Lembrou-se do quanto gostara de Olívia.

– Não acredito que tenho uma prima! – ela exclamou em determinado momento. – Espero encontrar-me com ela de novo, em breve... Gostaria de conhecê-la melhor.

– É tudo que mais queremos, minha filha – Paul disse, com um largo sorriso.

Quando terminaram de comer, Mário preparou-se para dar um telefonema e cuidar dos assuntos ligados à polícia. Paul saiu para se encontrar com doutor Barrow e conseguir os atestados de óbito, para que não houvesse problemas com a polícia. Sem querer deixar Melody sozinha, em especial com o espectro do homem que tentara matá-la ainda do lado de fora da casa, Mário pediu que ela o acompanhasse.

– Não, Mário, estou bem, de verdade. Preciso tomar um banho e colocar os pensamentos em ordem. Ainda estou muito confusa... ontem foi um pesadelo horrível.

Mário deu um beijo no rosto de Melody e saiu na caminhonete de Samuel.

Melody mal podia esperar para tomar um banho. A água quente caindo sobre sua cabeça sempre a ajudava a tirar as teias de aranha de sua mente.

Vivenciara, recentemente, acontecimentos terríveis o suficiente para saber que estava entorpecida, em choque. Tinha consciência de que as lágrimas viriam; sempre vinham, mas, por enquanto, sentia-se alheia a tudo, sem qualquer emoção.

Enquanto a água limpava os detritos físicos, Melody a visualizava limpando também os detritos emocionais.

Pensou em Iemanjá, Orixá dos mares. Lembrou-se de suas mãos presas na noite anterior e de não conseguir movê-las. E, então, de como a chuva afrouxara as cordas de modo que ela conseguisse se libertar. Melody acreditava que Iemanjá e Xangô tinham trazido a chuva e o raio que matou Maurice.

Juntos salvaram Melody e *Obeah*...

*O Livro!!!*

Por instinto, Melody agarrou o amuleto da chave de esqueleto com uma mão e, com a outra, apoiou-se na parede do chuveiro.

*"Como pude me esquecer de pegar o Livro?"*

Saiu do chuveiro, secou-se e se vestiu em minutos, quase desvairada. Estava feliz por estar sozinha; a não ser que tivesse dito algo enquanto delirava, não confessou ter a posse do Livro nem a Mário nem a Paul. Tanto sofrimento e perigo circundaram o manuscrito que Melody queria estabelecer um plano claro antes de revelar que o possuía.

Ela caminhou pela trilha de sua fuga aterrorizada, rezando para encontrar o lugar onde o deixara. Sabia que ele não estava longe de onde ela desmaiara. Também sabia que ele estava fora da trilha, onde não podia ser visto.

Rezou para que não tivesse sido destruído pela chuva.

Aliviada por reconhecer o local onde o deixara, Melody agachou-se para remover o entulho de sobre a pedra lisa que escolhera para escondê-lo.

Não havia nenhum livro.

Retirou folhas e musgo de várias pedras do local, sem nada encontrar. Frenética, começou a limpar as folhas e lama com os dedos, mas não encontrou *Obeah*.

Sentou-se sobre as folhas molhadas, incrédula. Foi tomada por uma ânsia de vômito e teve de se concentrar em sua respiração para controlá-la.

*"Não acredito! Desapontei todo mundo... Avó Giselle e Mãe Marie."*

Melody queria gritar, mas não tinha energia para fazê-lo. Sentiu-se desesperada e desprezível... perdida. Pessoas morreram, algumas tentando protegê-la, mas, mesmo assim, ela não fora capaz de fazer sua parte.

Ela olhou para o céu e falou com seus entes queridos em meio às lágrimas, desculpando-se por tê-los decepcionado, desculpando-se com o Espírito e com quaisquer almas que tivessem sido afetadas pela perda daquele texto sagrado e de suas mensagens. Melody não fazia ideia de quanto tempo ficou ali, sentada na mata, chorando, soluçando e implorando por perdão.

Sem saber quanto tempo ficara na mata, voltou para a casa e, ao chegar, encontrou Mário e Paul preparando-se para sair à sua procura. Ao verem seus olhos vermelhos e inchados e suas roupas imundas, tiveram certeza de que algo terrível acontecera.

– O Livro – ela conseguiu balbuciar, entre soluços. – Desapareceu.

Paul pegou uma toalha de rosto quente para secar o rosto dela, enquanto Mário, mais uma vez, ofereceu-lhe rum para que se acalmasse. Nenhum dos dois entendeu o que ela, histérica, dizia.

Melody, por fim, conseguiu se acalmar o suficiente para contar sobre O Livro e admitir que estivera com ele todo esse tempo. Relatou, em detalhes, tudo que acontecera na noite passada, inclusive sua fuga, levando-o consigo, em desespero, e como o escondera ao escutar vozes aproximando-se.

Quando ela parecia ter voltado ao seu estado normal e acharam que ela ficaria bem, Paul e Mário decidiram ir à busca do livro por conta própria.

– Ele não pode ter saído andando por aí – asseguraram a Melody.

E ao retornarem, meia hora depois, seus olhares de frustração eram iguais ao de Melody.

Sentados à mesa da cozinha de Mãe Marie, tinham de admitir que o livro se fora.

– Talvez tenha sido melhor assim. Nenhum poder neste mundo vale a perda de tantas vidas e toda essa tragédia – Paul disse. – Giselle não ia querer que você passasse por tanta dor.

Mário concordou.

– Para falar a verdade, estou feliz que não o encontramos. Você já passou por coisas demais. Quem sabe o que mais poderia acontecer se você ainda estivesse com ele?

Melody concordou, com relutância. Ela não tinha escolha, não havia nada que pudesse fazer.

*"Só Deus sabe o que aconteceu com ele..."*

Passaram o restante do dia cuidando dos assuntos pendentes: deram ao doutor Barrow as informações necessárias para os atestados de óbito; preencheram relatórios policiais; depuseram e, por fim, limparam a casa após todos terem ido embora. No começo da noite, os três estavam prontos para dormir.

Paul preferiu dormir em sua própria casa, em sua cama.

– Vou cuidar de todo o restante aqui na casa de Marie. Não se preocupem com nada.

Melody o acompanhou até o carro para se despedir:

– Ei, acabei de perceber que você não usou seu barco ontem. Está ficando velho? – ela perguntou, com uma piscadela.

– Não. Só precisava do carro para trazer o doutor Barrow até aqui. Ele não é um fã do meu barco – Paul respondeu, rindo. – Por falar em perceber alguma coisa...

– Sim?

– Minha filha, você percebeu que andou por aqui, na mata e tudo mais, e não falou nem uma vez que estava com medo de cobras?

Melody não tinha pensado nisso e seu rosto iluminou-se, feliz consigo mesma.

– Estou orgulhoso de você! – então, com um tom mais sério e quase soluçando, ele disse: – Giselle também está orgulhosa de você. E Mãe Marie. Nunca duvide disso, está escutando?

Ele abriu seus braços para lhe dar um forte abraço e ela, com prazer, deixou-se envolver por ele. Não precisavam dizer nada. Havia acontecido tantas coisas e partilharam tantas outras que sabiam que manteriam contato.

Afinal de contas, eram uma família.

# Capítulo XXXVII

Melody e Mário passaram apenas aquela noite na casa de Mãe Marie. Combinaram que ela faria a viagem de volta, de carro, na manhã seguinte, enquanto Mário resolveria alguns assuntos pendentes com a polícia; ele pegaria um voo de volta para Raleigh, mais tarde, naquele mesmo dia.

Durante a longa viagem de volta, Melody teve tempo de sobra para pensar, o que não era necessariamente bom para ela.

As últimas semanas tinham sido as mais turbulentas, mais devastadoras e mais intensas de toda sua vida. Foi levada por um caminho onde encontrou alguns anjos na Terra que tiveram um impacto maravilhoso em sua vida; também testemunhou como a sede de poder do ego pode transformar um homem decente e honesto em um ladrão e assassino.

Melody ainda estava surpresa por Paul ser seu tio-avô. Perdera tanto nos últimos tempos que qualquer coisa positiva era uma bênção. Talvez o velho ditado "quando uma porta se fecha, outra se abre" tivesse algum mérito.

Os acontecimentos dos últimos dois meses começaram a passar por sua cabeça como um filme. Sua mente girava a um quilômetro por minuto, com pensamentos e perguntas sobre muitas coisas.

Não conseguia se livrar da raiva e da frustração de ter perdido O Livro. Fizera todo o possível para protegê-lo e estava desolada por ter falhado de modo tão lastimável. *"Será que ele contém mesmo algo que pode causar algum mal se cair em mãos erradas? Será que isso agora também faz parte de meu carma?"*

Nos últimos tempos, Melody se sentira dessa forma com frequência suficiente para saber que, se sua mente assumisse o controle, tentando compreender o impossível, ela não conseguiria lidar com suas emoções, a ponto de entrar em crise.

*"E estou tão cansada de entrar em crise."*

Ela só queria dirigir pensando e sentindo o mínimo possível; queria apenas chegar em casa.

Abriu as janelas e ligou o rádio, mas não conseguiu encontrar uma boa estação. Como alternativa, passou a ouvir os sons da estrada e tentou acalmar seus pensamentos.

O som distante, mas nítido, de uma gaita preencheu o ar. Ela tinha certeza disso. Prestes a passar direto por uma área de descanso, saiu depressa da estrada. Desligou o motor para prestar atenção e ainda conseguiu ouvir a gaita, embora o som estivesse enfraquecendo. Em segundos, ele desapareceu.

Um sorriso de alegria e pesar substituiu sua expressão de surpresa. Melody sabia exatamente o que era aquilo: era Samuel, dizendo adeus.

Parte dela não queria dizer adeus; despedir-se era a última coisa que queria fazer. Outra parte lembrava-se das sábias palavras de Mãe Marie sobre deixar partir: *"Quando a alma é atraída energeticamente por alguém que reluta em deixá-la partir, a alma também sofre"*.

Resignada com o que tinha de ser feito, Melody manobrou o carro e parou em uma área mais isolada; sentou-se a uma mesa de piquenique perto dos limites do parque, à beira da floresta. Com os olhos fechados, inspirando e expirando em um ritmo controlado, conteve a avalanche de sentimentos sempre presentes, prestes a vir à tona.

A voz de Mãe Marie ecoava em sua mente: *"Supere a dor... vá além dela, de verdade... deixe-a ir..."*

Melody aceitou o fato de que teria de mergulhar na dor para poder superá-la.

Pensou em seu pai e como se sentira após sua morte, como a dor ameaçava devorá-la. Era pura dor, que dilacerava o coração, e ela desejou morrer.

Essa fora sua primeira grande perda, então, mergulhou na dor de seu coração despedaçado, permitindo que ela penetrasse cada um de seus poros. Ela sempre sofrera tanto, como se houvesse fortes emoções de várias vidas em seu interior, das quais ela nunca se libertou.

Permaneceu parada. O único movimento era o das lágrimas que rolavam lentamente por seu rosto. Era hora de deixar ir.

Quando estava pronta, respirou fundo, para encher os pulmões e fortalecer-se para a tarefa à frente e, então, começou.

– Pai, amo você. Quero que sua alma esteja livre e não presa aqui. Reconheço a dor que sinto agora e a liberto. Por favor, perdoe-me por não ter contado sobre a minha visão – sua voz ficou trêmula e ela parou por um instante para se recompor. – Pai, eu honro e liberto você.

Ela se imaginou embalando uma pomba branca, segurando-a ao peito, com gratidão, e, então, soltando-a com amor; abençoando-a para que ela se elevasse até os cumes mais elevados e brilhantes.

Por um instante, vivenciou o prazer que uma pomba deve sentir ao ser solta. Ela inspirava e expirava... inspirava e expirava... deixando seu pai partir, libertando-o das amarras da dor que ela sentia.

Melody repetiu o mesmo ritual para cada pessoa por quem sofria, mergulhando na dor da perda. Lágrimas rolavam sem parar enquanto se lembrava de vô Henry, Charlie, Mãe Marie e Samuel.

Por fim, permitiu-se sentir a perda de sua amada avó e pediu perdão por não conseguir proteger *Obeah*. No fundo, Melody sabia que a única pessoa de cujo perdão necessitava era ela mesma.

Imaginou-se liberando a dor e o medo, libertando cada um dos que amava da prisão de sua dor.

Em seguida, Melody continuou sua viagem, muito mais leve, sem o peso de toda uma vida de tristeza.

# Capítulo XXXVIII

Aquela era uma manhã horrível para se procurar por qualquer coisa interessante. As folhas das árvores estavam esmigalhadas e as penas dos pássaros estavam molhadas por causa da forte chuva que caíra na noite anterior; o lugar tinha se transformado em um completo mar de lama.

Sylvie Checconi odiava morar nos *bayou* e passava cada segundo de seu tempo livre sonhando com o dia em que iria embora.

Estava quase desistindo de encontrar alguma coisa que pudesse agradar a multidão de turistas de Nova Orleans quando tropeçou em uma pedra e notou algo que se destacava da vegetação do solo. Ajoelhou-se, removeu as folhas molhadas e, por fim, descobriu o que parecia ser um livro antigo. Sylvie o pegou e examinou com cuidado. O título estava em vermelho, impresso sobre uma suja capa de couro preto. O nome era *O Livro de Obeah* e a capa parecia manchada de sangue. Sylvie achou a palavra "Obeah" um pouco familiar, mas não sabia o que significava.

Em sua opinião, o livro parecia antigo o suficiente para que ela cobrasse pelo menos dez dólares de um turista. Colocou-o com cuidado em sua mochila e voltou para casa.

Cardeal Bonelli preparava as malas para deixar o hotel e voltar para Raleigh. A viagem fora um fiasco; um completo e constrangedor fiasco. Desapontara a Igreja, colocando a fé de milhões de pessoas que confiavam nos sagrados fundamentos religiosos do Catolicismo em risco. O que diria ao Vaticano?

O Livro arruinara sua vida. Seus superiores nunca esqueceriam seu fracasso em encontrá-lo. A única esperança do cardeal era a de que ele tivesse sido tragado pelas lúgubres profundezas do pântano.

Não tinha a menor ideia de onde a tal Bennet estava escondida ou de onde a maldita velha do Vodu morava. Era como se o povo dos *bayou* protegesse uns aos outros e gostasse de fechar as cortinas, de modo que os de fora não pudessem enxergar o que havia em seu interior. O homem daquele arremedo de loja no pântano provavelmente sabia onde a velha estava, mas agira como um desinformado.

Cardeal Bonelli não teve outra opção a não ser fazer o passeio pelo pântano; caso contrário, teria de se sentar e esperar na loja malcheirosa até que a *van* do hotel viesse buscá-lo. Decidiu fazer o passeio, durante o qual viu, em primeira mão, como o mal do Vodu tomara a região. Era uma terra inculta, cheia de cobras e outras criaturas malignas. A água era turva, impenetrável à vista, e tinha certeza de que almas perdidas estavam presas lá no fundo.

Terminou de fazer as malas e ligou para a recepção, informando-os de que estava partindo e precisava de um táxi para levá-lo ao aeroporto. Após pagar a conta, saiu do hotel e sentou-se em um banco para esperar pelo táxi.

Ficou irritado quando uma jovem montou uma vendinha ao seu lado. Olhando, com repulsa, para os bonecos de Vodu à mostra, fez o sinal da cruz, convencido de que aquele lugar estava tomado pelos filhos de Satã.

A garota achou que seu olhar investigador demonstrava interesse e sorriu.

– Gostaria de ver meus bonecos, senhor? São autênticos; podem mesmo ser usados para fazer magia.

Cardeal Bonelli não podia acreditar no que ouvia! A garota não percebia que ele era um homem de Deus?

– Fique longe de mim, sua pagã!

Sylvie criara uma couraça para lidar com pessoas; os turistas, mesmo os clérigos, normalmente bebiam muito e falavam coisas com a intenção de machucá-la. Assim, persistiu.

– Desculpe, senhor. Se não gosta dos bonecos, o que acha deste livro diferente? Encontrei hoje, perto do pântano. Acho que era de uma velha feiticeira.

Ignorando-a, estava prestes a ir embora quando seu olhar recaiu sobre O Livro.

– Onde o encontrou?

– Encontrei-o no pântano. Parece antigo, bem antigo.

Cardeal Bonelli sentiu o peito apertado, mal conseguia respirar.

– Quanto quer por ele?

A garota parecia estar em dúvida.
– Não sei... dez dólares?
Monsenhor Bonelli tirou uma nota de 50 dólares e deu à garota.
– Aqui está, fique com o troco. E vá para a igreja!
– Sim, senhor. Irei.
Sylvie pegou o livro, mas hesitou quando viu os olhos do cardeal. Teve a estranha sensação de que entregá-lo ao clérigo era um grande erro. Era como se O Livro estivesse falando com ela, fazendo-a sentir leves choques por todo o corpo, dizendo que não pertencia àquele homem.

Sylvie nunca tinha sentido nada igual antes. Estava com medo, mas ignorou a estranha sensação. *"Livros não transmitem 'vibrações'. Isso é absurdo!"* A garota deu um sorriso forçado e, apesar de não conseguir se livrar da estranha sensação na boca do estômago, entregou o livro ao velho clérigo.

O táxi chegou e cardeal Bonelli entrou nele o mais rápido possível, ansioso por sair daquele lugar. Durante a jornada ao aeroporto, agarrou-se ao Livro, como se alguma força desconhecida pudesse tirá-lo dele. Uma vez dentro do perímetro seguro do aeroporto, pegou o celular e pressionou depressa as três teclas de atalho para ligar para seu escritório. Padre Gervasi atendeu ao telefone.

– Aqui é monsenhor Bonelli. Escute com atenção: estou a caminho e chegarei aí em algumas horas. Mas assim que chegar, preciso partir de novo. Faça uma reserva no primeiro voo para Roma. Estou com ele. Ligue para Roma; tome todas as providências para minha chegada lá.

Monsenhor Bonelli colocou *Obeah*, com cuidado, em sua mala e dirigiu-se ao portão de embarque.

Já no avião, permitiu-se relaxar um pouco. Os últimos acontecimentos tinham-no deixado exausto, portanto, encostou-se no apoio de cabeça e fechou os olhos. Aquela fora mais uma luta entre o bem e o mal e, como sempre, Deus vencera. Bem, de qualquer forma, Ele não vencia sempre?

Quando adormeceu, monsenhor Bonelli sentiu-se envolto por uma luz branca e soube que Jesus estava orgulhoso dele. Afinal, a Igreja, agora, estava a salvo e ele era Seu salvador.

# Epílogo

Eram quase 6 horas da tarde quando Melody parou em Columbia, na Carolina do Sul, para reabastecer e usar o banheiro. Havia um pequeno restaurante no posto, então, ela resolveu comer um sanduíche antes de pegar o último trecho da sua viagem.

Ao entrar, ouviu o agradável tilintar de um pequeno sino. Podia ouvir uma canção conhecida ao fundo, mas achou que havia algo de estranho nela; o ritmo era um pouco mais lento, provavelmente imperceptível para a maioria.

Enquanto caminhava até o banheiro feminino, seus olhos vagaram pelas pessoas sentadas às mesas. Havia um homem mais velho e atarracado com uma barba rente e branca, que usava uma camiseta branca manchada de tinta. Quando Melody passou por sua mesa, ele estava tomando um gole de café. Ele a encarou por entre a xícara e a aba de seu boné de beisebol.

Uma mulher, em torno de 35 anos, olhava para fora, pela janela, coberta por um véu de melancolia. Seu cabelo tingido de loiro estava preso por uma presilha vermelha brilhante que pareceu vibrar quando Melody olhou para ela. A mulher usava roupas justas, que revelavam as linhas do corpo; sua maquiagem parecia desgastada. Estava sozinha, mexendo o café, fazendo "tique, tique, tique" com a colher.

Após usar o banheiro, voltou ao balcão para olhar o cardápio que pendia da parede e esperou que alguma pessoa a atendesse. Sentindo que alguém estava de pé atrás dela, Melody esperou um pouco antes de se virar, temendo que pudesse ser o homem com a camiseta manchada de tinta ou a triste senhora com a presilha vermelha.

Incapaz de continuar a ignorar a presença de alguém às suas costas, virou-se e viu um velho; ele aparentava ter cerca de 70 anos; sua pele tinha o tom de chocolate quente. Era extravagante, vestia um terno preto risca de giz, uma camisa de seda vermelha com um cravo vermelho na lapela e um chapéu Fedora preto. Segurava uma bengala preta com a mão direita e ostentava em seu dedo indicador um grande anel de ouro no formato de cobra. Os óculos escuros lhe davam um ar ainda mais teatral.

Ele sorria completamente à vontade. Melody retribuiu o sorriso, embora tenha arregalado os olhos quando ele tirou os óculos.

Seus olhos eram negros como a noite, mas incrivelmente acolhedores e suaves como veludo. Melody o encarou, hipnotizada, e percebeu que as pupilas dele não estavam dilatadas; a íris de ambos os olhos era como breu, sem nenhum resquício de cor.

– Oi, Melody.

A respiração de Melody ficou presa na garganta, sem conseguir chegar aos pulmões. *"Como ele sabe meu nome?"*

O velho homem percebeu seu desconforto.

– Desculpe, minha filha querida. Não queria assustar você. Estava lhe esperando.

Seu sorriso era irresistivelmente magnético e acolhedor.

– Você não sabe quem sou e, na verdade, meu nome não é importante. No entanto, queria falar com você sobre um assunto de grande importância – o estranho sorriu e apontou com sua bengala para uma mesa em um canto mais afastado do restaurante. – Me daria o prazer de tomar um café com você, Melody? Vou explicar tudo.

– O que quis dizer com "estava lhe esperando"? – ela não tinha a mínima ideia de que iria parar ali e como alguém mais poderia saber?

– Por favor, minha querida – ele apontou com a bengala mais uma vez. – Me acompanhe.

Melody hesitou, mas a curiosidade foi mais forte. Estava em um lugar público, portanto, não havia mal nenhum em falar com aquele senhor. Era apenas mais um encontro estranho em uma série de encontros estranhos.

Ela o seguiu até a mesa, observando que ele mancava. Melody acabara de se sentar diante dele quando a garçonete apareceu para anotar os pedidos.

Sua voz tinha um tom grave, cansado.

– Em que posso ser útil?

O velho nada disse; Melody pediu café. Ele levantou o indicador e fez um sinal com a cabeça, mostrando que também gostaria de uma xícara.

– Por favor, traga duas xícaras de café – Melody disse.

A garçonete se afastou, deixando um forte cheiro de perfume barato atrás de si.

Melody olhou para o homem e viu seu reflexo nos óculos escuros que ele colocara outra vez.

– Bem, o senhor estava prestes a explicar...?

– É importante que você saiba que *O Livro de Obeah* está onde deve estar – ele disse de modo direto. – Você cumpriu seu papel de modo brilhante.

– Como sabe sobre O Livro? Quem é o senhor? – Melody ficou alarmada e o mesmo medo que sentira nos últimos dias voltava com força total.

Ele esticou o braço e tocou sua mão, tentando acalmá-la. Nesse mesmo instante, ela sentiu o amuleto de chave contra a pele, escondido sob a blusa. De repente, começou a sentir o calor do amuleto de prata contra a pele, como se tivesse ficado próximo a uma fogueira.

– De certa forma, você me conhece muito bem, mas isso realmente não importa. Você resgatou O Livro e cumpriu sua parte na profecia.

– Do que o senhor está falando? – Melody estava ficando nervosa, achando que ele brincava com ela. Estava cansada demais para jogos.

Mesmo assim, não tirou suas mãos da dele; havia algo tranquilizador, até mesmo reconfortante, em seu toque.

– Sei que acha que falhou porque não conseguiu manter *Obeah* em sua posse, mas as coisas tinham de acontecer como aconteceram. Quando sua vovó a fez ir para a Louisiana, sabia que você era a próxima pessoa responsável por guardar a profecia, mas não sabia qual era seu papel nisso. Como ela fora a última guardiã, supôs que sua tarefa era a mesma; no entanto, sua tarefa era apenas trazer O Livro de volta para a Louisiana. Como pode ver, você conseguiu.

Nas últimas semanas, Melody aprendera a aceitar esses estranhos encontros místicos, sem saber que revelações completos desconhecidos tinham a oferecer.

Quando o ouviu dizer "vovó" percebeu que algo poderoso estava acontecendo e que precisava prestar atenção. A mensagem dele trouxe lágrimas de alívio que fizeram os olhos dela brilhar; tentava controlá-las quando a garçonete veio até a mesa trazendo o café. Ela sorriu para Melody e saiu sem dizer uma palavra.

Enquanto colocava açúcar em sua xícara, Melody observou o velho colocar um punhado de pacotinhos de açúcar no bolso de seu paletó.

– O senhor bem sabe que eu perdi O Livro, certo? Não o entreguei a ninguém. Não tenho a mínima ideia de onde ele esteja.

– Não, Melody, você não o perdeu. Apenas parece que sim. O Livro tem sua própria jornada, um caminho predeterminado; ele está a caminho da próxima etapa de sua viagem. O Livro é apenas a primeira parte desse Plano Divino. Você serviu a um propósito maior; também serviu bem sua própria alma ao abrir sua percepção enquanto protegia a profecia.

Melody encarava o redemoinho que se formava ao mexer o café.

– O senhor falou sobre uma profecia. Não conheço profecia nenhuma.

Ele recostou-se com uma expressão tranquila e satisfeita enquanto explicava.

– A profecia foi escrita muito tempo atrás. Ela afirma que as grandes catástrofes naturais ao redor do mundo são sinais que os anciões esperaram e observaram. Algumas delas são como catalisadores, aberturas de importantes canais de percepção na consciência dos homens que devem acontecer antes que a mudança possa se dar.

– O furacão Katrina foi um desses acontecimentos, assim como o tsunami na Indonésia. Eles aconteceram para expor o desequilíbrio e a falta de unidade entre a Mãe Terra e a Humanidade.

– Há muito tempo foi dito que um novo mundo surgiria e que a parte sul desse novo mundo seria o centro do início da mudança da percepção humana. A localização exata dessa nova terra foi revelada aos anciões, que também foram prevenidos contra a destruição de suas próprias culturas. Os descendentes de quatro desses anciões, agora também anciões, foram compelidos a se estabelecer nos quatro extremos da cruz cujo centro está no meio do Oceano Atlântico. Os anciões estão em Londres, na Inglaterra; em Benim, na África ocidental; em Carolina; no Brasil e em Nova Orleans. Quando o Espírito lhes inspirar, começarão o batuque sagrado. Ele será feito, em sincronia, nos quatro pontos cardeais e o efeito em cadeia das vibrações do batuque sagrado dará início à mudança.

– Acredita-se que a devolução de *O Livro de Obeah* à Louisiana seja um dos sinais.

Ele inclinou-se para a frente para enfatizar o que diria.

– Você saberá quando a mudança vai começar. Reconhecerá os sinais. Está muito próxima agora, mas não há o que temer, pois um plano maior se manifestará.

Melody ouvia, observando-o com atenção.

– Um novo mundo se abriu para você, Melody. Você vê o mundo de um modo diferente. É hora de tirar o véu que a escondeu de si mesma por tanto tempo.

Melody tomou um gole de café, tentando entender o que ele dizia e se perguntando como *Obeah* se encaixava nessa tal profecia.

– Quero que se lembre de três coisas, certo, minha querida?

Melody assentiu, sentindo como se fosse a própria Alice no País das Maravilhas, caindo na toca do coelho.

Ele se inclinou para a frente uma vez mais e levantou um dedo por vez, conforme enumerava três coisas:

– Primeiro, proteja o rosário. Segundo, lembre-se do que leu sobre a Linguagem do Espírito. Terceiro... – ele parou enquanto se levantava da cadeira e completou, ressaltando: – Lembre-se, Melody. Você é a nova Pedra de Roseta.

Ela permaneceu sentada em silêncio, estupefata.

– Você me daria licença um minuto, minha filha? Preciso ir até o banheiro.

Melody assentiu, observando o velho homem levantar-se e mancar até o banheiro. Antes de fechar a porta, virou-se para ela e abriu um sorriso maravilhoso, levando, em seguida, a mão esquerda ao centro do peito.

Melody, mais uma vez, sentiu o amuleto de prata queimar contra a pele.

Esperou um bom tempo pela volta do homem antes de começar a ficar preocupada. Por fim, foi até o banheiro e bateu na porta, mas ninguém respondeu. Quando percebeu que não havia nenhum barulho vindo de dentro, abriu a porta, timidamente. Era um espaço único, como o banheiro das mulheres. E estava vazio.

Melody ficou ali parada, confusa, até ver uma grande chave de ouro em forma de esqueleto sobre a pia lascada. Ao lado da chave havia um cravo vermelho, um chapéu Fedora preto e alguns pacotes vazios de açúcar. Tinha certeza de que eram daquele senhor excêntrico.

Notou que, sob a pia, havia mais uma coisa. Um grande círculo havia sido desenhado com açúcar no chão de linóleo preto. Uma cruz com quatro braços iguais em seu interior dividia-o em quatro partes iguais. Na metade direita do círculo havia uma forma semelhante à chave de esqueleto.

Saiu do banheiro levando os objetos e foi até o balcão onde a garçonete preparava café fresco.

– Posso ajudá-la, querida?

– Sim, gostaria de saber se você viu o velho senhor com quem eu estava sentada ir embora. Ele esqueceu algumas coisas.

A garçonete ergueu as sobrancelhas e arregalou os olhos cobertos de maquiagem.

– Não sei onde encontrou essas coisas, mas não havia ninguém sentado com você.

– Mas você trouxe café para nós dois – Melody lembrou à garçonete.

– Levei café para *você*, querida; fiquei me perguntando por que você tinha pedido duas xícaras.

Melody a agradeceu e pagou a conta, saindo depressa para fugir do olhar preocupado da mulher.

Enquanto caminhava até o carro, compreendeu o que acabara de acontecer. Segurou os objetos junto ao peito e, dentro do carro, tirou a corrente que estava sob a blusa e envolveu o amuleto com a mão.

– Obrigada, Exu. É hora de ir para casa.

Melody sentia como se tivesse voado sobre asas invisíveis. Seguiu sem parar pelo restante do caminho, com a chave de ouro de Exu em sua mão.

Suspirou aliviada quando pegou o caminho de cascalho que levava até a fazenda. Estacionou, desligou o carro e ficou sentada por alguns minutos, com os olhos fechados.

Sentiu alívio por estar em casa, mas, ao mesmo tempo, ansiava saber o que o futuro reservava; aquilo era algo novo, nunca se sentira daquela forma antes.

Ao libertar-se de tantas coisas, em tantos níveis diferentes, sabia que tinha aberto a porta de energia para que coisas boas acontecessem em sua vida.

Como Giselle e Marie haviam lhe dito:

– Tenha fé no Criador... tudo se resolverá por si só.

Naquele mesmo instante, cardeal Bonelli estava em seu escritório em Raleigh, secando a testa com um pano frio. Planejara pegar um voo direto para Roma, mas começou a se sentir mal no aeroporto. Ligou para os funcionários e pediu para adiar sua ida a Roma para o dia seguinte.

Estava certo de que o cansaço era o culpado por seu mal-estar, então foi até seu escritório apenas para guardar *O Livro de Obeah* no cofre. Assim que entrou, sentiu-se tonto. Deixou, então, O Livro em sua escrivaninha e atravessou a sala para sentar-se. Ele suava em profusão, sua boca estava seca.

Tentou se levantar, mas sentiu uma dor aguda no peito que o deixou sem fôlego. Mal estava em condições de pedir ajuda quando foi tomado por outra onda de dor, mais intensa que a primeira, e desmaiou no sofá de couro.

Segundos depois, um de seus funcionários entrou na sala e o encontrou. Uma ambulância foi chamada e em pouco tempo o local ficou repleto de pessoas.

Padre Gervasi entrou na sala em silêncio, despercebido, e aproveitou-se do tumulto. Pegou *O Livro de Obeah* da escrivaninha e saiu do prédio, sem ser notado. Entrando em seu carro, rumou depressa em direção à estrada interestadual.

Abriu a janela e jogou fora o colarinho branco que usava. Não precisava mais fazer o papel de padre Gervasi; há muito tempo perdera a fé. Agora podia voltar a assumir sua verdadeira identidade: Federico Hernandez. Quando atingiu a maioridade, mudou seu nome com a intenção de apagar qualquer associação que pudesse ter com a vida vergonhosa que o pai levara.

Deu um leve sorriso de escárnio ao pensar no irmão, Mário. Nunca tinham sido próximos, mesmo quando crianças. Mário zombou de Federico quando ele fez seus votos como padre, sem entender como o irmão podia ter tomado aquele caminho, sendo que ambos foram criados no Vodu. Por outro lado, ele nunca conseguiu entender como Mário pôde se tornar um policial na ingênua esperança de encontrar o assassino do pai. O velho não merecia isso.

Mário não riria mais; não quando soubesse que *O Livro de Obeah* estava com seu irmão mais novo! Com O Livro no banco ao seu lado, Federico Hernandez já se sentia o homem mais poderoso do mundo.

Ele mal pôde acreditar que O Livro fosse real quando ouviu o cardeal falar dele pela primeira vez. Depois de ver a garota, no entanto, teve certeza de que O Livro estava com ela. No dia seguinte, voltara à fazenda sozinho para encontrá-lo. Foi um infortúnio que o velho capataz da fazenda tenha aparecido e o surpreendido, mas foi um pequeno preço a pagar pelo que agora estava no banco ao seu lado.

Para ele, O Livro era tudo e pouco se importava se Deus ou o Demônio o levara até ele. Sua vida mudaria a partir de então.

Ligou o rádio e procurou uma estação que se adequasse ao seu humor. Enquanto "Mama, I'm coming home", de Ozzy Osbourne, preenchia o espaço do carro, Federico cantava. Sentia-se poderoso... tão poderoso que fechou os olhos enquanto cantava com a certeza de que, agora, nada de mal lhe aconteceria.

Não notou que tinha passado para a outra faixa, cortando o carro que vinha na direção oposta. O outro motorista não conseguiu frear a tempo e bateu no lado esquerdo do carro de Federico. O carro rodopiou sem controle; ele se viu além do canteiro central, onde sua louca viagem chegou ao fim. Com a mão trêmula, tocou o *Livro de Obeah,* ainda no assento ao seu lado, surpreendentemente ileso.

Não viu o caminhão que se aproximava. Ouviu uma tremenda batida e, então, tudo ficou em silêncio.